新时期小说的农民意识

现代转型

张连义◎著

中国社会科学出版社

图书在版编目（CIP）数据

新时期小说的农民意识现代转型/张连义著 . —北京：
中国社会科学出版社，2017.11
ISBN 978 - 7 - 5203 - 0735 - 2

Ⅰ.①新…　Ⅱ.①张…　Ⅲ.①农民—素质教育—研究
—中国　Ⅳ.①D422.6

中国版本图书馆 CIP 数据核字（2017）第 168843 号

出 版 人	赵剑英
责任编辑	郭晓鸿
特约编辑	席建海
责任校对	季　静
责任印制	戴　宽

出　　版	中国社会科学出版社
社　　址	北京鼓楼西大街甲 158 号
邮　　编	100720
网　　址	http://www.csspw.cn
发 行 部	010 - 84083685
门 市 部	010 - 84029450
经　　销	新华书店及其他书店

印　　刷	北京明恒达印务有限公司
装　　订	廊坊市广阳区广增装订厂
版　　次	2017 年 11 月第 1 版
印　　次	2017 年 11 月第 1 次印刷

开　　本	710×1000　1/16
印　　张	21
插　　页	2
字　　数	231 千字
定　　价	88.00 元

序

  中国是一个传统的农业国家，在数千年的发展过程中形成了丰富多彩的农业文明。农民是农业文明的创造者，农民的思想观念便成了农业文明的核心。从19世纪末的洋务运动开始，中国开始了从传统农业社会向现代工业化社会的转型，但这个转型非常艰难，进展非常缓慢。进入新时期之后，中国社会进入了快速发展的时期，其主要表现就是农村社会发生了巨大的变化，这不仅表现在外在的物质层面，而且表现在内在的思想方面。新时期以来许多作家以中国农村的转型为题材创作了一大批表现传统农业社会向现代社会转型的小说作品，在社会上产生了广泛的影响。这些作品自然引起了评论界的关注，围绕这些作品发表出版了大量的研究成果。在这众多的关注者中，张连义便是其中的一位。作为从农村走出来的青年学子，连义对农村有着独特的情感，正是这种独特的情怀使得他在确定博士毕业论文选题时，选择了新时期农村题材小说作为研究对象。当时他告诉我这一决定后，我一方面感觉这个领域值得研究，另一方面又有一些疑虑：这些作品是否还有新的研究视角有待开拓？是否还有未被系统研究的问题值得探讨？如何切入新的角度来发现问题？如何抓住新时期农村题材小说的核心问题？我将这些疑虑告诉了连义，连义也就带着这些问题去阅读、思考，后来这些问题也就成为我和连义讨论的主要话题。通过多次的交流，连义决定从农民意识现代转型的角度来研究农村题材的小说，我觉得他抓住了问题的关键，因为社会转型的关键是人，而思想意识则是人的核心。换言之，中国要完成从农业文明向现代文明的转型，最重要的便是要完成农民思想观念的转型，而农民的思想观念是在数千年的历史进程中形成的，可谓根深蒂固，要想改变又谈何容易！

　　连义带着问题去系统深入地阅读相关史料，大量地阅读作品及与此相关的一些理论著作，在此基础上形成了开题报告，此后又对开题报告进行调整修改，确定了各章节的具体内容，从土地意识、身份定位、伦理困惑、科学意识、消费观念等角度来展开具体的论述。应该说，这几个方面是农民思想观念的主要构成部分，也是进入新时期后农民思想观念变化最大的方面。农民思想观念的变化是复杂的，如何厘清农民思想观念所发生的变化，是一项非常有挑战性的工作。连义很执着，一旦选定了目标，他就奋力前行。他到图书馆查阅新时期以来主要的文学期刊，一本一本地翻阅，从中发现了许多有研究价值的作品，他对这些作品进行深入剖析，从中发现了一些有意义的问题。正因为有了这些新的作品作为研究的基点，他避免了重复别人已说过的话，而是有了自己的思考与发现。

所谓农民，就是以耕耘土地收获物产为生的人，从这一角度来说，土地不仅是农民的命根子，而且是农民身份的标志，一旦离开或失去了土地，农民也就失去了其身份特征。本书第一章从"土地意识"的角度进行分析，可谓抓住了问题的实质。千百年来，农民在广袤的大地上书写自己的历史，他们的命运与土地紧紧地联系在一起。在中国现代史上，农民的命运发生了几次大的变动，其根源皆与土地密切相关。20世纪40年代中国共产党领导的"土地改革运动"将土地分给贫穷的农民，这极大地调动了农民参加革命的积极性，农民成为革命的生力军，直接推动了中国共产党领导的革命的成功。50年代开始的农业合作化运动和人民公社运动渐渐把土地从农民的手中剥离出来，土地从私有变为公有，农民生产的积极性受到影响，出工不出力成为一种普遍现象，结果靠耕种土地为生的农民反而解决不了温饱问题。进入新时期之后，中国社会完成了大的变革，其中一个重要的改革就是在农村实行"包产到户"，将土地重新分给农民。重新获得土地权力的农民的思想观念开始渐渐发生变化，其主要表现便是感性与理性之间的二律背反。重新获得土地的农民表现出空前的生产积极性，很快解决了温饱问题。然而在现代工业化面前，农民通过耕种土地而获得的财富非常有限，"对于传统农民来说，土地是他们的希望，可现实却是，土地非但没有给他们带来想象中的富裕，反而成为他们的沉重负担。在巨大的生存压力面前，农民不得不重新思考与土地的关系，'向城求生'成为他们的必然选择"。许多农民或主动或被迫离开土地，来到城市寻找新的生活，他们有了一个新的身份——农民工。这个不伦不类的名字成了这一部分农民的新的特征，而这种新的特征又与土地密切相关。离土与恋土成为现代农民内心难以解开的纠葛，也成为现代农民的思想观念发生转型的契机。作者结合具体作品对这一复杂问题进行层层深入的剖析，通过作品及作品中的人物来说话，得出的结论自然清新并具有说服力。在解决了这一核心问题之后，农民的身份定位、伦理困惑、科学意识及消费观念等相关问题也就随之迎刃而解。

连义是在职攻读博士学位的，要一边工作，一边写作博士论文，这其中的难度之大可想而知。但连义非常刻苦，在规定的时间内顺利完成了论文的写作，在外审及答辩阶段皆受到评委的肯定和好评。在毕业之后，连义又根据诸评委的意见对其论文进行了修改补充，呈现在读者面前的这部书稿便是其博士论文的最终结果。应该说，关于新时期农民意识的转型研究是一个重要而复杂的课题，这篇论文只是解决了其中的某些问题，并没有解决全部的问题，许多问题还有待于进一步的深入细化研究。令我高兴的是，连义在博士毕业后又申请进入苏州大学文学院博士后流动站，与王尧先生合作继续从事新时期农村题材小说的研究，并取得了一系列成果，这无论对他还是对于这一研究领域来说，都可喜可贺！

连义从进入山东师范大学读博士以来，刻苦认真，一步一个脚印地追求上进，在学术研究方面取得了可喜的成绩，作为导师，我感到由衷的高兴！我希望连义在以后的学术道路上能够百尺竿头，更进一步！

吕周聚

2017 年 4 月 6 日

目　　录

绪　论

　　自鲁迅始，对农民生活、命运及精神的关注就成为文学研究经久不衰的内容，也成为文学研究者持续不断地关注的焦点。从阿Q精神分析，到乡土文学研究、赵树理方向，再到浩然现象，农民的生活、命运及精神嬗变不断地被书写、改写、重写。新时期，农民一方面背负着历史沉淀的重负，另一方面又在新的环境下开始了新的追求，其生活、命运、精神呈现出与以往不同的特质。在他们的追求中，虽然有迟疑、有惶惑、有挣扎、有痛苦、有煎熬、有屈辱，但他们依然相信前途的光明，与命运顽强地搏斗，以身体甚至生命为代价去拼、去闯，显示出不屈的韧性。在农民生活、命运与精神的嬗变中，土地所有权、经营权的变化及其影响下农民与土地关系的递变，无疑起了决定性的作用。从一定意义上说，以"小岗村"为标志的"包产到户"开创了农民把握自己命运的先河，其后，他们便以土地为依托开始了艰难地探索改变自身命运的历程。他们在土地上种下了希望的种子，收获了果实，也尝到了失望，吞下了苦涩。日益渗入农村的经济意识使他们看到了农村之外的广阔天地，霓虹灯的闪烁和土地的重负驱使他们踏上了艰难的进城征途。农民是土性的，离开土地他们便失去了依附，尽管对此有着清醒的认识，他们还是飞蛾扑火般涌向城市，用身体甚至生命为代价追求生活的平等，探求生存的意义。城乡之间的巨大差别注定了他们在城市生活的艰辛、屈辱和伤痛，故土成为他们精神的支柱和心灵的港湾。可他们不回去了，回不去了。他们的故乡只能存在于意识深处，化作精神之乡的眷恋。成千上万的农民潮水般地涌向城市，给农村留下的是大片的荒芜，人心也像荒草一样疯长，苍茫大地的守护神在机器的轰鸣声中陷入了情与理、利与义的挣扎。他们热恋着脚下的土地，不甘心土地就这样失去，家园就这样丧失，顽强而又固执地抵抗着城市的蚕食，既有黄昏中孤独背影的苍凉，又有堂·吉诃德式战斗的悲壮；既有螳臂当车的迂腐，又有大智若愚的顿悟，留下难言的遗憾和不尽的思索。吉登斯等人认为，当下，现代性不仅没有被后现代性代替反而显示出全球化的特征，所谓的后现代不过是现代的一个特定阶段。按此理论，新时期农民受外来因素影响不断改变自身命运的过程也就是农民现代化的过程，新时期小说叙事中农民形象呈现出的新的特征也就是农民形象的现代嬗变，而思想意识的嬗变则是其主要表现。本书以包产为起点，以农民与土地的关系为线索，从农民的土地意识、身份定位、伦理困惑、科学意识和消费观念等五个方面，探讨新时期小说中农民形象的现代嬗变，并借此对乡村现代转型进行探讨。

第一节　"一体化"的焦虑与现代化反思

晚清以降，面临积贫积弱的严峻形势，有着先进思想的知识分子开始了探索建立独立民族国家的艰难历程。西方社会在军事、科技、思想等方面的强势自然使他们将西方国家的发展之路作为中国走向独立富强国家的蓝本，由此催生了他们学习西方、跨入世界民族国家之林的梦想，对现代化的焦虑与渴望也成为知识分子乃至国人延续至今的不懈追求。

一　启蒙意识与现代化焦虑

现代化是一个系统的工程，制度、经济、人等都是现代化的有机组成部分，而人又占据着特别重要的地位。"人的现代化是国家现代化必不可少的因素。它并不是现代化过程结束后的副产品，而是现代化制度与经济赖以长期发展并取得成功的先决条件。"① 正因为人在现代化进程中的重要地位，在农民占人口绝大多数的中国，对农民的启蒙和改造成为知识分子现代化想象的有机组成部分，农民也就很自然地被知识分子纳入创作视野，成为

---

① ［美］英格尔斯：《人的现代化》，殷陆君译，四川人民出版社1985年版，第8页。

启蒙的对象。不过，由于缺乏现实的基础或者说知识分子与农民的隔膜，所谓的启蒙往往缺乏现实的依据，只能停留于想象，从而形成"启而不蒙"的悖论。正如李泽厚所说，"在大中城市，传统已逐渐被西方文化所浸润、修正、改变。但真正的中国的时空实体——广大的农村农民，却仍然远远没有真正走进这个为近代知识者所创造的文艺中来。反过来说，这也表示着、标志着中国现代知识分子的生活和'思想感情方式'还远远与真正的农村生活和农民群众相当隔膜和脱离。尽管作品里有为数不多的对农村和农民的描写，但离真实毕竟还有很大距离"。① 中国共产党领导的新民主主义革命认识到农民的力量并采取了一系列措施来调动他们的革命积极性，农民成为共产党领导的革命的主力军。与之相适应，农民也在小说叙事中占据了突出地位，在"十七年文学"和"文革文学"中更是被推向极致，并且，由于特殊的背景，知识分子和农民的地位被颠倒过来，农民不再是启蒙的对象，而是成为启蒙的主体，一贯以启蒙者自居的知识分子反而要到农村接受改造。吊诡的是，就在知识分子真诚地接受改造的时候，农村却是普遍的贫困、愚昧与落后。进入新时期之后，在"归来者"、回城知青乃至农裔城籍者笔下，知识分子走进乡村接受改造的历程不啻是对农村贫困、愚昧和落后的展示过程，乡村真实的一面展现在大众面前，农村的贫困和农民的愚昧再一次被提上改造的日程，农民再次成为启蒙的对象。知识分子和农民分别恢复了各自的身份，知识分子又

---

① 李泽厚：《中国现代思想史论》，天津社会科学院出版社2003年版，第231页。

一次以启蒙者的心态掌握了话语霸权，以悲天悯人的情怀关注着农民的命运，表达着对乡村现代化的想象。"80 年代的文学史，是以'新启蒙'为中心的知识分子文学话语方式贯穿始末的。"① 在知识分子的乡村现代化想象中，以城市为参照的现代文明成为他们衡量农民现代化的标尺，也是改造农民的目标。在一定意义上说，他们对农民的启蒙过程也就是不断地对农民进行思想改造，以祛除其小农意识并灌输现代文明的过程；他们对现代文明的理解也就成为衡量农民思想的主要参照。小农意识的形成是由农民与土地的密切联系决定的，甚至可以说正是农民对土地的依赖以及土地对农民的生存保障和发展制约形成了农民的小农意识。因此，农民走向现代化的过程也就是他们不断调整与土地关系的过程，农民现代意识形成的过程也就是他们的小农意识逐渐向现代意识转变的过程。

包产是新时期农村改革的开始，包产制②的尝试、推行和探索不仅使农民获得了土地解决了他们的温饱问题，也使他们获得了支配剩余价值的权利，有了改变命运的可能。在急剧变化的时代面前，农民不断思考自身与土地的关系，从包产制初期对土地的渴盼，到利益驱使下对土地的理性思考，乃至进城之后对土地和家园的眷恋，都显示出农民与土地的复杂关系。新时期小说叙事中，对未来生活的憧憬和追求显示出农民对城乡一体化的焦灼

---

① 程光炜：《文学讲稿：八十年代作为方法》，北京大学出版社 2009 年版，第102 页。

② 包产制是一个渐进的过程，从联产计酬到家庭联产承包责任制，经历了探索、实践、推广等阶段，为行文方便，本书一律称为包产制。

与渴望，呈现出知识分子的现代化焦虑。作为创作主体的作家面对的，一方面是全球化的大环境和中国作为第三世界国家的现实；另一方面则是具有第三世界国家寓言性质的城乡关系，对一体化包括城乡一体化和世界一体化的渴望成为他们的心理特征。"事实上，现代性项目之所以在中国被表现得如此的迫切，被如此不屈不挠地追求，是源于一种担心自己可能被排斥于现代性之外的恐惧。"① 同时，现代化进程中的弊端以及国内外学者对现代性的批判和反思也对知识分子产生了影响，从而使其对乡村乃至中国的现代化之路进行反思，并通过农民意识的现代嬗变表现出来。因此，农民在现代化进程中的追求、焦虑、矛盾、困惑以及理想和追求的内在分裂，也显示出作家对乡村城市化的矛盾心理和复杂感情。

二 农民意识的现代嬗变

随着包产制的推行和家庭联产承包责任制的确立，家庭逐渐成为农村生产和经营的基本单位，它一方面接续了传统的经营方式调动起农民的劳动积极性；另一方面也由于放松了对农民的限制，为其进行多种经营和追求个人自由创造了条件。家庭在继承传统的同时孕育着超越，家庭内部的个人显示出越来越强烈的独立性，最终因强烈的个性追求摆脱了家庭的束缚，家庭成为孕育个性意识的蝉蜕。作家凭着对现实的敏感和自觉的使命意识忠实

---

① ［美］罗丽莎：《另类的现代性》，黄新译，江苏人民出版社2006年版，第8页。

地记录了这一时期的历史，但由于长期政治斗争的影响，其创作不可避免地带有了浓厚的政治意味，从而使个性意识笼罩着浓郁的政治氛围，政治成为个性意识的决定因素，二者显示出亦步亦趋的特征。"80年代初，人们刚刚从漫长的政治和文化禁锢下解放出来，作家创作上带有过去的浓厚的影子和心有余悸的惊疑是很自然的，所以，此时期作家们文学创作的功利性和表白性的昔日印迹还相当浓重，作家真实的内心还往往被这种传统和对潮流化的趋附所损害、所遮蔽。"① 包产后，农民的生活水平、思想观念都发生了明显的变化，商品意识的渗透使其日益理性，土地不再是他们顶礼膜拜的神，反而成为他们进一步发展的桎梏。这显然是与经济在社会生活中的重要地位相适应的，也因为迫切发展经济的需要，土地及其价值观念被视为传统而成为现代化的桎梏。"强大的土地观念，像沉重的轭头，套住了中国的民众，延误了现代文明抵达中国的时间。"② 在"固守土地＝保守"的观念影响下，新时期小说叙事中乡村改革者的探索被视为代表了社会的发展方向，成为走向现代文明的象征，固守土地的农民则被赋予了愚昧、落后、保守的意义。《鸡窝洼的人家》中的禾禾与回回、《鲁班的子孙》中的木匠父子等分别被赋予了现代和保守的意义，禾禾、小木匠等表现出农民现代意识的觉醒，回回、老木匠等则代表了商品经济影响下小农意识的嬗变。在这一过程

---

① 贺仲明：《中国心像：二十世纪末作家文化心态考察》，中央编译出版社2002年版，第42页。

② 曹文轩：《中国八十年代文学现象研究》，北京大学出版社1988年版，第38—39页。

中，农民表现出来的经济观念一般被视为现代理性的表现，象征着现代文明，至于其与传统价值观念的联系则被有意地忽略。换句话说，农民现代意识的觉醒作为"立"是以对传统观念的"破"为基础的，现代和传统之间的有机联系被人为地抹杀。其实，传统与现代之间的界限并不是泾渭分明，农民由传统向现代的转变也是一个历史的过程，考察这一时期的小说叙事，由《积极叔》《不仅仅是留恋》《苍生》《鸡窝洼的人家》《四妹子》等作品不难发现，农民在恢复传统家庭经营方式的同时也逐步突破了家庭和传统的限制一步步走向现代文明，传统与现代显示出延续性和渐变性，也正是在这种嬗变中，农民形象不断显示出新的特征，呈现出现代的转型。

市场经济向农村的渗透打破了乡村的平静，农民也在与外界的交往中开始反观自身，摆脱贫困走向富裕成为他们的不懈追求。在商品经济影响下，农民开始理性思考与土地的关系，努力追求经济利益。当乡村城市化成为农民走向现代化的途径，理性思考与土地的关系甚至将土地视为谋取利益的工具成为他们的选择。在利益驱使下，农民开始了艰难地走向城市的历程，土地连同家园消失在他们身后的苍茫暮色中。失去土地，农民也失去了生存之本，对未来生活的担忧和农业文明的潜在影响又使他们对土地表现出更多的留恋，对乡村城市化表现出更多的担忧，农民意识的现代嬗变显示出复杂和暧昧。

随着改革的深入和市场经济的发展，村干部的职能发生了变化，对公共资产尤其是土地及其衍生事务的管理成为他们的主要职能，这也使其在乡村城市化、工业化进程中有了谋取利益的可能。关仁山的《天高地厚》中的荣汉俊占用土地办钢厂污染环境、与外商合伙倒卖土地，从中渔利；蒋子龙的《农民帝国》中的郭存先不断构筑个人的独立王国，他自己也逐渐成为郭家村的"土皇帝"；周大新的《湖光山色》中旷开田由朴实、勤劳的农民异化为欺压百姓、追逐利益和享受的村干部；如此等等，都显示出村干部的蜕变。他们也曾经是朴实、本分的农民，可是一旦当了村干部，其意识深处的封建思想马上抬头，在市场经济的影响和物欲的诱惑下逐渐沦为权力和金钱的奴隶，并利用权力和金钱控制着村民，成为新时期农村的"卡里斯玛"典型。他们大多有着精明的头脑和极强的社会活动能力，为维护村民利益促进乡村经济发展做出了贡献，村民对他们也有着发自内心的崇拜，借助于非凡的能力和村民的崇拜他们树立起个人的权威。他们利用政治资本取得经济上的成功，经济上的成功又助长了他们的权力意识，从而使他们成为封建性与资本性混合的复杂人物。詹明信在分析具有寓言意味的第三世界国家作品时说："这样，资本主义的原始罪恶被揭露了：不是工资劳动、货币形式的劫掠和市场的冷酷无情的循环，而是旧的集体生活方式在已被掠夺和私人占有的土地上所受到的根本取代。"① 这样的判断对这些村干部完全适用。他们一方面有着较强的能力，通过改革促进了乡村现代化进程；另一方面又利用权力和威信对村民进行新的统治，成为乡村社会发展中的"土皇帝"。企业家与村干部的双重身份使他们的

---

① ［美］詹明信：《晚期资本主义的文化逻辑》，陈清侨译，生活·读书·新知三联书店1997年版，第543页。

身份带有了传统和现代混合的特征，也使他们对乡村现代化的探索呈现出资本性与封建性结合的特点，从而形成具有中国特色的乡村现代化之路。

在乡村城市化进程中，环境污染、土地流失、物欲崇拜乃至人情缺失和道德下降等负面因素对乡村产生了极大的影响。农民在没有享受到现代化的成果之前就先遭受了现代化发展带来的灾难。长期的物质贫困使农民对金钱有着一种内在的渴望，市场经济下金钱至上主义更刺激了他们的这种欲求。金钱逐渐在农民的生活中占据了支配地位并对乡村伦理形成剧烈冲击。在利益诱惑下，农民疯狂地出卖可以出卖的一切，包括土地、身体甚至生命。就如陈应松《归来·人瑞》中的阮白脸所说，"摆脱贫困，总是要一代人作出牺牲的"，"桃花峪有二十几个妮子长梅疮，就是梅毒，没了生育，可人家楼房都做起来了，富裕村哪，哪像咱们这儿！后山樟树坪穷死，可去年死了八个，挖煤的，瓦斯爆炸，一下子竟把全村的人均收入提高了一千多块，为啥，山西那边矿上赔的么……要奋斗就会有牺牲……"① 王梓夫的《花落水流红》中，桃花冲的小簸箕在外卖淫挣钱成为村人争相效仿的对象，乡村伦理在金钱的诱惑下发生了变异。当农民为了金钱出卖身体这个唯一的也是最后的资本的时候，乡村伦理的溃败也就成为必然。

城市化、工业化的推进是以占有大量的土地为前提的，农民的"失土"既颠覆着乡村秩序，也冲击着乡村伦理，但由于城乡

---

① 陈应松：《归来·人瑞》，《上海文学》2005 年第 1 期。

二元体制的格局以及农业文明的悠久历史，农民失去土地和家园之后并不能立刻融入城市。失去土地这个赖以生存的保障，他们成为无根的浮萍，不得不在乡村城市化进程中承受着更多的痛苦，从而也就对乡村城市化表现出更多的质疑。对土地的疯狂攫取从根上对小农意识（更确切地说应该是"农本意识"）形成冲击，土地的神秘价值逐渐被经济价值代替，土地成为金钱和利益的等价物。小农意识对功利的需求与现代文明对欲望的追求纠缠在一起，使金钱成为农民疯狂追逐的对象并影响甚至决定着他们的价值观念。斯宾格勒对此有着形象的描述，金钱"还试图闯入乡村，把不动的土地变为动产，用金钱思维改变各式各样的手艺。此外，它还对工业施加压力，并成功地控制了企业家、工程师和劳动者的工作，使他们成为其战利品。机器与人类共同面临着一个更强大的统治力量——金钱"。① 在市场经济影响下，农民对金钱的崇拜已经超越了对土地的感情，但土地并未因此从他们的思想中消失，而是作为回忆成为他们的精神寄托。农民走出土地被赋予了现代意义，但同时意味着他们失去了精神的家园，农民与土地的关系显示出复杂的一面。

由于城乡之间的巨大差别以及以乡村城市化为特征的乡村现代化之路，传统与现代的时间观念被置换为乡村与城市的空间观念，城市象征着现代文明和农村的未来，农村则代表着愚昧和过去。"历史上文明与城市几乎总是有着无法分离的渊源关系，文

---

① ［德］斯宾格勒：《西方的没落》，韩炯译，北京出版社 2008 年版，第163—164 页。

明总是以能量高度密集的城市作为中心。当今还在有力地推演的以西方到东方的现代化更是一个明显的、确定无疑的城市化过程。现代文明作为一种权力结构，同以往的任何文明一样，其本质正是乡村对于城市的憧憬与屈服。"① 据此看来，农民进城实际上暗含着乡村传统与现代文明的对比，在这一过程中，现代文明显然占据了上风，农民工对现代文明的主动追求和对乡村传统的主动放弃更是显示出现代文明的魅力。农民工在城市从事着艰辛、低贱的工作，还要忍受城市的歧视，可他们仍然义无反顾地走向城市，将城市身份作为奋斗的目标。刘庆邦的《到城里去》中，宋家银毕生的理想就是获得一个城市的身份，并为此嫁给了性格懦弱的成方，成方丢掉工作之后，她宁肯让成方在城市拾荒也不准他回来。宋家银对城市的向往和内心的虚荣可见一斑。成方由合同工到拾荒者再到最终返乡的经历表明，农民工真正被城市接纳需要一个漫长的过程。对于他们中的大多数人来说，他们进城的过程也是一个不断经受"畸变"、泯灭自我的过程，只有"当他们中的男性懂得用'恶'，女性懂得用身体后，他们也就取得了城市的通行证，城市借助他们进行'恶'与'性快感'的生产与再生产，他们中的成功者则借此完成自己做一个'正常'城市人的原始积累……"② 城市的陌生环境和工具理性的处事规则使精神和物质都极度匮乏的进城农民被楔入工业发展的链条，成为物化的人；同时，都市的欲望景观又诱惑着他们疯狂地追求金

① 旷新年：《现代文学与现代性》，上海远东出版社 1998 年版，第 60 页。

② 陈思和、王晓明等：《〈泥鳅〉：当代人道精神的体现》，《当代作家评论》2002 年第 5 期。

钱和利益，从而使他们在追求欲望消费的同时成为消费的对象，城市侵蚀的不只是他们的肉体更是他们的灵魂。对现代文明的追求改变了他们的命运，但他们的肉体和灵魂也伤痕累累，从而注定了他们身在城市却眺望故乡的尴尬。

三　精神家园的构建

关仁山的《天高地厚》《麦河》等作品为我们展示了现代农业的光辉前景，但在《农民的终结》中，孟德拉斯通过法国农民种植美国玉米的事例认为，正是这种种植将农民纳入世界一体化的战车，使他们步入现代化的同时面临着全球化带来的风险和冲击。也许马歇尔·伯曼的话更能表达农民现代化的真实："所谓现代性，就是发现我们自己身处一种环境之中，这种环境允许我们去历险，去获得权力、快乐和成长，去改变我们自己和世界，但与此同时它又威胁要摧毁我们拥有的一切，摧毁我们所知的一切，摧毁我们表现出来的一切。"① 在现代化进程中，现代文明带来了物质的进步，同时使人"异化"为工业生产的工具，沦落为金钱的奴隶。土地流失、环境破坏和道德沦丧更使人类丧失了赖以栖息的家园，现代化的弊端全面呈现。这对以现代文明为追求目标的知识分子无疑是一个沉重的打击，自然引发他们对乡村现代化的疑虑与反思。因此，那些捍卫土地、固守家园的守护者一改乡村改革初期愚昧落后的形象而被赋予了苍凉大地保护神的悲

---

① ［美］马歇尔·伯曼：《一切坚固的东西都烟消云散了》，徐大建、张辑译，商务印书馆 2003 年版，第 15 页。

壮意义。这既是知识分子对现代化认识不断深化的结果，也是现代性的内在矛盾使然。

进城之后，城市艰难的生存环境和"二等公民"的身份注定了农民工在城市的屈辱地位，农民工自然将乡村当作精神的寄托，对故乡的回望成为他们在城市生活的常态。《二的》中小白对童年的回忆，《亲爱的深圳》中李水库对故乡的留恋，均显示出故乡的慰藉作用，故乡成为他们的精神家园，精疲力竭的时候，返乡成为他们的必然选择。真正回到故乡，返乡者看到的却是愚昧、落后甚至人性的残酷与冷漠，鲁迅小说中"离乡—返乡—离乡"的模式在他们身上一再重演。对农民工来说，尽管生活于城市的底层，但毕竟身处城市，必然要受到现代文明潜移默化的影响，因此，其价值立场和思想观念也就有可能超越乡村伦理而显示出现代性的因素；返乡后，他们对乡村的审视也就带有更多的理性色彩。《我们的路》中，郑大宝在城市遭受着屈辱和歧视，可回乡之后迎接他的不是乡亲们的安慰，感受到的不是乡亲们的纯朴和善良，而是故乡的凋敝、贫穷以及他曾经寄予了厚望的乡亲们表现出来的残忍和冷漠。大宝的再次离去与其说是出于经济上的考虑，倒不如说是因为对故乡的绝望。《淋湿的翅膀》中，马新回乡带领村民与造纸厂打官司，在赔偿即将到手的时候却发现村民为了金钱和利益已经开始互相算计，甚至有人丢掉了性命，马新绝望之下选择了离开。一方面是不回去了，另一方面则是回不去了。随着农业税的取消和惠农政策的实施，农民种地有利可图。因此，当农民工在城市遭遇困难的时候，自然将希望寄托于土地。可当他们返乡的时候，却与土地经营者发生了矛盾，返乡农民对土地的要求遭到土地经营者的拒绝。《永乐春》中，马冲的父亲发生车祸，家里丧失了经济来源，马冲选择辍学回家种地，但她种地的要求遭到承包她家土地的马光斗的拒绝。《夜深沉》中，隗三户回乡寻求归宿也被坚决地拒绝，隗三户在失去土地的同时失去了家园，其失望之后的离乡实为无奈之举。隗三户离乡后送掉性命与其说是因为突发事故，倒不如说是失去家园之后的绝望。乡村的贫困、愚昧、落后乃至村民对金钱和利益的疯狂追逐，不仅没有显示出乡村伦理的淳朴、善良和温馨，反而增添了现代社会的物欲崇拜，返乡者的回乡之梦彻底破碎。按照伦理学家的普遍说法，现代伦理是现代人在现代社会生活的道德规则，它是以现代人的生存、生活为根基的。但在农民的城乡往返中，象征着现代的城市将农民拒之于外，走向现代化的农村又失去了温情，农民陷入进不了城又回不了乡的尴尬。在乡村现代化进程中，乡村伦理失去了根基，现代伦理显示出残酷，对城市物化的环境和乡村伦理沦丧的双重失望使知识分子陷入伦理的困惑，他们只能在想象中重建精神的家园。

精神家园的重建既是知识分子对乡村伦理的怀念和失望，也是他们对现代文明的不满和反思，以及对物欲化、庸俗化现实的逃避和城市文明的本能排斥。正如南帆所说："事实上，对于城市的敌意是一种恐慌的症状，农业文明向工业文明转型所引起的巨大不适乃是这种恐慌的来源。为了抗御恐慌，作家竭力召回乡村的影像作为感情的慰藉……他们甚至愿意因此承担身心分裂所引起的痛苦与烦恼——他们不得不身陷城市而神驰乡村。"① 正是这种理想化诉求使作家将乡村与城市进行了人为的嫁接，城市里种满了庄稼。《城市里的庄稼》《城市里的玉米》《在天上种玉米》等作品从题目就表现出乡村的影子和农业文明对知识分子的潜在影响，虚构的田园表达出农民怀乡的深情。胡学文的《虬枝引》可谓是典型的寓言。乔风进城打工，可当他返乡时再也找不到故乡。最后，乔风执拗地在一个地方种上一棵树，建造了一个新的"一棵树村"。这显然是作家的一厢情愿，表现出他们对城乡一体化乃至全球化进程暴露出来的问题的逃避，蕴含着他们对现实太多的无奈、焦虑以及对乡村现代化发展的反思。

总之，进入新时期之后，对现代化的渴望使传统社会的自然发展发生扭曲，乡村发展被纳入城乡一体化的轨道，"后发外生型"的现代化特征使乡村现代化的发展呈现出传统与现代、精华与糟粕并存的情态，传统与现代的碰撞与冲突、融合与抵牾构成乡村现代化的典型特征，而乡村现代化的主体——农民也往往在这一转变过程中走向迷失。正如有论者所说："旧的价值和规范系统的迅速消失和不能发生作用，以及新的价值和规范系统形成的缓慢，会形成'价值真空'现象。随之而来的是自我认知、目标和手段的混乱。"② 新时期小说叙事中，农民在社会发展中的困惑和迷茫正是传统价值观念与现代价值观念冲突的具体表现。作

---

① 叶君:《生活在别处——论乡村家园想象的生成》，《求是学刊》2008 年第 4 期。

② 孙立平:《后发外生型现代化模式剖析》，《中国社会科学》1991 年第 2 期。

为"后发外生型"现代化的国家,特别是第三世界国家中的第三
世界的农村,如何吸取农业文明与现代文明的优点摸索出一条符
合中国农村的现代化之路,既是农民奋斗的目标,也是知识分子
义不容辞的责任。

第二节 研究综述

新时期,随着国家工作重心向经济的转移,社会主义现代
化建设成为主要任务,这场变革给农村带来空前的冲击,农民
的生活、思想、感情等也因此发生了深刻的变化。随着改革开
放的进行和对外交往的增加,中国社会发生了巨大的变化,农
村经济和农民思想的变化更为引人关注,乡村城市化和农民意
识的现代化成为乡村发展的显著特征。由于城乡之间的巨大差
距以及以乡村城市化为导向的乡村现代化之路,乡村越来越显
示出与城市一体化的趋势,这就更强化了农民现代化的意味。
现代化的关键是人的现代化,占中国人口绝大多数的农民的现
代化就成为中国现代化的主要内容。人的现代化的根本是其思
想意识的现代化,因此,农民意识的现代转型对于农民现代化
便具有了决定性意义。

一 研究现状和选题依据

目前,关于新时期小说中农民现代化叙事研究的期刊论文和硕博士论文,在中国知网以农民、现代、新时期为主题检索,有100篇左右,有关专著也极少。已有的研究,大多集中于农民形象、农民精神和农民现代性等方面,关于或涉及新时期农民现代化的著作主要集中于"史"的论述和相关主题的研究,将农民意识现代转型作为研究对象的成果极少。涉及新时期农民现代化的主要文献有:

韩文淑《新世纪中国乡村叙事研究》(吉林大学博士学位论文,2009年),梳理了20世纪乡村叙事创作及研究状况,立足于新世纪乡村叙事的整体,全面梳理、分析了新世纪以来中国乡村叙事的文本特征、价值维度、审美新变、修辞特征,从农民主体现代化主题、乡村主体表征问题、乡村叙事艺术特征问题等三个方面详细解读新世纪乡村叙事呈现出的状貌。吴高泉《乡土叙事——20世纪中国文学中"关于农民"的话语研究》(浙江大学博士学位论文,2006年),通过对20世纪中国知识分子关于农民的观念史在文学话语中的表达,揭示"关于农民"的话语的成因、结果及表现,并以此为契机思考中国文学的现代性问题。张柱林《一体化时代的文学想象》(广西师范大学出版社,2009年),认为路遥、陈应松、阎连科、王安忆等作家对城乡一体化的追求,显示出他们对城乡差异不平等的思索和试验。闫韶瑜《新时期农民形象与现代性想象》(苏州大学硕士学位论文,2005

年），以"农民进城"的典型文本为研究中心，考察农民在城市里的文化心理等冲突，研究作家与意识形态以及现代性的关系。

以上成果虽然表现了农民在现代化进程中的变化，但大多集中于某一方面，并且关注的重心是叙事，对农民现代化的直接关注较少。其他与本书相关的研究成果主要有：

农民形象分析，主要有：谷显明《现代化语境下农民进城的艰难历程》（《文史博览》，2010 年第 3 期），将农民进城作为农民走向现代化的表现之一，以《人生》《城的灯》《泥鳅》中的高加林、冯家昌、国瑞等的进城经历及其城市生活经历作为考察对象，论述农民被城市接受的艰难。刘艳晓《新时期乡土小说中传统型农民形象的嬗变》（《文学自由谈》，2009 年 10 月上半月）认为，新时期以来的小说中传统农民形象嬗变的背后深孕着社会时代文化思潮与作家文化立场的变迁，通过政治反思时期、文化反思时期和多元文化语境时期传统型农民的变迁，揭示出农民的性格特点和文化心理以及作家创作立场的转变。

苦难叙事，主要有：刘旭《底层叙述：现代性话语的裂隙》（上海古籍出版社，2006 年），对底层叙事进行了梳理，认为底层叙述揭示了底层生活的现状，但由于作家与底层之间的隔膜，使底层生活与作家话语之间产生裂隙。作为底层的主要构成部分，农民也自然地成为分析的对象，生存、婚姻等是他们苦难的表现形式。张宏《新时期小说中的苦难叙事》（中国传媒大学出版社，2009 年），以张贤亮、张承志、张炜、史铁生为例，对新时期小说的苦难叙事进行研究，探寻苦难叙事折射出来的含混、暧昧、复杂和变迁的时代特征，揭示出随着时代发展，苦难的原因和背景由政治层面转向经济和文化层面，作品表现得更多的是对作家个人经历及其思想在文学中的投射，农民书写沦为论述的工具。

农民精神分析，主要有：陈昭明《论新时期乡土小说关于国民性批判的新探索》（《江汉论坛》2005 年第 5 期），将新时期乡土小说对国民性的批判与五四时期对国民性的批判进行对比，指出新时期乡土作家对国民性的揭示和批判立足生活，立足现代化进程中的不合理因素及其对现代化的制约。陆艳《都市迷宫与乡村怀念——新时期文学中的东西方遭遇》（苏州大学硕士学位论文，2003 年）认为，在特殊的历史情境里，在东西方遭遇的复杂情绪中，文学成为重要表达途径。乡土意识不仅是对失落故园的挽歌，也是一种重建的策略。

农民文化分析，主要有：赵园《地之子》（北京大学出版社，2007 年），对知识者与乡村、农民间的联系及这种联系在作品中的呈现进行了梳理，从作家经历和心理切入对农民文化进行了深入分析。周水涛《论新时期乡村小说的文化意蕴》（武汉大学博士学位论文，2003 年），对新时期乡村小说的文化意蕴进行了梳理，对其静态构成和动态建构方式（如文化批判、文化探寻、文化展示等）与凝聚过程进行探讨，不过论文注重的是对作家文化心理的分析，以作品中的农民文化反思作家心理，而不是对农民生存及精神的探索。

农村农民命运探索，主要有：陈国和《1990 年代以来乡村小说的当代性——以贾平凹、阎连科、陈应松为例》（中国社会科学出版社，2008 年），以贾平凹、阎连科、陈应松三位作家为例，从乡村生态、政治和寓言等层面概括乡村小说的当代性特点，该书认为，由于资源配置、社会结构和乡村生态等方面的不同，20世纪90年代的乡村生活与20世纪80年代相比显示出巨大差异。对农村农民未来的探讨成为其论述的重要维度。

以上研究成果，虽然与本书的论题有着明显的区别，但还是为本书的写作提供了有益的借鉴。对农民形象的分析，如乡村女性形象、返乡者形象，亲土、离土、守土等形象，展示出农民复杂的生活和思想；苦难叙事、底层叙事等梳理了农民的真实处境和思想状况；大量的作家作品论以及地域论的期刊文章和学位论文，展示出农民多样的生存状态；乡土小说的文化意蕴研究为研究农民在乡村现代化进程中的思想嬗变提供了资源。所有这些研究成果，都为本书的写作提供了参考。这里特别要提到丁帆等著《中国乡土小说史》，尽管该书是从风俗画、风景画、风情画等方面对当代乡土小说进行分析，但其关于乡土小说及乡土作家的分析为研究新时期农民生活和精神的变化提供了借鉴。贺仲明《一种文学与一个阶层——中国新文学与农民关系研究》，对新文学中的农民形象、思想、心理等进行了深入、透彻的分析，并对新文学与农民的关系做了很好的阐释。

以上关于农民形象、精神、苦难、底层、文化等方面的研究都或多或少展示出新时期农民在现代化进程中各个方面的变化。但普遍的问题是，其研究往往局限于某一个方面，尤其是这些研究都是将叙事本身作为研究对象，没有将叙事中的农民作为主体放置在现代化进程中进行研究，更没有将农民思想意识的转变作为直接的研究对象。

进入新时期之后，农民的生产、生活及精神都发生了巨大的变化，显示出向现代的转型。社会学对农民现代化的研究已经形成了一定的规模，相对于社会学研究，文学研究已经被远远地抛在后面，这对一直以敏感的触角把握时代脉搏的文学创作和文学研究来说不能不说是一个遗憾。另外，相对于农民对乡村现代化的探索尤其是对现代农业的探索及其在乡村现代化进程中的思想转变，不只是文学研究甚至文学创作都显示出滞后，由此，对农民意识现代转型的论述不但可以丰富本领域的研究，而且可以推动相关文学的创作。

本书将新时期小说中的农民作为研究对象，以农民与土地的关系为线索，从土地意识、身份定位、伦理困惑、科学意识、消费观念等五个方面分析农民意识的现代转型，揭示农民走向现代化的艰难历程，并由此反思乡村现代化之路。

二 研究思路与方法

本书将新时期小说中的农民作为研究对象，对新时期小说中农民意识的嬗变进行细致梳理和分析。所谓农民意识的现代嬗变，主要是指由于经济的发展和社会的变化，农民的意识逐渐体现出现代特征。在农民意识的嬗变过程中，土地意识、身份意识、伦理意识、科学意识、消费意识等构成了主要内容。中国是典型的农业社会，农民依土而生的历史和现实决定了他们对土地的深厚感情，甚至可以说，土地意识构成了他们思想的核心，成为其小农意识的基础。随着社会的发展和市场经济的建立，农民的生产生活方式逐渐变化，其思想也相应地发生了改变；同时，农民思想的转变也影响着他们的生产和生活，从而显示出农民在社会发展中的现代嬗变。因此，对农民意识的考察更能显示农民的现代化进程。

现代性是一个混沌、复杂的概念，就如卡林内斯库所说："从波德莱尔到本雅明乃至以后，现代性概念显示出了容纳任何一种对现时及其意义的哲学解释的能力，无论这种解释是美学、道德、科学、技术的，还是更广义的历史—社会的，也无论它是积极的（现代性是好的，合乎愿望的）还是消极的（现代性是创伤的或'悲剧'性的，必须被忘记或被超越）。"① 现代性本身的复杂使乡村现代化显示出复杂，尤其对中国这样的后发展国家来说，现代化更是呈现出复杂性和暧昧性，甚至有人提出"中国式资本主义"模式的概念。② 因为现代性的复杂性和中国现代化的特殊性，关于农民现代化的理解呈现出复杂性和多义性。汪晖认为，"十七年"和"文化大革命"时期是极端"反现代性的现代性"的思想和社会实践，③ 在当时被赋予主人翁地位的农民无疑充当了现代性主体的角色。但物质贫困的现实和封建思想影响下农民的愚昧和狂热，又与所谓的现代性发生了抵牾，从而使现代性显示出不可调和的内在矛盾。政治上的拨乱反正和国人对物质生活的追求使"文化大革命"成为封建、愚昧、贫困和落后的象征，这也是新时期农民现代化的起点。在混沌、暧昧的现代性概

① ［美］卡林内斯库：《现代性的五副面孔》，顾爱彬、李瑞华译，商务印书馆2002年版，第341页。
② ［美］阿里夫·德里克：《跨国资本时代的后殖民批评》，王宁等译，北京大学出版社2004年版，第260—277页。
③ 吴雪丽：《"现代性"视野下的苦难叙事》，《重庆社会科学》2006年第8期。

念中，现代生活和现代意识占据着核心地位，构成了现代性的根本特征。卡林内斯库在研究现代性时区分了两种剧烈冲突的现代性："一方面是社会领域中的现代性，源于工业与科学革命，以及资本主义在西欧的胜利；另一方面是本质上属论战式的美学现代性，它的起源可追溯到波德莱尔。"① 在农民现代化进程中，一方面是他们生产生活方式的改变；另一方面是他们的意识嬗变，卡林内斯库所说的两种现代性正适用于农民现代化进程中的这两种转变。历史上，尽管农民的生产生活方式一直处于变化之中，但他们生产生活方式的真正改变，以及这种改变对其思想的真正影响，显然是进入新时期之后。无论从量的方面还是质的方面，新时期都是农民现代化表现最为显著的阶段。因此，本书选取新时期小说中农民意识的现代转型更具说服力。

哈贝马斯曾将"自由"概括为现代性的主要特征："现代性首先是一种挑战。从实证的观点看，这一时代深深地打上个人自由的烙印，这表现在三个方面：作为科学的自由，作为自我决定的自由，还有作为自我实现的自由。"② 进入新时期之后，由于经济的发展和现代文明的影响，农民逐渐摆脱了传统的束缚，自由成为他们的渴求，乡村经济发展和日益频繁的城乡交流则为他们追求自由创造了条件。随着乡村经济的发展，农民的土地意识、身份意识、伦理意识、科学意识和消费观念等都发生了明显的变

① ［美］卡林内斯库：《现代性的五副面孔》，顾爱彬、李瑞华译，商务印书馆2002年版，第343页。

② ［德］哈贝马斯：《现代性的地平线——哈贝马斯访谈录》，李安东、段怀清译，上海人民出版社1997年版，第122页。

化，显示出与城市趋同的特征，呈现出农民意识的现代转型。城乡之间的巨大差距使城乡一体化成为乡村现代化的发展模式，农村城市化成为农村现代化的主要特征。在此情况下，农民现代化过程就是以城乡一体化为特征的农民市民化进程，农民逐渐剥离身上的小农意识形成市民意识的过程就成为农民意识现代转型的具体表现，追求城市生活是农民形成现代意识的主要途径，也成为农民现代化的主要特征。由此，对农民意识嬗变的研究不仅可以梳理农民的现代化进程，还可以探究农民生产生活方式的变化并由此呈现乡村现代化的进程。

本书力图以农民与土地的关系为线索，梳理农民意识的现代转型，探究农民走向现代化的艰难历程，并对乡村现代化进行反思。在具体写作过程中，拟运用文化研究、社会学、心理学、伦理学等理论，采取文本细读与理论分析相结合的方法，从农民的土地意识、身份定位、伦理困惑、科学意识、消费观念等五个方面，对新时期小说中农民意识的现代转型进行较为系统的研究，兼对乡村现代化进行反思。

第一章 土地意识：感情与
理性的二律背反

　　土地是人类的栖息地，人生于土，归于土，与土地息息相关。土地不仅是财富的象征，还具有母性、家园乃至归宿的意义——"土""地"均有地母的含义，并由地母观念衍生出家园、归宿、子宫等象征意义，且内化为一种无意识影响着人们的思想和行为。叶舒宪认为，民间宗教习俗中，通过回归子宫的象征性礼仪活动，生命得以重造，"归返子宫礼仪所强调的不是生命之终止，恰恰相反，是生命的再造。子宫母体在这里充分显示着生命源头的意义"。[①] 诸多叙事不约而同地写道，每当遭受挫折或陷入困顿，个体生命便有了回归土地的强烈冲动，土地成为他们精神的家园。在这里，他们再一次体会到生命的意义和存在的价

---

　　① 叶舒宪：《高唐女神与维纳斯：中西文化中的爱与美主题》，中国社会科学出版社 1997 年版，第 99—100 页。

值，在大地母亲的怀抱尽情诉说着人生的委屈和精神的困苦，使忧郁的灵魂得以诗意地栖息。大地就像一位温柔敦厚的母亲，以殷切的期望将儿女送走，又以宽厚的胸怀迎接着儿女的归来。大地成为地之子精神的港湾、灵魂的归宿。

中国是典型的农业社会，依土而生的现实以及精耕细作的耕种模式使土地不仅成为农民地缘性的凭借，而且由于他们的聚族而居有了血缘性的特征。"长期改良小麦耕种地区的条件，长期稳定性很强，于是造成地缘的土著和亲缘的结合，同一地点的乡亲住在一起久了就变成一家人，使得在土著之外也有亲缘上紧密的结合。"① 地缘和血缘的结合使农民形成了稳固的社会群体，经过长久的时间积累形成所谓的"熟人社会"。其中，土地起了支配性作用，也因此有人称为"乡土中国"。"'乡土'不仅是地理与经济层面的概括，还隐现着文化、思想观念和传统伦理等各种因素，'乡土中国'并不是具体的中国社会的素描，而是包含在具体的中国基层传统社会里的一种特具的体系，支配着社会生活的各个方面。"② 生活于乡土中国的特定环境，人们的思想行为必然打上土地的烙印，这也是农业文明的典型特征。土地是农民身份的标识，"农民"的称谓寓意着他们拥有属于自己的土地以及他们与土地之间的默契关系，土地成为他们生命的一部分。"农民在内心深处坚信，他的土地是独特的，因为他是唯一了解、爱恋和拥有它的人。认识、爱恋和占有，这三者是不可分离的。即

① 许倬云：《中国古代文化的特质》，新星出版社 2006 年版，第 15 页。
② 费孝通：《乡土中国》，北京大学出版社 1985 年版，第 28 页。

便是在农业劳动者以理性的和经济的方式对待土地资本的时候，他依然对土地保持着深厚的情感，在内心把土地和他的家庭以及职业视为一体，也就是把土地和他自己视为一体。"① 土地是农民的"根"，是农民的出发点和归宿。在漫长的历史发展中，土地的实用功能已经浓化为农民对土地的依恋，甚至积淀于农民意识深处，左右着他们的思想和行动，土地成为原型，"原型是体，原始意象是用，二者的关系既是实体与功能的关系，又是潜在与外显的关系"②。土地的"体"——提供生存之地，满足人们的物质需要，已经随着历史的发展被其意象——地母、家园、母亲、归宿等遮蔽，尤其是在文人墨客的笔下，用得最多的是意象，其本意反而被忽略，甚至造成一种错觉：农民与土地须臾不可分离，他们已经与土地粘连在一起。实际上，农民远不如想象的那么浪漫。也许，对他们来说，生存和物质的需求更为重要。于是我们看到，每当生活没法维持，农民就会远走他乡，唱着古老的悲怆的歌谣走西口、闯关东，在新的土地上开垦种植甚至安家扎根。因为背负着沉重的生活重担，农民的土地意识在精神层面反不如文人骚客表现得直接而深切，得意后的荣归故里，失意后的精神栖息，甚至悲农悯农的感情抒怀，成为文人土地意识的缤纷体现，脱离了土地劳动的他们恐怕永远也不能体会土地带给农民的磨难和艰辛。被剥夺了表达的权利，农民只能默默地承受

---

① ［法］H. 孟德拉斯：《农民的终结》，李培林译，社会科学文献出版社 2005 年版，第 54 页。
② ［瑞士］荣格：《心理学与文学》，冯川、苏克译，生活·读书·新知三联书店 1987 年版，前言。

土地带给他们的一切，只有在流浪的途中和人渐老去的时候才会迸发出对故土的深深眷恋，这既是"狐死首丘"的本能反应，也是农民土地意识的真切表现。知识分子的"不在而思"与农民的"在而不语"共同形成了土地的完整意象，"倒像是知识者与农民'分有'了土地的不同性格方面"①。文人的敏感和多情使其更适宜表达对土地的深厚感情，也表现出农业文明的悠久历史形成的文人内心深处的农民意识，言说着文人与农民的渊源。

第一节　包产叙事的三维透视

——以刘小兵《积极叔》为例

《积极叔》发表于《当代》1980 年第 1 期，作品主要内容是："我"——一个参加政治运动的学生，回家乡龙家冲发动群众运动，一向老实巴交的积极叔对"我"毕恭毕敬。由于积极叔出身好，革命积极性高，成为革命的依靠对象。积极叔在长期的政治生涯中成为龙家冲群众运动的领导者。12 年后，上级委派"我"回龙家冲整顿社队经营管理，"我"却发现积极叔已经在长期的政治实践中蜕变为整天看报纸揣摩上级意图的政治投机者。上级鼓励"包工到组，联系产量计酬"，积极叔却开创性地发明

---

① 赵园：《地之子》，北京大学出版社 2007 年版，第 70 页。

了"鸡婆下子"的方法——包田到户，结果在调动一部分人积极性的同时暴露出问题：年年在社里拿模范的模范叔由于没有完成任务喝药自杀，虽然被抢救过来，但对群众震动很大。积极叔的做法引起大家的不满，他们不但自发恢复了"包工到组，联系产量计酬"的方法，而且贴了积极叔的大字报，积极叔被吓得躺在被窝里。"我"坐在积极叔土改时分的椅子上，焦急地期待着积极叔醒来。

从显在的文本层面看，这不过是一篇高度政治化的小说，但作品反映出的丰富、驳杂的内容以及叙事的内在分裂，又蕴含着多维解读的可能。以《积极叔》为切入点，从政治、历史、伦理等维度考察包产叙事，不仅可以了解特定时期农村农民的真实情况和包产叙事的丰富内容，还可以由此考察特定时代的政治、伦理、思想等对文学创作的影响。

一 政治维度：权力的渗透与影响

积极叔原本是淳朴、怯懦的农民，"我"（文联络员）的到来改变了他的命运。"我"的任务很简单，就是发动群众运动。在"以阶级斗争为纲"的年代里，具有良好出身的积极叔自然成为"我"重点倚靠的对象，可积极叔在"我"面前诚惶诚恐的表现显然与"革命"的初衷相悖，"我"对积极叔的训斥更使其充满恐惧和内疚。"我"的特殊身份对积极叔形成一种内在的威慑，或者说是"我"的政治背景对积极叔形成一种心理上的压力。这时，"我"已完成了从村里走出去的学生娃到政治权力象征的身份转变。"我"之所以选中积极叔作为发动革命运动的对象，是因为大家对运动并不积极，而积极叔从土改开始就是龙家冲的贫协主任，革命热情高，事事带头唯恐落后，也就是说，积极叔具备了发动革命运动的条件。为了搞好运动，积极叔积极向我请教，甚至废寝忘食地学文件，最终将龙家冲的运动搞得风风火火。实际上，"我"进入乡村发动积极叔搞运动的过程就是一个外部权力渗入农村并逐渐取得支配地位的过程。中国传统乡村"国权不下县，县下惟宗族，宗族皆自治，自治靠伦理，伦理造乡绅"。① 著名家族史专家 W. 古德也说："在帝国统治下，行政机构的管理还没有渗透到乡村一级，而家族特有的势力却维护着乡村的安定和秩序。"② 在国家权力没有渗透到农村之前，宗族家族发挥着维护乡村秩序的功能。土改运动及其后的合作化运动逐步将国家权力渗透到农村并最终完成在乡村的秩序建构，但这时的建构是通过经济政策将农民纳入国家统一的行政系统，国家权力系统仅仅完成了形式上的建构而没有渗入农民的思想，或者说，农民的思想还停滞在传统阶段。新中国成立后的历次运动尤其是"文化大革命"将国家权力的触角伸向农村，以革命的形式对传统乡村秩序形成剧烈的冲击，并将农民纳入国家政治权力的范畴。国家权力思想赋予国家政权合理性，当国家权力思想与农民的国家权力神圣的传统意识融合的时候，自然树立了国家权力在乡村的绝对权威。积极叔在历次运动中由国家在乡村的权力代

① 秦晖：《传统十论》，复旦大学出版社 2003 年版，第 3 页。
② 同上书，第 4 页。

言人蜕变为揣摩上级意图的投机者，既是乡村权力者的成长过程，也是其思想逐渐转变甚至蜕变的过程。初进乡村时，积极叔对"我"的"文联络官"的称呼显然是出于对"官"的恐惧，带有传统农民对权力敬畏的典型特征。"由于长期专制政治的压抑和专制文化的熏陶，社会对于凌驾于自身之上的绝对君权，形成一种莫名的敬畏心理。"① 这种心理作为一种无意识一直影响着帝国的臣民，甚至帝国统治被推翻后还作为一种心理惯势发挥着作用。"这种文化心理表现在日常生活上就是对权力的微薄渴望。村长借助公共权力随意支配他人，决定他人的命运，而广大村民对权力的争夺也只是想改变自己被奴役的地位。然而获得权力自然也是以他人的不自由，以他人的奴役地位作为代价。乡村社会到处活动着政治人或类政治人的身影。"② 积极叔从对权力的恐惧到热衷和崇拜，甚至蜕变为"政治人"，正是这种心理的典型表现。耐人寻味的是，积极叔积极参加运动的初衷是他原本是贫农，因为搭帮毛主席才做了人，也就是说，因为革命给了他做"人"的机会，所以他才对革命如此热衷。这使其思想更具有代表性。12 年之后，"我"再次来到龙家冲检查工作，积极叔对"我"就不再是诚惶诚恐了，而是盼着"我"写文章介绍龙家冲的开创性做法。当"我"的观点与积极叔从《参考消息》品味出的风向不一致的时候，他不但批评"我""木脑壳"，而且对"我"的态度也转为冷淡甚至厌烦。这时的积极叔已经由"革命"

① 冯天瑜、何晓明、周积明：《中国文化史》，上海人民出版社 2005 年版，第193 页。
② 同上书，第 129—130 页。

的积极分子蜕化为一心只要功绩、讲求形式的"政治人"。积极叔政治思维的转变显示出国家权力向乡村的渗透以及农民由对权力的恐惧、崇拜到渴望直至将权力形式化的过程。村民对积极叔发泄不满的方式是通过政治运动中贴大字报这种惯常的群众运动方式进行的，结果将积极叔吓得卧床不起，显示出群众运动的威慑作用。可从现实来看，当时国家政策已经调整，群众斗争已经是过时的运动方式，此时以群众运动来否定积极叔的做法显然与政策相抵牾，村民采取群众运动方式否定积极叔的做法显示出作为"扎根的国家权力"，对农村日常生活的影响："以其更公开且正规的形式存在的国家权力，往往缺乏构筑日常生活的功效，但当它作为扎根的国家权力通过习俗与习惯性实践的细节运作时，就变得极其有功效的了。"① 当国家权力渗透到乡村日常生活并产生影响的时候，国家也就完成了对农民的掌控。

　　政治对人的影响是全方位的。相对于农民，知识分子受到的影响尤甚，也正是国家权力思想的渗透使知识分子话语逐渐被国家权力话语取代，从而形成知识分子话语的内在裂变，也使作品呈现出浓厚的政治意识。这种意识在"文化大革命"中达到顶峰。"文化大革命"结束之后，虽然政治的影响逐渐减弱，但由于长期政治斗争的影响，特别是处于"文化大革命"后特定的社会环境，作家对政治依然心存恐惧，其心理仍带有浓厚的政治痕迹。在这种心理支配下，其创作必然与时代政治保持着密切的联

---

　　① ［加］朱爱岚：《中国北方村落的社会性别与权力》，胡玉坤译，江苏人民出版社 2006 年版，第 201 页。

系，作品也必定表现出强烈的政治性，反映出特定时期的社会思潮，从而为我们了解包产制的历史提供了条件。

二 历史之维：包产制的谱系溯源

积极叔创造性地想出"鸡婆下子"的办法，将国家推行的改造为"包田到户"。"包田到户"调动起铁尺等人的积极性，但模范叔却差点为此丢掉性命。作品否定积极叔的目的很简单，就是证明"包工到组，联系产量计酬"是切合农村实际的做法，违背这种做法将给人民带来危害。实事求是地说，作品反映了一定的社会现实，但将模范叔的遭遇作为农民的普遍命运显然存在着偏颇，其实质不过是以国家政策为判断是非的标准，显示出作家的政治思维。也正是作家的政治思维使作品具有了鲜明的政治特征。其实，不仅是《积极叔》，受环境影响，当时的主流文学作品几乎都带有鲜明的政治特征，这也为我们通过作品考察包产叙事、梳理包产制的谱系提供了可能。

郑万隆的《铁石老汉》（《十月》1978 年第 1 期）是一篇具有强烈政治性的作品，在一定程度上也可以看作包产叙事的起点。之所以说它是包产叙事的起点，是因为其作为"文革文学"向新时期文学过渡的作品之一，将对"四人帮"的否定和对集体所有制的肯定统一于政治性的叙事，而其政治思维则与包产叙事的强烈的政治特征有着内在的一致，显示出政治对文学的巨大影响以及包产叙事自觉为政治服务的意识。作品注明改写于 1978 年 1 月 30 日，仍可认为代表了当时的社会思想。作品中，桃村饮水工程的成败直接与政治联系在一起，显示出强烈的时代特征；但满明、满亮兄弟不同道路的选择及最终的遭遇又显示出对合作化或者说集体制的肯定。在集体制弊端充分暴露、不少地方的农民开始探索包干到户的背景下，作品依然肯定了合作化政策，显然延续了"文化大革命"甚至"十七年"的政治思维，显示出强烈的政治特征。但合作化毕竟成为强弩之末，此时肯定合作化显然背离了社会的主流，或者说作品是"合作化叙事的终结"也不为过。作品呼应国家政治变化与拘泥国家既有政策的抵牾显示出现实与文本的罅隙。有意味的是，其后，具有强烈政治性特征的《桃花渡》（程贤章，《人民文学》1979 年第 10 期）对林彪、"四人帮"的批判却是肯定"定额管理，多劳多得，超产奖励，按劳分配"的生产机制。桃花渡村大队第六生产队新任队长陈小明按照《人民公社条例》实行多种经营，遭到了以大伙、二伙为代表的公社和县有关部门领导的阻挠，最后，去省委学习的县委书记谢逢源解决了问题。在陈小明的"改革"中有两点值得注意：一是陈小明改革的依据是《人民公社条例》，这也是林彪、"四人帮"违背政策、伤害农民的依据；二是贫困的根源是林彪、"四人帮"的大棒政策，改革的内容就是纠正林彪、"四人帮"在农村的错误政策，陈小明等人的主要任务也就是同错误政策的执行者大伙、二伙的斗争。林彪、"四人帮"的政策成为决定农村生产成败乃至农民命运的关键。作品直接呼应了农村经济政策，把失误的根源与政治联系起来，显示出政治对农村经济的影响以及对文学创作的决定作用，也显示出包产是一个逐步推进的过程。如果说《铁石老汉》是包产的起点，那么《桃花渡》则是初步探索。《桃花渡》中，国家通过定量管理的办法鼓励农民进行多种经营，虽然没有否定集体制，但已经显示出变化。《积极叔》中实行的"包产到组，联系产量计酬"则是对集体生产的一种反动，分组作业已经显示出对集体制的怀疑，而铁尺等人"包田到户"的积极性更是说明集体已经丧失了凝聚力。值得注意的是，决定包产成败的因素不再是国家上层的权力变化而是政策，是政策影响下的人，更确切地说是农民的劳动积极性逐渐成为包产成败的关键。从权力到政策再到人的变化，显示出知识分子政治思维的转变，也显示出文学中"人"的意识的初步觉醒。张一弓的《赵镢头的遗嘱》通过包产前后社员劳动态度和土地收成的对比，肯定了包产政策，否定了集体制——包产后，就连20多年不曾摸锄掂锨、有着软绵肥厚的"海绵手"的支书李保也不得不担着粪草下地劳动，包产对人的改造可见一斑。之后的《喜雨》《贴树皮》《集市》等作品更是通过集体制对农民造成的伤害以及包产给农民带来的收益对比，对"包产到户制"做出完全的肯定。沿着这条线索，最终确立了以家庭为单位的包产体制，家庭联产承包责任制成为农村的一项基本经济制度。值得注意的是，在包产叙事中，集体制下的"伤痛"成为揭露林彪、"四人帮"乃至极"左"政治罪恶的铁证。包产叙事以对极"左"政治的控诉和批判建立了一种新的规范，显示出新时期文学与"文革文学"的内在联系。程光炜通过考察《班主任》和《晚霞消失的时候》两篇小说认为，当时对《晚霞消失的时候》批评的一套话语，带有明显的"文革文学"的印记。"明显的事实是，上述对'时代''揭示''错误''社会现象'和'历史事件'的真实性的认定，不光是 80 年代文学‘新规划’中产生的一个标准，也是‘十七年’及其以后文学标准在新的历史条件下的延伸。……我们（包括主流批评家们）在坚决反对、批判当时当代文学中的极‘左’思潮的时候，并没有意识到，实际上当时也没有看清楚，那些文学表现的‘历史范围’‘限度’等等东西，与当时的思潮并不是一个‘断裂’‘绝缘’的关系。人们在拒绝、排斥前者的同时，也在‘新时期文学’中有意或无意地‘回收’着后者，和它的文学‘规律’。"① 政治思维的惯性使这一时期的文学创作显示出模式化特征甚至具有强烈的人为雕琢的痕迹，从中不难发现"十七年文学"乃至"文革文学"臆造阶级斗争的影子。应该说，这类作品对包产前后农村农民生活的把握是比较准确的，也在一定程度上反映出当时农村农民的现实。但由于作家政治思维的惯性特别是二元对立思维，这一时期的作品明显带有二元对立模式的痕迹。作品对维护集体制的保守者的揶揄和批判与对坚持改革的探索者的肯定和颂扬，表现出明显的价值倾向和时代特征，显示出新时期文学在接续"文革文学"传统的同时内蕴着变革的因素。

三 伦理维度：包产叙事的理性反思

中国是典型的农业社会，以家庭经营为基础的自然经济在几千年的历史中一直占据着统治地位。合作化运动以政治的名义将

---

① 程光炜：《文学讲稿：八十年代作为方法》，北京大学出版社 2009 年版，第298 页。

土地、财产等收归集体，彻底改变了土地私人所有制度，显示出与传统经营方式的决裂，成为历史上最伟大的变革。也正是通过合作化运动，农民被一步步纳入国家政治权力范畴，因而从根本上动摇了乡村社会结构。"可以说合作化运动自上而下、自外而内、全面深入地影响农村生活内容、农民生活观念、家庭关系等等，更为显现地把自然村社转变为政治组织。国家权力强行介入成为乡村权力系统的核心构成因素，其他因素则在这个核心周围以新的秩序进行组合。"① 集体制时期，农民的生产资料甚至人身都被纳入集体的范畴，不但他们的生活需要依赖集体，他们的流动也受到严格的限制。"对小农而言，土地也不单纯是自然物，而且还蕴含着对家庭祖宗认同的血缘亲情意识，体现着小农的价值信仰、精神寄托和一种源远流长的人文精神。"② 土地集体所有和集体统一经营不仅剥夺了他们自主支配财产的权利，也使他们失去了感情的寄托，对人口自由流动的限制更是将他们牢牢捆绑在集体的战车上，再加上集体制时期的一些激进做法，大部分农民失去了劳动积极性。多种因素的共同作用造成了农村的普遍贫困，农村的经济体制变革势在必行。

《积极叔》原本是批判铁尺的自私思想，肯定"包产到组，联系产量计酬"的制度，但也从一个侧面反映出当时的生产制度已经不能调动农民的劳动积极性。生产要发展，必须改革。责任制极大地调动了农民的劳动积极性，促进了生产的发展，特别是

---

① 唐祥勇：《乡村权力的更替——〈创业史〉的另一种解读》，《理论与创作》2006 年第 3 期。

② 袁银传：《小农意识与中国现代化》，武汉出版社 2008 年版，第 66 页。

允许从事多种经营更使农民的生活有了实际的改善，生活水平有了明显的提高。"在广泛推行家庭联产承包责任制的 1978—1984 年间，按不变价格计算的农业总增长率和年均增长率分别为 42.2% 和 6.1%，是 1949 年新中国成立以来农业增长最快的时期。其中，家庭联产承包责任制又是这一时期农业实现高速增长的最主要原因。定量研究表明，在该时期的农业总增长中，家庭联产承包责任制所作的贡献为 47%，大大高于提高农产品收购价格、降低农用生产要素价格等其他因素所作的贡献。"[1] 包产的作用是显而易见的，但由于不同家庭的差异，包产也给一些家庭带来了困难。模范叔的遭遇并不是个案。在刚刚实行家庭联产承包责任制的时候，出现了农民一家老小齐劳动的场面，农民的积极性调动起来了，但也存在着部分家庭劳动力缺乏、孩子辍学等问题。包产过程中，村干部对政策的片面理解甚至抱有的抵触情绪，更是人为地造成了生产资料的破坏和部分农民的暂时困难。长期的集体制度和集体主义思想使人们很容易把包产到户误解成单干，误解成走资本主义道路，对私有财产的肯定更使个别村干部的心理发生了扭曲甚至有了极端的行为，最明显的表现就是利用手中的权力疯狂地攫取财富。农村改革出现了一些问题。浩然的《苍生》中，邱志国原本是党的好干部，但包产的推行使其否定了以前的"革命"思想，转而将权力视为个人牟取利益的工具，最终蜕变为一心为己的蛀虫。包产之后，农民的小农意识重

---

[1] 冯健等：《乡村转型：政策与保障》，南京师范大学出版社 2009 年版，第 20 页。

新抬头，集体主义精神逐渐被个人主义取代，并因此出现了一系列问题，比如村上的五保户等孤寡老人没人照顾，农田基本建设无人管理，村民之间贫富分化等，显示出农民走向富裕和自由的艰难。《苍生》呈现出的问题具有一定的普遍性。浩然出身于贫苦的农村，其亲戚也大多是农民，再加上经常深入农村体验生活，因此对包产的现实有着比较真切的了解。正如他所说，"作品本身体现了我对农村现实生活的观察与思考，希望与忧虑，歌颂与暴露"。① 如果说《苍生》关注的是包产对农民形而下生活的冲击，那么《山月不知心里事》等作品在关注包产对农民形而下的冲击的同时关注着其对农民形而上精神的影响。包产后，分散经营使家庭成为农村生产生活的基本单位，人与人之间的交流明显减少，青年人失去了自由交流的空间并由此陷入感情的苦闷，小翠甚至感觉生活没意思，要早早地出嫁。包产打破了平均主义，调动了农民的积极性，为农民展示个人能力提供了机遇。但另一方面则是，在大多数家庭走向富裕的同时有不少家庭的生活出现了困难。《平凡的世界》中，包产后，双水村大多数农民的生活水平有了明显的提高，但田四、田五等的日子反倒不如以前；作为直系亲属的田海民对其置之不理，他们只能去孙少安的窑厂干活。与对包产的一味颂扬相比，这部分作品显然更接近农村的现实。

有意味的是，在之后相当长的一段时期，我们很少见到反思包产的作品，更多的作品是对包产制的赞扬，甚至到了莫言的

---

① 浩然：《苍生》，北京十月文艺出版社 1988 年版，第 614 页。

《生死疲劳》，还对全国唯一的单干户蓝脸给予了完全肯定。这与包产探索、推进过程中包产叙事的丰富性形成了鲜明的对比。近几年，随着对土改、合作化等的反思，人们对包产的认识渐趋理性。著名学者曹锦清认为，"如果我们单纯从农业生产组织来看问题，集体组织对大规模的农田水利建设确实是有效的，因而对提高单产也有重要的效应。但若从经济效益、从单产的进一步提高来说，家庭这一古老而原始的农业生产组织则更为有效，这便是我们解散集体、恢复家庭生产职能的一个最基本的理由"。① 包产推进过程中出现的问题，是历史发展过程中不可避免的现象，也值得我们反思，但包产的负面影响与包产后农村经济的快速发展相比，毕竟微不足道。总体上看，包产制适应了农村生产力的发展，符合了农民的实际，将土地交给家庭经营不但调动了农民的积极性，而且为商品经济的发展和农民的现代化奠定了基础，其进步意义不可低估。

总之，《积极叔》尽管成就有限，在当时也没有受到足够的重视，但立足当下，怀着对历史同情的态度，将其放置于具体的历史语境进行多维度的解读，特别是以细节的真实映照社会现实，则显示出丰富的意蕴。以《积极叔》为切入点重新审视包产制的文学书写，对我们理解包产进程中的复杂形势和当时社会的复杂思想具有重要意义。

---

① 曹锦清：《黄河边的中国》，上海文艺出版社 2000 年版，第 76 页。

第二节 "土地情结"的理性思考

由于农业文明的悠久历史,农民对土地有着异乎寻常的依恋。土地不仅是他们生存的依靠也是他们精神的依赖,甚至成为他们顶礼膜拜的"图腾",浓郁的"土地情结"成为农民的显著特征。新时期以来,随着商品经济的发展,农民的价值观念不断遭遇冲击,农民与土地的关系不自觉间发生着微妙变化,逐渐凸显出理性的特征。

一 生存压力下的人生选择

土地是农民身份的象征,对土地的崇拜和渴望是传统农民的普遍心态。包产这一改变了农民命运的重大变革,因强烈的时代特征使这一时期的文学超越了文学范畴而具有了社会文化的内涵。"'新时期文学'被强行拉出了文学史的框架,而变成了一个大于文学史的概念;确切地说,人们实际已不再把它当作一个文学史概念来看待,而把它作为一个文化政治史的概念来解读了。"[①] 也正因为强烈的时代特征使文学呈现出与政治同构的趋

---

① 程光炜:《文学讲稿:八十年代作为方法》,北京大学出版社 2009 年版,第 47 页。

向，对包产的肯定成为文学创作的主流，农民的热情成为证明包产合乎历史潮流的典型叙事。李准的《大年初一》中，原大队支书阮辛酉在大年初一早早做好准备等着大家拜年，可分得土地的农民打破了传统节日玩耍的习惯，扑到土地上劳动。小喜到阮辛酉家也是为了扛耧施肥，拜年不过是"顺便"，其他人家也都忙着耕地种田，没有人闲玩。其原因正如张好大婶所说的是地都包给农民自己了。阮辛酉的话典型地表现出包产前后人们的差异："这人也算怪，文化大革命时候，号召叫过'革命化'春节，喊破嗓子敲破钟，也没有人出来，现在上级不叫过'革命化'春节了，偏偏自己要'革命化'。"① 同样的情况也出现在周克芹的《山月不知心里事》中：容儿的妈妈盯着儿女们干活，不让他们有闲玩的时间，甚至不让他们去看电影；社员们更是将全部精力投入生产，挑灯夜战成为普遍现象。农民的辛劳得到回报，容儿家的生活逐步改善，容儿从买不起内衣到穿漂亮衣服的变化正是农民生活水平提高的有力证明。正因为土地带来生活的显著变化，农民对土地表现出极度的渴望。《苍生》中田家庄村民分地的描写典型地表现出农民的这种心态：

> 田家庄的土地承包，是按人口平均分的。因为耕地太少，摊在每个人身上，还背不上二亩地；而且谁都想占着一份地，没结婚的女的把自己那份地到了手才肯出嫁，还不到结婚年龄的男性钻窟窿倒洞地走后门也要领到结婚证，用来

---

① 李准：《大年初一》，《人民文学》1981 年第 5 期。

作为讨一份地的证明；即便那些在外边当着合同工和不吃商品粮非"国家"干部，岗位极为稳定、收入很不少，绝不可能退下来耕种，同样地不肯放弃"分地"这个权利。……庄稼人有庄稼人的算盘，庄稼人出身的，也习惯按照庄稼人的习惯与逻辑打算盘——都得给自己留下个应变的退路呀。①

对退路的担忧正是对饥饿或者恐惧的反应。农民对土地的热情内含着他们对饥饿和贫困的创伤性记忆的修复，集体制时期农民的饥饿记忆通过包产时期的辛勤劳动得以暂时遗忘和化解。在农民对土地的期望和热情的背后，隐含着作家对集体制的批判和对包产制的肯定，显示出强烈的政治目的。但对于农民来说更主要的是他们获得了支配土地的权利，还原了他们的农民身份。"家庭联产承包责任制这种'集体所有、家庭经营'的双重经营体制，一旦化为村民的实践，'集体所有'似乎就变成一种虚拟的设置而退居幕后了。"② 包产将土地交给农民，获得土地的农民不仅解决了温饱问题，也获得了精神的满足。土地既是他们最低生存的渴求，也是其精神安全的需要。尤其是，基于农民的传统，包产在实际操作过程中采取的是一种均分的方法，即将土地按照人口平均分配，目的也是给每个农民提供最低的生活保障。正因为有了土地，农民彻底改变了由集体掌握命运的窘境，不仅解决了温饱问题，也有了支配自己命运的可能。"均分的土地承包制度，保证了农民最低收入水平，是当前中国农民可以普遍解

---

① 浩然：《苍生》，北京十月文艺出版社1988年版，第511页。
② 胡杨：《精英与资本》，中国社会科学出版社2009年版，第139页。

决温饱问题的前提，也因为均分的土地承包制度，外出务工经商的农民在经营失败或者找不到工作时，可以回到农村种地谋生。流出农村的农民并未与农村割断联系，这是与中国历代流民的无根状况完全不同的有根的农民。"①

　　温饱问题的解决为农民追求更高水平的生活提供了基础，也刺激了他们追求更高的欲望。包产在将土地交给农民的时候也为他们走出土地创造了条件，鼓励多种经营则为他们的经济活动提供了政策依据。基于现实的物质需求，农民更为理性地思考与土地的关系，走出土地成为必然。作家敏锐地捕捉到这一变化，形成乡村改革小说的创作潮流。这些作品大都写到具有先进意识的农民不甘于在土地里刨挖，梦想走出土地获取更多的物质，改变自己的命运。陈忠实的《四妹子》中的四妹子承包果园，贾平凹的《鸡窝洼的人家》中的禾禾植桑养蚕等经营方式的改变，显示出他们已经开始基于付出与所得理性衡量与土地的关系。正如禾禾所说，"就要寻出路哩。地就是那么几亩，人只会多，地只会少，人把力出尽了，地把产出尽了，死守着向土坷垃要吃要喝，咱农民就永远也比不过人家工人、干部了"。②禾禾的思想显然是不满足既定生活的主动求变。如果说他们的主动求变由于适应了时代潮流而具有了现代的成分，那么回回、麦绒等传统农民在时代影响下的转变则带有被动的性质，应该说，他们的转变更能代表农民的现实。

---

① 贺雪峰：《新乡土中国》，广西师范大学出版社2003年版，第169页。
② 贾平凹：《鸡窝洼的人家》，《十月》1984年第2期。

回回和麦绒秉持传统农民的本分，起早贪黑地在土地上忙碌，过着衣食无忧的生活，他们的理想就是"三十亩地一头牛，老婆孩子热炕头"的传统生活。他们的产品主要是满足自己的生活需要，除非必须，他们对买与卖有着本能的抵制，回回甚至以拥有足够的生产工具而自豪。长期在土地上劳动以及土地带来的满足感使回回对土地焕发出热情，土地成为他的情感寄托。在回回身上集中体现出传统农民与土地之间的亲密感情。回回的生产方式和文化心理带有浓厚的传统农民的特质，回回也因此被视为保守农民的典型。"当我们重新实行了土地责任制以后，不少的农民，像回回、麦绒及他们的强大的自觉和不自觉的支持者，又都不自觉地陷入了土地和由此而产生的生产和生活方式中去了，在种好地的同时，他们又去积极地（不是消极地）体现自然经济的观念和生活方式。"[1] 但商品经济的大潮冲击了回回、麦绒们的生活：回回和麦绒为了换取生活资料去集市卖粮食，可粮食价格低得惊人，土地生产的产品已经不能满足他们生活的需要，回回和麦绒陷入贫困。物质的压迫使作为保守者的回回和麦绒发出疑问："唉，我当了多半辈子农民，倒怎么不会当农民了?!"[2] 回回的追问与反思正是传统农民在时代经济大潮中转变的开始，经过艰难的思索，回回和麦绒选择了轧面条做生意。轧面条显然是一个象征，寓意着他们在商品经济影响下生活方式的改变，也意味着他们思想的转变。他们不再拘泥于做一个本分的种地的农民，

---

① 许柏林：《当前我国农民的社会心理——评贾平凹〈鸡窝洼的人家〉》，《当代作家评论》1985年第1期。

② 贾平凹：《鸡窝洼的人家》，《十月》1984年第2期。

而是积极探索新的经营方式，显示出商品经济对农民的影响以及小农意识向现代意识的逐步转变。"要破除小农意识，实现农民意识的现代化转型，首先必须破除自然经济土壤和落后的小生产方式，发展社会主义市场经济和社会化大生产，实现农村的社会化、商品化。"① 商品化成为传统农民思想转变的决定因素，也使其显示出新的特质，呈现出农民形象的现代嬗变。如果说禾禾的变化缘于主动的追求，那么回回们的现代嬗变则带有被动的性质。回回和麦绒的被迫改变是以继承父辈的轧面条的形式体现出来的，无论是技术还是规模都显示出浓厚的传统特征，这既是对原有小生产方式的继承，也是对传统手工业的突破，显示出一种过渡的特征。这种经营方式的改变显然是因为经济的压力，而不是为了追求更高的生产效率。另外，当禾禾利用发电机送电之后，回回和麦绒也坚决地拉上了电，这既是为了追求更高的生产效率，也是他们爱面子的结果，从而在显示他们经济意识觉醒的同时也显示出浓厚的传统因素。在商品经济影响下，尽管传统农民为追求更好的生活自觉或不自觉地做出了改变，但改变过程中浓厚的传统因素意味着他们离现代农民的要求还相去甚远，他们只是作为农民从传统向现代转型的过渡。

二 土地价值观念背反的叙事结构

《鸡窝洼的人家》中的禾禾和回回分别代表了两种类型的农民，禾禾不甘现状，勇于探索，是新型农民的代表；回回落后、

---

① 袁银传：《小农意识与中国现代化》，武汉出版社 2008 年版，第 276 页。

保守，是传统农民的典型。作家的倾向是明确的，那就是肯定禾禾敢闯敢干的精神，批判、否定回回墨守成规的思想，通过回回和麦绒思想的转变表明离开土地是传统农民的必然命运。当时，通过新旧农民的对比肯定农村改革的创作形成了一种模式。除了《鸡窝洼的人家》之外，《四妹子》《晚霞》等也都以传统农民与新型农民之间的感情冲突显示出农民对新生活的渴望，表现出知识分子的现代化焦虑。知识分子认为农民的小农意识来源于土地，"土地养育了农民，同时限制了农民的想象力，捆绑了农民的精神"，[①] 因此，走出土地不仅是农民追求新生活的必然也是实现现代化的关键。"中国的希望在于土地观念的瓦解。目前中国对农民经商从工的再三鼓励，都将有助于稀薄土地观念。文学作品对此表现了热情。虽然匆匆反映难得有成功之作，但对作家的社会责任感，还是应当肯定的。"[②] 在知识者的思想中，传统农民已经附着于土地，强大的土地观念成为农民走向现代化的阻碍，只有通过启蒙使其理性处理和土地的关系才能走向现代文明。

这显然是作家的一种想象，遮蔽了农民与土地的复杂关系，透过文本不难发现，在农民与土地感情粘连的表象下是农民务实的一面。集体制时期，国家对农民的自由流动有着严格的限制，但仍有少量农民为生活所迫离开土地。何士光的《赶场即事》中，集体制下小伙子家里非常贫困，甚至娶不上媳妇，再加上"办大农业""饿肚皮""拿人不当人"，小伙子只能出去做工。

---

① 曹文轩：《中国八十年代文学现象研究》，北京大学出版社1988年版，第38页。

② 同上书，第39页。

《小河九道湾》中，农村姑娘赵金秋为生活所迫到城市的亲戚家当保姆，受尽了欺凌和白眼，她最终回归土地，也是因为土地给她提供了改变命运的条件和可能。土地提供的物质基础对农民的选择至关重要，"土地之于农民，更是物质性的，其间关系也更具功利性。他们因而或许并不像知识者想象的那样不能离土；他们的不能离土、不可移栽，也绝非那么诗意，其中或更有人的宿命的不自由，生存条件之于人的桎梏"。① 农民既是保守的也是现实的，农民的务实远远超过了知识分子的想象，与其说他们依恋土地，倒不如说土地满足了他们基本的物质需求，他们才如此留恋它。一旦土地不能满足他们的需求，他们也就有了离开土地的冲动和渴求，重新思考与土地的关系成为必然。回回和麦绒由自给自足的生产方式向多种经营甚或现代经营方式的转变正是他们理性思考的结果，就连《苍生》中足不出户的支书老伴也对土地表现出理性的一面，典型表现就是她对田大妈灌输的关于土地的理论，"'嘻，你真老脑筋'，支书老伴儿说，'地是最不能出产钱的东西，你还种它干啥！'"② 田大妈在她面前的自卑则显示出农民的务实，也表现出金钱在农民日常生活中的支配作用。在商品经济背景下，土地由财富变成了负担，对社会资源和财富的占有成为衡量个人价值的依据。"没有人在市场经济中认为自己的钱已经赚够了，因为赚钱的能力和赚钱的多少，成为衡量人的价值、体现人的声望的基本手段。"③ 价值观念的改变使农民对土地

① 赵园：《地之子》，北京大学出版社 2007 年版，第 69 页。
② 浩然：《苍生》，北京十月文艺出版社 1988 年版，第 530 页。
③ 贺雪峰：《乡村治理的社会基础》，中国社会科学出版社 2003 年版，第 34 页。

的认识更加理性，金钱逐渐取代土地，成为衡量个人价值的标准。徐宝琦的《二嫫》中，二嫫为了买电视进城的经历更像是时代变化之后的"能大嫂"（吴晨笳《卖网记》，《人民文学》1982年第6期），但与能大嫂回归土地在土地上找到安全感不一样，二嫫是在土地之外找到满足欲望（挣钱买电视机）的途径。农民与土地关系的变化显示出他们的务实。回回、麦绒等的保守固然有传统的影响，但对未来生活的担忧才是决定因素。禾禾在改革探索中的几次失败比如做豆腐、养蚕等，在说明改革艰难曲折的同时证明了回回们的担忧和疑虑并非没有道理。一旦生活受到冲击又看到新的机遇，回回们一样会表现出足够的适应社会的能力。与禾禾们相比，由于别人给他们提供了经验，创造了条件，他们的转变更容易成功，付出的代价也往往较小。"农民没有把自己固定在干粗活的角色中，实际上，他们能够接受现实摆在他们面前的新条件，他们利用一切机会实现现代化、进行扩展和适应市场要求，变成有着进步意识的小企业家。"① 但传统农民的这一变化往往被国人的现代化焦虑所遮蔽，从而形成传统农民粘连于土地的表象。

农民对土地的感情更多的是基于现实的考虑，一旦认识到经济对改变生活的重要作用，农民就开始疯狂地追逐利益，为此不惜背弃传统的价值观念甚至扭曲个体人格。《焦大轮子》中的焦炳和为了挣钱抛妻别子去外地开矿，用不正当手段要挟信用社主

---

① ［法］H. 孟德拉斯：《农民的终结》，李培林译，社会科学文献出版社2005年版，第97页。

任等当权者牟取利益，甚至找了情人，他的目的只有一个：挣钱。《浮躁》中的雷大空为了追求金钱和利益走上"半人半鬼"的道路，最终送掉了性命。经济在日常生活中日益重要的地位使农民对金钱和利益表现出极度的渴望，并由此引发了乡村价值的混乱和农民道德的滑坡，乡村改革的弊端逐渐呈现。面对改革呈现出的丑恶，作家陷入了焦灼，其创作表现出一种内在的矛盾，显示出价值判断的困惑。"对改革的现实肯定和文化上的困惑交织在一起，成为80年代初乡村改革小说的主体特色。这显然是由于在现实物质的变革渴望和文化上的代价之间，作家们很难找到一个平衡点，确立自己清晰的价值立场。"① 作家的困惑显然是一种道德上的担忧，不代表农民的拒绝。对于农民来说，他们更在意物质生活的改善，对改革带来的物质进步，农民是持欢迎态度的，"因为它带来了可以看得见的物质上的巨大变化。对于农民来说，最首要的关注是生存，是物质的丰盈。至于改革对乡村文化的触动和变化，对于农民来说其实很难简单地说是优还是劣"②。在乡村经济发展过程中，无论是农民在生活压力下的向城求生还是将土地作为博取利益的工具，都是他们理性思考与土地关系的结果。一旦基于利益理性处理与土地的关系，农民也就将土地工具化了。所有这一切证明：知识者关于农民粘连于土地的想象不过是一厢情愿。

---

① 贺仲明：《一种文学与一个阶层：中国新文学与农民关系研究》，人民出版社2008年版，第35页。

② 同上书，绪论。

三 经济意识的初步觉醒

在一定意义上，农民走向现代化的过程也是其小农意识不断向现代意识转变的过程。自给自足的自然经济是小农意识生成的土壤，土地是其中的决定性因素。"土地是小农的命根子，是解决他们吃、穿、住、用等基本的物质生活资料的需要和保证自身安定的基础，也是小农占有社会资源、社会物质财富的主要方式和实现自我价值的主要场所。"① 以土地为基础的自然经济虽然保证着农民的基本生存需要，但自给自足的经营模式也限制了他们的进一步发展。进入新时期之后，在现代文明的影响和生存压力的逼迫下，农民的经济意识逐渐觉醒，思想逐渐改变。

中国是典型的农业国家，农民与土地互为依存，土地不仅是农民的生存之本，也是财富甚至身份的象征。农民对土地的依赖使其被知识分子定格为固定的形象，就如何士光在《种包谷的老人》中所描写的那样："许多年了，他似乎总是一个模样，仿佛他不曾年轻过，也不能变得更老。"② 这种被定格的农民形象显然与土地存在着一种互相隐喻的关系，也表现出土地对农民的重要意义。由于土地可以保障农民的基本生存，农民对土地表现出极度的渴望，久而久之便内化为一种挥之不去的"土地情结"，拥有一块土地、过上"三十亩地一头牛，老婆孩子热炕头"的生活成为传统农民的梦想。土改运动之所以得到群众的广泛拥护，正

---

① 袁银传：《小农意识与中国现代化》，武汉出版社 2008 年版，第 66 页。
② 何士光：《种包谷的老人》，《人民文学》1982 年第 6 期。

是因为它满足了农民对土地的心理渴求。对农民来说，拥有一块土地不仅意味着稳定的归宿，也为他们追求更富裕的生活奠定了基础。据此来看，土改运动并没有对小农意识进行有意识地改造，反而为其复苏创造了条件。合作化运动则是对小农意识的一次颠覆性改造。合作社将土地和财产收归集体，小农意识失去赖以寄生的土壤，尤其是"破四旧"等运动更是对以血缘为基础的宗族家族观念形成剧烈冲击，小农意识遭受沉重打击。但也应该看到，受生产力发展水平的限制，当时的经营方式还较为原始，宗族家族虽然受到剧烈冲击但还潜在地发挥着作用，当宗族家族矛盾与政治斗争纠合在一起的时候更是呈现出复杂的态势，也为宗族家族的存在提供了条件。《平凡的世界》中，田、孙、金三大家族之间的复杂关系使政治斗争夹杂了更多的家族恩怨，《古船》中，隋、李、赵三家的历史纠葛也使政治成为解决家族恩怨的工具，宗族家族意识通过政治斗争显示出顽强的生命力。

包产为农民经营方式的转变提供了条件，禾禾、王才、孙少安等的经营活动显示出农民经营方式的变化，传统农民自给自足的自然经济受到冲击。如果说上述人物由于寄托了知识分子过多的理想导致其经营方式的变化较为明显，那么，李海清的《立秋》则以乡村日常生活叙事显示出农民在市场经济下的自然变化，也更接近农民生活的现实。梁山伯和祝英台带着农产品去城市出售，这应该是农民最原始的商品意识的觉醒，从梁山伯向大队会计要自产自销的证明可以看出其思想还存有集体制的影子。因为距离城市较远，村民们进城一般要搭乘顺顺的面包车。顺顺的面包车开始并不收费，显示出浓厚的人情味，可半年之后顺顺犹犹豫豫地向乡亲们表达出买票坐车的要求。村民们尽管感到突兀，在短暂的犹疑之后还是接受了买票坐车的现实，并逐渐形成买票坐车的习惯。似乎一切都在不经意间发生了变化，也正是这种不经意，显示出市场经济对农民的影响以及农民的思想嬗变。伴随着市场经济的发展，经济意识渗透到农村，农民对利益的追求逐渐使乡村人际关系呈现出理性的特征，也催生了他们的个人主义，"农民争得了土地的个人所有权，成为自家的主人，不必向任何人报账，这些都成为小经营者的骄傲和渴望，然而，他们却不得不为在自己的职业盛行的个人主义而哀叹"。① 经济发展使利益在人际交往中的地位日益重要，建立在血缘、地缘基础上的差序格局受到影响，宗族家族观念更是遭遇颠覆性冲击。尽管不少社会学者证明包产后宗族家族势力有重新抬头的趋势，但也有田野调查证明经济发展对宗族家族观念的毁灭性冲击。萧楼认为，以往的研究对20世纪80年代开始的以分田到户和商品经济为主要内容的经济政策，对于宗族、家庭和信仰的破坏力量关注不够，并认为分田到户是对宗族制度的"肉身"绝杀，将三代血亲为"户"缩小祭拜范围，进一步消解了祖先崇拜的意义。② 经济在生活中日益重要的地位使其逐渐取代人情伦理在乡村生活中占据了支配地位，宗族家族关系掺杂了更多的经济因素。葛水平的《凉哇哇的雪》中，黄氏家族的黄国富与李氏家族的李宝库竞

① ［法］H. 孟德拉斯：《农民的终结》，李培林译，社会科学文献出版社2005年版，第98页。

② 萧楼：《夏村社会：中国"江南"农村的日常生活和社会结构（1976—2006）》，生活·读书·新知三联书店2010年版，第258—260页。

选村干部，作为李氏家族的李宝库曾经在村上有着很高的威信，村民甚至因为拥护李宝库而排斥黄国富，但在黄国富的金钱攻势下，很多村民倒戈，黄国富和李宝库的竞争难分伯仲。黄丑根作为黄氏家族的成员投的却是李宝库的票，其根本原因就如丑根所说"谁当了咱不是一个普通农民"。[①] 当丑根能够从中获益，选李宝库也就自然而然，农民的实用理性占据了上风。冯积岐的《村子》中，田水祥的儿子被族长田广荣以维护族规的名义派人毒打，真正的原因却是田广荣为了利益杀鸡儆猴，是通过对后生的惩罚显示其族长的权威，触犯族规只不过是幌子。宗族成为田广荣牟取利益的工具。不难看出，更多的时候，宗族家族势力的抬头不再是传统宗族家族意识的死灰复燃，而是个人牟取利益的工具。作为小农意识的主要表现形式，宗族家族危机显示出经济发展对小农意识的冲击。

在农民形象的现代嬗变中，农民经济意识的觉醒占据了决定性的地位，经济意识成为现代农民的典型特征。但也应该看到，经济发展在为农民个性觉醒提供条件的同时使他们滋生了个人主义，市场经济下金钱的重要作用更是诱发了他们对欲望的疯狂追逐。"当人的机体被某种需要主宰时，它还会显示另一个奇异的特性：人关于未来的人生观也有变化的趋势。对于一个长期极度饥饿的人来说，乌托邦就是一个食物充足的地方。"[②] 同样，对曾经贫困的人来说，乌托邦也就是物质的丰富，金钱则是其保障，

---

①　葛水平：《守望》，百花文艺出版社 2006 年版，第 71 页。

②　[美] 马斯洛：《动机与人格》，许金声、程朝翔译，华夏出版社 1987 年版，第 42 页。

在这种内在的逻辑支配下，金钱成为他们追求的目标和永恒的动力，乌托邦也就被简化为金钱帝国。贾平凹的《高老庄》中，高老庄村民在利益诱惑下连夜盗伐保护林，甚至老太太也亲自上阵，农民文化功利性的一面赤裸裸地展示出来。乡村现代化进程中，在利益的驱动下，土地大片大片地失去，留给农民的空间越来越小，甚至连他们的家园也成为牺牲品。张炜的《九月寓言》中，煤矿的开采不仅使小村人失去了土地，也夺去了他们的家园，土地由家园变为梦魇。不过需要注意的是，虽然乡村生产方式和农民的思想受市场经济的影响发生了显著的变化，但由于农村的封闭和思想的保守，农民的经营大多是原始农业手工业的扩充，他们的眼光还是局限于土地，土地始终限制着农民的进一步发展，也寓意着小农意识的转变需要一个艰难的漫长的过程。

第三节 "向城求生"的无奈选择

进入20世纪80年代，随着改革重心向城市的转移以及"以农补工"的不平衡政策，城乡之间的差距越来越大，土地由农民的希望变为梦魇，"向城求生"成为他们的选择。同时，乡村城市化进程使农民面临着失土与守土的矛盾，认识到失土不可避免，土地也就变为他们博取利益的工具。进入城市之后，农民成为城市里的"二等公民"，城乡生活方式、生活习惯的差异以及城市的压迫，使农民工自然地生发出对土地的留恋和向往，但此时的向往绝不是真正地回归乡村，而是一种乡愁，其精神意义远远大于现实意义。

一 与土地关系的理性思考

包产制的推行使农村的面貌发生了巨大的变化，土地经营权的下放以及向农村的倾斜政策激发了农民的干劲，促进了农村生产力的发展，农民的生活水平有了显著提高。随着改革重心向城市的转移以及为了工业发展对农村的过度索取，各种摊派、集资等负担纷纷落在农民身上，农民又一次陷入贫困。对于传统农民来说，土地是他们的希望，可现实却是，土地非但没有给他们带来想象中的富裕，反而成为他们的沉重负担。在巨大的生存压力面前，农民不得不重新思考与土地的关系，"向城求生"成为他们的必然选择。

梁晓声的《荒弃的家园》中，翟村原本是个富裕的村子，可随着政策向城市倾斜，工农业之间的差距逐渐加大，农民种地已经无利可图。正如老支书翟广泰所说："不错，粮价是在提高着，但是在一角钱一角钱地提呀！可化肥呢，农药呢，一元钱一元钱，几元钱几元钱，十几元十几元地涨价，咱农民这地明摆着是没法儿再种下去了么……"① 工农业之间的差距和工业对农业的控制使农民陷入了贫困，土地成为农民的沉重负担，他们包产初

---

① 梁晓声：《荒弃的家园》，《人民文学》1995 年第 11 期。

期的热情不再。政府打白条等拖欠农民资金和伤害农民利益的行为更是从思想上粉碎了农民种地发家的梦想。翟广泰多次上访要求解决打白条的问题，可是政府无力解决，最后翟村村民与县政府发生冲突，事情闹大，县长被撤职，而翟村村民也彻底寒心，走上了外出打工的道路。翟村村民外出打工之前对翟广泰说的话典型地表达出农民对土地的绝望："县里即使真的永不向农民们打'白条'了，那种子的价格、化肥的价格、农药的价格，明摆着，还是要年年往上涨的，是县里的大小官们根本控制不了的，无能为力的。种地的农民们不还是要吃亏的么？农民们又不是天生的傻瓜，干嘛一年年吃亏，一年年不'反思'哇？如今全国的人不都讲'反思'的么？"① 也正是在反思土地的投入与产出的基础上，翟村村民选择了外出打工。县长临走之前专门和翟广泰做了一次谈话，从谈话内容不难看出，打白条等政府拖欠农民资金的行为也是政府的无奈之举，更为重要的是，这不是个别现象，而是一个普遍的问题！其实，翟村村民不过是千千万万农民的一个缩影。收入减少带来的贫困以及乡村权力的压迫使农民很难在乡村继续生存下去，进城求生成为必然。关仁山的《伤心粮食》中，王立勤在城市打工遭受了种种磨难，他只能把希望寄托于土地，可土地带给他的却是绝望。农业上的丰收成灾、种地赔钱以及王和尚等经营的乡村封建王国将农民逼到生存的边缘。万般无奈之下，王立勤烧了房子逃离乡村，表现出对土地的绝望。也正是因为对土地的绝望，千千万万的农民踏上了外出打工的道

---

① 梁晓声：《荒弃的家园》，《人民文学》1995 年第 11 期。

路，形成了浩浩荡荡的"民工潮"。

如果说向城求生是农民离土的推力，那么城市建设和经济发展对用工的需求则是农民进城的拉力。随着改革的深入和城市化的快速推进，城市出现了劳动力不足的状况，为保证城市的发展，国家不断调整人口管理政策和户籍制度，逐渐扫除农民进城的障碍。"尤其是在1982年以后，由于中共中央、国务院明确提出了'允许农民进城开店、设坊、兴办服务业，提供各种劳务'的经济政策，农民工流入城市骤然增多，从此出现了持续不断的'民工潮'。"① 推力和拉力的共同作用使农民有了进城的条件与可能。城乡之间的巨大差距使城市在各个方面显示出优越性，农村不仅意味着物质的贫困，也是精神愚昧的象征，在此情况下，农民的"向城求生"具有了精神与物质的双重意义。"在城市文明和乡村文明的极大落差中，作为一个摆脱物质和精神贫困的人的生存本能来说，农民的逃离乡村意识成为一种幸福和荣誉的象征。"② 进城之后，尽管农民从事着最艰苦的工作、拿着最低的报酬，可与农村生活相比他们还是感觉到了富足，城市成为他们的理想国。迟子建的《踏着月光的行板》中，林秀珊在一家工厂的食堂打工，虽然一个月只有400元的工钱，还需要忍受夫妻两地分居的煎熬，但她还是很知足。工作的卑微、环境的恶劣、生活的艰辛、薪水的微薄并没有让他们有丝毫怨言，因为乡村的苦难和生存的压力让他们别无选择。张继的《去城里

---

① 马振宏：《〈秦腔〉对我国农村改革进程中存在问题的反映》，《咸阳师范学院学报》2009年第5期。

② 丁帆：《中国乡土小说史论》，江苏文艺出版社1992年版，第30页。

受苦吧》中，贵祥的两亩好地在他毫不知情的情况下被村长李木给卖了，贵祥找李木讨取公道遭到拒绝，贵祥被迫走上了告状的道路。告状虽然以失败告终，但贵祥却因此进入了城市，在遇到城市女人李春后安定下来并小有成就。返乡后，李木一改对贵祥的轻蔑态度而将其视为座上宾，他不仅为自己的错误行为向贵祥道歉还主动要给贵祥赔偿三亩好地，贵祥在李木家的院子里撒尿，村长老婆看见了也没有表示不满。贵祥以献媚和告状想要的结果因为进城轻易地实现了！面对土地的诱惑和村长谦卑的态度贵祥表现出了犹豫，可妻子徐钦娥进城的坚决态度打消了贵祥的疑虑，在利益衡量之下贵祥选择了再次进城。进城使贵祥获得了物质与精神的双重满足，但物质毕竟是第一位的，或者说正是物质利益成为精神满足的基础。在农民进城的诸因素中，物质利益的追求是最主要的原因，"调查表明：10.5%的人在家没有事干；72.8%的人说：'想出来挣钱'，只有11.4%的人说：'在家待不下'。可见，除了农村富余劳动力数量巨大，农民无业可做，外出挣钱成了流动的主要动机"。[1]历史上的物质匮乏和现实中的艰难生活使农民对贫困有着本能的恐惧，摆脱贫困追求更好的物质生活成为他们的现实追求。虽然农民在城市的生活非常艰辛，收入也很微薄，但与在农村相比，他们挣到的钱还是多很多。"向城求生"正是农民理性思考与土地关系的必然结果。

---

① 莫荣：《民工潮的背后——中国农民的就业问题》，红旗出版社1993年版，第22页。

二 经济意识主导下的城市化进程

在知识分子的想象中，农民是与土地紧紧捆绑在一起的，农民对土地有着发自内心的眷恋，这种心理上的联系和超乎一切的感情远不是金钱、利益等物质因素所能取代的。因此，农民对土地的感情和留恋也就自然地成为叙事的主要内容之一。孟广友的《拆迁》（《延河》选刊版，2008 年第 10 期）中，镇上为了开发大文豪小时候的住宅动员老百姓拆迁。为了顺利拆迁，政府给予拆迁户优厚的补偿。在利益的诱惑下绝大多数村民同意了拆迁，可牛豪爽老汉的工作却一直做不通。就在镇上一筹莫展的时候，牛老汉打扫干净院子、整理好田地，去了闺女家再也不回来了，对于补偿款更是没有提一点要求。牛豪爽拒绝拆迁不是为了钱，对土地的感情才是他不愿拆迁的真实原因，正如他所说，地都被占完了，要钱有屁用。对他来说，家就是"根"，他拒绝拆迁是为了保护"根"，是土地更确切地说是家园意识支配了其抵制拆迁的行为，农民对土地和家园的留恋可见一斑。这也是土地叙事的一个基本主题。面对失土的严酷形势，农民的内心发生了剧烈的冲突，直接的表现就是失土与守土的矛盾，内涵则是两种生活方式选择的困惑。这种选择冲突的种类、范围、强度"主要决定于我们生活于其中的文明。如果文明保持稳定，坚守传统，可能出现的选择种类则是有限的，个体可能发生的冲突也不会太多……但是，如果文明正处于迅速变化的过渡阶段，此阶段中相互矛盾的价值观念和极为不同的生活方式并存，那么，个人必须作出的选择就多种多样而难以决定了。"① 在乡村城市化的大背景下，农民失土的过程也是现代生活方式与传统生活方式、现代文明与传统观念冲突和角力的过程，其对于农民、对于处于这种选择中的每一个人都是一种巨大的考验。土地不仅是农民生存的根本，也寄托着农民的深厚感情，凝聚着他们对历史的回忆和"对当下的怀旧"②。"一直在某一块土地上劳动，一个人就会熟悉这块土地，这也是对土地产生个人感情的原因。"③ 对农民来说，失土无异于"失根"。所以，面对即将失去的土地和家园他们难免表现出眷恋，但现代文明的美好设想尤其是丰厚的物质生活又使他们萌生渴望，从而形成了其对传统生活方式的留恋和对现代文明的向往之间的矛盾。对土地的留恋是现实生活的反映，现代文明的许诺却只是一种可能，因此，他们对土地的留恋也就更具现实意义，其间蕴含着他们对未来的担忧，或者说对未来缺乏一种安全感。"即使我们认识到了这样的冲突，我们必须愿意而且能够摒弃矛盾的两方面中的一面。但极少有人能做到断然取舍，因为我们的感情和信念是混淆不清的。也许，说到底还因为我们多数人并没有强大的安全感和幸福感，所以不能有所舍弃。"④ 不难

---

① ［美］卡伦·霍尼：《我们内心的冲突》，王作虹译，译林出版社 2011 年版，第 3—4 页。

② "对当下的怀旧"（nostalgia for the present）是杰姆逊（Fredric Jameson）提出的概念，因为后现代社会的迅速发展使人在目不暇接的变迁过程中，感觉没几年的时间就仿佛超越了一个时代，怀旧感的产生不再仅仅是针对过去，也逐渐针对当下发生的事情。参见陈涛《拆迁、搬迁与变迁：中国当代电影对城市拆迁的再现》，《文化艺术研究》2011 年第 3 期。

③ 费孝通：《江村经济》，商务印书馆 2001 年版，第 161 页。

④ ［美］卡伦·霍尼：《我们内心的冲突》，王作虹译，译林出版社 2011 年版，第 5 页。

看出，农民对土地留恋更多的是出于安全的考虑，对土地的取舍取决于土地带来的利益。

以农民恋土意识的典型作品——贾平凹的《土门》为例。仁厚村面临拆迁，几乎所有村民表现出惊人的一致：反对拆迁，保卫家园。保卫家园固然是为了保住"根"，但对未来的担忧也是一个重要因素。邻村同意拆迁，但开发商将土地转手之后携款私逃，村民一无所有，成了最终的受害者。前车之鉴，他们的遭遇触痛了仁厚村村民的神经。仁厚村村民之所以坚决地抗拒拆迁，与对未来的担忧或者说缺乏安全感是分不开的。在农民对土地的感情中，土地作为财产的象征是基础，也正是农民与土地之间的这种利益关系为农民追逐利益奠定了基础。当他们为了利益而强烈地反对拆迁的时候，就形成了保卫家园的表象，也就有了作家笔下农民与土地不可须臾分离的感情。当然，这样说并不是否定农民对土地和家园的感情，只是说相对于感情，物质对农民更为重要。《拆迁》既以牛豪爽老汉对家园的固守证明着农业文明的深远影响，同时说明，当解除了后顾之忧，农民还是能够离开土地的。基于物质化的现实，当失土成为定局，对利益的追逐就成为农民的渴望，农民对利益的追逐取代了对土地的感情。农民失去土地和家园之后，也失去了乡村伦理的制约，在城市生活的诱惑下，他们中的不少人将欲望和享受视为现代文明而疯狂地追求，甚至因此迷失了自我。现代文明的特征之一就是个人的自由，但在个人取得自由的同时淡化了社会责任，从未体会过自由为何味的农民进城之后更是陷入了欲望的泥淖。"个人主义的黑暗面是以自我为中心，这使我们的生活既平庸又狭窄，使我们的生活更缺乏意义，更缺少对他人及社会的关心"①，其结果便是"生活被狭隘化和平庸化"②。城市文明中的丑恶和欲望既刺激了乡村伦理功利性的发展，又为其提供了可能，这与生活于城市先天地赋有城市品格的城市居民显然存在着质的不同，"城市人物的个性化过程是随着它逐渐抛弃部落或氏族社会的假面以后，随同其他各种高级功能共同发展起来的……城市人类通过自身的行动参与，尤其是通过自身的超然脱俗和内心自省，使自身的生活在很大程度上具备了共同的思想方法和精神面貌。起初与狂暴的自然力所作的斗争，最后竟成为一种内心精神刺激，其结局不是什么物质上的获胜，而是一种更为深刻的自我理解，一种更丰富的精神发展。"③ 在乡村城市化进程中，虽然农民的物质生活水平有了明显的提高，但他们并未因为进入城市而真正的市民化，尤其是生活习惯、精神追求乃至性格特征等更是与城市居民有着明显的差异。农民的生活和价值观念是以土地为基础的，失去土地，他们也就失去了生活的基础，他们的价值观念也因此陷入了混乱。

三 生死不渝的土地之恋

长期的城乡二元隔离体制使城市与农村存在着巨大的差距，这不仅表现为城乡环境的不同，还表现为"城市性"与"乡村

① ［加］泰勒：《现代性之隐忧》，程炼译，中央编译出版社 2001 年版，第 5 页。
② 同上书，第 17 页。
③ ［美］刘易斯·芒福德：《城市发展史》，宋俊岭、倪文彦译，中国建筑工业出版社 2005 年版，第 122—123 页。

性"的文化差异。由于习惯了乡村的生活方式，进城农民适应城市生活必然要经历一个艰难的过程。正如有论者所谓，"农民进入城市，不仅体现为一种地域空间的迁移、社会角色的转变，更体现为一种精神空间的迁移，即变农村的意识、行为方式和生活方式为城市的意识、行为方式和生活方式。在城市，每天感受和参与的是一种完全不同于以往在农村生活时的文化氛围，这种巨大的'文化震荡'让他们不知所措，而又无法抗拒"。① 因为文化差异的存在，进城农民不得不遭受着城市文化的冲击，他们在城市的存在显示出异质性。与城市的隔膜唤起了对土地的记忆，寻求土地的慰藉成为他们的精神诉求。王华的《在天上种玉米》中，习惯了乡村生活的农民进城之后因无所事事陷入精神的惶惑，甚至影响村庄的正常秩序，在老村长的操持下，他们在屋顶种上了玉米，也找到了曾经的感觉和生活的意义。对他们来说，所谓城市化不过是把农村固有的一切搬到城市，农民城市化仅仅是生活空间的转移，生活方式和思想的调整似乎从未进入他们的视野。也因此，他们与城市始终存在隔膜，他们始终无法融入城市。精神转变的艰难使进城农民对土地表现出深切的眷恋，这既缘于他们对城市的不适应，也显示出农业文明的强大力量。"文化是依赖象征体系和个人的记忆而维护着的社会共同经验。这样说来，每个人的'当前'，不但包括他个人'过去'的投影，而且还是整个民族'过去'的投影。历史对于个人并不是点缀的饰

---

① 蔡志海：《农民进城——处于传统与现代之间的中国农民工》，华中师范大学出版社 2008 年版，第 148 页。

物，而是实用的、不可或缺的生活基础。"① 农业文明的因子已经深入他们的骨髓，使他们的行为处世处处打上农业的烙印。关仁山的《麦河》中，在土地流转已经成为定局的背景下，郭富九仍然坚持耕种自己的土地，他抵制"土地流转"的原因也是和韩腰子一样"怕没了地找不着魂儿啊！"土地意识就这样渗入了农民的血液，甚至成为拯救他们的良药。麦圈等妓女因为卖身失去了自我，也失去了生活的意义，但鹦鹉村祭拜小麦的仪式使她们受到了震撼，也彻底改变了她们的思想，她们重新寻求到生活的意义。土地具有了救赎的内涵。

失去土地，农民显然不能适应，这不仅是由于生活的不习惯，也是因为对土地的眷恋，这种眷恋绝不是"农民对土地的生存依赖"能概括的，其间还有着更深的情感因素。"赋予土地一种情感的和神秘的价值是全世界农民所特有的态度。"② 当农民在土地上劳作时，这种情结并不明显，甚至被现实的生存遮蔽；一旦离开土地，它就会成为一种无意识左右着他们的行动，甚至吸引、诱惑着他们回归。

但这种回归仅仅是一种精神的向往而不是现实生活的选择，在现实生活中，他们对城市充满了向往甚至膜拜。夏天敏的《接吻长安街》中，"我"对城市的向往颠覆了诸多叙事建构的田园牧歌。"我向往城市，渴慕城市，热爱城市，不要说北京是世界有数的大都市，就是我所在的云南富源这个小县城我也非常热

---

① 费孝通：《乡土中国》，上海人民出版社 2005 年版，第 19 页。
② ［法］H. 孟德拉斯：《农民的终结》，李培林译，社会科学文献出版社 2005 年版，第 52 页。

爱……当我从报刊上读到一些厌倦城市，厌倦城市里的高楼大厦，厌倦水泥造就的建筑，想返璞归真，到农村去寻找牧歌似生活的文章时，我在心里就恨得牙痒痒的，真想有机会当面吐他一脸唾沫。"① 应该说，"我"对城市的向往和对土地的厌倦具有极强的代表性，表达了农民的普遍心声。对于农民来说，城市不仅意味着物质的富足，也寄予着他们的理想，承载着他们的希望；摆脱贫困与愚昧的乡村环境是他们进城的动力，千方百计走进城市是他们的目标。但真的进入城市，城乡之间的差异使他们很难适应，城市的理性、贪婪和丑恶更是将他们逼迫到生存的边缘。尤凤伟的《泥鳅》中，来自乡村的国瑞、蔡毅江、寇兰、陶凤等人怀着美好的梦想追求着新的生活，却以悲剧宣告了城市之梦的破碎。蔡毅江因工伤成为废人而心理扭曲，不仅强迫未婚妻寇兰卖身养活自己，他自己也在现实的逼迫下成为"盖县帮"的头头，疯狂地报复城市；国瑞在城市贵妇的诱惑下自甘堕落，最终落入了"三公子"的圈套而丧命；陶凤则在城市规则中难以独善其身，成为精神病人……在陌生的城市环境逼迫下，农民工的生存充满了艰辛，不得不承受精神与肉体的双重摧残。在这种情况下，他们自然萌发出对故乡和土地的怀念，但回归故乡显然不是他们的真实意愿。罗伟章的《我们的路》中，郑大宝回归故乡之后看到的是贫困、荒凉的景象以及乡亲们的愚昧和残忍，绝望之下，他只能选择又一次的逃离；胡学文的《淋湿的翅膀》中，马新回家乡和造纸厂打官司，在即将取得胜利的时候却看到了人性

---

① 夏天敏：《接吻长安街》，《山花》2005 年第 1 期。

的残忍和乡村的愚昧，他又一次选择了离乡……返乡者对故乡的绝望和逃离再一次印证了他们对土地的留恋和向往仅仅停留于精神，也只能停留于精神，所谓土地的不可离开不过是一种"乡愁"。

农民进城不仅意味着生活空间的变化，也意味着农业文明与城市文明两种文化的碰撞。农业文明的悠久历史决定了其不会马上退出历史舞台，而是仍然以各种方式显示出顽强地存在。《土门》中，梅梅虽然接受了现代文明的教育，可她的尾骨寓意着她摆脱不了土地的影子，她仍然是土地的女儿。"每一种伟大文化都已具有了表达它的世界感的独自秘密语言，这种语言只有那些心灵属于那一种文化的人才能够充分地理解。"[①] 土地成为农民的身份象征，也是他们的精神内核，只有在大地上他们才会找到归属，才能顺畅地表达内心的语言；只有在土地上他们的语言才能被聆听，他们的内心才会被读懂；只有故乡才能弥补他们在城市的空虚，乡村成为他们的精神归宿。唐小兵认为故乡情结的一个基本功能是补偿，"唯有对于那自觉无家可归的人，颓然坐在陌生的城市里，'故乡'才蓦然获得意义，不在场的风景才有可能浮现为欲望的他者、移情的所在"。[②] 于是我们看到，在远离乡村之后，更激发出农民对故乡和土地的渴望，真正使他们恐惧的并不是不被城市接受，而是被故乡抛弃，是归属感的丧失。"城镇与乡村的区别不在于城镇表面的奇异之处，

———————

① ［德］斯宾格勒：《西方的没落》，韩炯译，北京出版社 2008 年版，第 27 页。

② 唐小兵：《英雄与凡人的时代：解读 20 世纪》，上海文艺出版社 2001 年版，第 356 页。

也不在于聚居规模的大小，而在于一种心灵的存在。"① 刘庆邦的《口音》中，林老乡因为在城市生活的时间久了，乡音淡了而被同乡奚落，林老乡陷入痛苦之中。口音是文化的表现形式之一，乡音的不被认可使林老乡成为家乡文化的"他者"，林老乡对语言不被认可的痛苦，不仅是语言认同的危机，更是失去文化归属感的迷茫。

城市文明对农业文明的冲击和改造不仅使农业文明面临着终结的命运，也触痛了知识分子的神经。"在商业文化的冲击下，农业文化面临崩溃，在这种情况下，一些作家迸发出强烈的文化怀乡情绪，是非常自然的，也代表了乡村文化的部分立场。"② 作为更为敏感群体的作家应当比农民具有超前意识，农民进入城市遭遇歧视与屈辱之后对乡村和童年的回忆，不仅是农民工暂时的精神慰藉，也隐喻着知识分子对乡村生活的怀念。在此意义上说，进城农民对乡村的留恋毋宁是知识分子对现代理性的拒绝和农业文明的留恋。"甚至，那样一种以乡恋营造的孤独感是'知识分子'的一种现实和感情需要，是他们在获得自由感和优越感以后设下的无害的精巧骗局。'乡村的理想化'的原型，是中国知识分子'个人化'的梦想，又是我们民族'非个人化'的神话。"③ 农民"向城求生"留下的是荒废的家园和荒芜的人心，这更从根本上打碎了知识分子内心深处的田园梦想，触动了他们

---

① ［德］斯宾格勒：《西方的没落》，韩炯译，北京出版社 2008 年版，第 78 页。

② 贺仲明：《一种文学与一个阶层：中国新文学与农民关系研究》，人民出版社 2008 年版，第 75 页。

③ 丁帆：《中国乡土小说史》，北京大学出版社 2007 年版，第 337 页。

敏感的神经，他们对此也就尤为关切，由此，他们以生花妙笔表现农民对土地的留恋和向往，并借此寄予自己的理想也就成为必然。

总之，城乡二元对立的现实使农村与城市在各个方面显示出差异。在乡村城市化进程中，为生存压力所迫，农民开始理性思考与土地的关系，"向城求生"成为农民的选择。进入城市之后，农民表现出强烈的恋土倾向，这既是他们对曾经生活的留恋，也是对现实无奈的逃避。但对土地的留恋并不是农民现实的选择，而是他们精神上的自我安慰、意识深处的乡愁，同时显示出知识分子与土地的深切渊源。

第四节　土地意识的现代转型

农业文明的悠久历史决定了农民对土地的深厚感情，恋土成为农民土地意识的主导，而其内涵则复杂得多。"新文学中农民的土地意识表现得并不单纯，它不只是怀恋，而是伴随着逃离甚至厌弃的复杂感情。然而，不管在什么时候，农民对土地的主导情感始终是恋土。即使是在30年代，'丰收成灾'迫使农民逃离乡土，他们的内心深处也未曾泯灭对土地的深厚情感。在20世纪90年代，离土成为农民生活一个客观的现实，恋土意识依然深藏在许多农民的心中。"① 不可否认，农业文明的悠久历史孕育了农民浓厚的土地意识，并由此影响到他们的思维方式、价值观念甚至社会结构，但同时，在农民对土地依赖的表象之下也隐含着他们对土地的理性思考，从而形成农民与土地之间的复杂关系。新时期以来，随着生产力的快速提高和商品经济的飞速发展，人们对土地的依赖逐渐减弱，市场经济社会的物化现实更是使土地以交换价值的形式显示出与一般等价物——货币之间的可交换关系，市场经济最终打破了土地在农民生产生活中不可替代的神话。在农民与土地的关系中，理性逐渐冲破了情感的遮蔽，显示出决定性的力量，也标志着农民土地意识的现代转型。

一　土地意识的理性凸显

农民依土而生，土地不仅为他们提供了基本的生存物质，而且影响、决定着他们的心理和文化，他们的命运与土地紧紧捆绑在一起，并通过土地与自然保持着和谐的关系。"在小农看来，只有土地生长出来的东西才是实在的、可靠的、有根的，只有将自己的命运与土地紧密联系起来，深深地扎根土地，依赖土地，崇拜土地，才能维持和实现与自然的和谐统一。这也就是说，小农自然和谐价值目标的实现，是以小农自己在自然面前、土地面前丧失主体性为前提的。"② 土地保证了农民基本生存的需要，也

---

① 贺仲明：《论新文学中的农民土地意识书写》，《吉林师范大学学报》2009 年第 3 期。

② 袁银传：《小农意识与中国现代化》，武汉出版社 2008 年版，第 68 页。

决定了农民对土地的依赖，从而使农民的生存哲学和伦理价值打上了浓厚的土地的烙印。在传统社会中，以自然经济为基础的传统价值观念赋予土地极高的价值，土地不仅是农民的生存之本，也是其身份的象征，占有土地的多少是衡量他们的身份和价值的主要依据。"总而言之，整个技术的、经济的、社会的、法律的和政治的系统赋予土地一种崇高的价值，使它成为一种独特的、无与伦比的财产。"[①] 农民对土地的依赖以及土地作为财产和身份的象征，使农民与土地黏合在一起。农民的守土成为受到肯定的价值标准，离土则被赋予了悲剧含义。

在农民传统的土地意识中，土地是他们精神的依靠和人生的归宿，也是他们安身立命的依托，只有土地才能显示、确认他们的价值。相对于农村，城市不过是农民交易和娱乐的场所。对于进城的农民来说，一旦获得了成功，回归土地依然是他们的梦想。进入城市的有钱人一般与农村保持着千丝万缕的联系，土地仍然是维系其价值的纽带，他们有钱后也往往用来购买田地，借此盈利的同时也获得一种心理的满足，彰显出土地对于他们人生的价值。"由农村迁入城市的市民（主要是有钱人），与其宗族、祖产、祠堂所在的故乡保持着千丝万缕的联系，也就是说，和他出生的村庄保持着所有礼仪和人际上的重要联系。"[②] 土地成为传统农民的生活支柱和精神寄托。

---

① ［法］H. 孟德拉斯：《农民的终结》，李培林译，社会科学文献出版社 2005 年版，第 55 页。

② ［德］马克斯·韦伯：《儒教与道教》，洪天富译，江苏人民出版社 2005 年版，第 15 页。

进入新时期之后，现代化成为国人的普遍焦虑。在城乡关系中，城市象征着进步与文明，农村则意味着贫困和落后，固守土地更是成为保守、愚昧的代名词，农民走出土地不仅具有了现代的意味，而且代表着乡村社会的发展方向。随着商品经济的发展和现代文明向农村的渗透，农民对土地的认识渐趋理性，土地作为财产和女人象征的不可替代性逐渐被其蕴含的交换价值取代。土地再也不是农民的依赖，而是成为他们实现人生目标和生存价值的工具，他们对土地的依恋也不再是物质的依赖和人身的依附，而是幻化为精神的寄托。无论是生存逼迫下的离土，还是基于利益衡量的失土，都显示出他们与土地关系的变化。进城之后，农民对土地和乡村的重新审视更凸显出其土地意识的嬗变，土地再也不是理想的家园，而是在城市文明映照下呈现出贫瘠、愚昧、落后甚至荒凉，他们对土地的留恋和向往演变为厌弃和拒绝，只有在土地表现出交换价值，给他们带来利益时，他们才会考虑回归土地的问题。钟正林的《户口还乡》中，无论是进城还是返乡，大田和帮容都是基于现实的利益考虑。在青牛沱，大田因为农民身份失去了心目中的恋人二黄，挤进城市成为他的奋斗目标。当他千方百计当上工人之后才发觉自己对城市有着诸多的不适应，即使如此，他仍然和妻子帮容体会到进城的优越性和满足感。随着改革的深入，城市居民的福利待遇越来越少，大田与帮容陷入了生活的贫困。恰恰在这时，由于开发青牛沱，农民的生活有了显著的改善。在城乡对比中，青牛沱显示出其优势，将全家人的户口重新迁回青牛沱成为大田和帮容的心愿，二人费了九牛二虎之力将帮容的户口迁回了青牛沱。故事的结局富有幽默色彩，就在二人办理户口的时候，大田接到了令人啼笑皆非的电话："转为城镇户口的失地农民与下岗工人一样可以享受每月最低生活保障和医疗保险，当然如果户口重新回到乡下就不在这个政策享受范围。帮容贴着耳朵听着大田啊啊的把电话打完，一时就僵在了那里，眼前的暮色就变得迷蒙。"① 在大田和帮容的户口迁移中，无论是农转非的磨难还是非转农的周折，都与他们对土地的理性衡量有关。虽然对城市生活不适应，但城市生活的方便以及市民享有的诸多优惠政策还是使他们对城市充满了期待和渴望，他们对土地的感情在利益面前失去了效用。当城市暴露出诸多问题而农村显示出物质方面的优越性时，他们又想着迁回农村，其出发点还是利益。大田和帮容的选择表现出经济利益在农民生活中的决定作用，显示出他们土地意识的理性的一面。除此之外，关仁山的《天高地厚》、陈应松的《夜深沉》等作品都写道，由于农业税的取消特别是受种粮补贴等惠农政策的吸引，农民工再也不甘忍受城市的艰难生活而踏上了回乡之路。可见，在农民与土地的关系中，经济利益占据着决定性的地位，感情在与利益的对比中显示出脆弱。

但我们也不能就此说在农民的意识中理性已经取代了感情，或者说在农民的土地意识中感情已经让位于理性——利益确实是农民衡量土地的首要因素，但感情也占据着重要地位，甚至离土之后感情的表现更为强烈。对故乡的思念确实属于感情范畴，但在现实生活前，这种感情往往蕴含着理性的成分，显示出文化

---

① 钟正林：《户口还乡》，《当代》2011 年第 2 期。

甚至情感的消费功能。"……如前所述，对家乡认识论意义上的舒适感实际上是人们的一种消费品，它带给人以愉悦。因此，它们并非直接构成一个人的利益。应该这样说，如果一个人喜欢这种感觉、能够有条件去获得这种感受，这就是其利益所在。"① 大田两口子在享受城市便利生活的同时常常想起家乡，那些离土和失土的农民更是表现出对故土的眷恋，只不过理性在他们的现实生活和人生选择中占据了支配地位，他们对土地的感情演化为了精神的寄托。进城之后，他们一方面享受着城市的现代文明，另一方面又在对乡村文明的回忆和憧憬中体会着精神的满足，现实与理想巧妙结合在一起，显示出理性在农民土地意识中的支配作用以及农业文明的潜在影响和精神慰藉功能。"恋土和离土意识的交织，是八九十年代文学土地意识的主旋律，这是现实乡村变化的写照，也是多元文化意识的体现。"② 理性是现代性的典型特征，当理性逐渐凸显并超越感情占据了支配地位的时候，农民的土地意识也就呈现出了现代性的内涵。

二 土地意识嬗变的原因

新时期，随着生产力的发展和市场经济的影响，农民以庄稼为命、以土地为本的信条受到剧烈冲击，乡村经济的改革更是颠覆了农民的传统观念。在多种因素的综合影响下，农民逐渐摆脱

---

① ［美］哈丁：《群体冲突的逻辑》，刘春荣、汤艳文译，上海人民出版社 2013 年版，第 106 页。

② 贺仲明：《论新文学中的农民土地意识书写》，《吉林师范大学学报》2009 年第 3 期。

了对土地的依赖，土地的使用价值逐渐被交换价值所取代，货币在其中起了重要作用。

货币不仅本身具有价值，还有作为一般等价物的交换功能，或者说正是在交换中货币体现出价值。市场经济环境中，商品交换的需要使货币成为一种"万能"的商品，拥有货币也就意味着占有了财富。随着乡村城市化的发展和商品经济意识的渗透，土地逐渐凸显出经济价值。"当土地不再是简单地给人们提供食物以及精明的耕作者可以从土地那里获得一点收入的时候，土地就具有了经济价值：它可以进行买卖，也可以被用来作抵押。"① 土地的经济价值使其具有了与作为一般等价物的货币交换的可能，土地作为财产不可替代的神话最终被作为一般等价物的货币代替，土地成为市场经济条件下的商品。正如马克思在《政治经济学批判》中所说，"直接的物物交换这个交换过程的原始形式，与其说表示商品开始转化为货币，不如说使用价值开始转化为商品"。② 市场经济下，一切商品都可以通过一般等价物——货币的形式加以体现，资本盈利的本能使象征着财富的货币显示出增殖功能。"社会关系最终成为一种物即货币同它自身的关系。这里显示的，不是货币实际转化为资本，而只是这种转化的没有内容的形式。……创造价值，提供利息，

---

① ［法］H. 孟德拉斯：《农民的终结》，李培林译，社会科学文献出版社 2005年版，第 28 页。

② ［匈］卢卡奇：《历史与阶级意识》，杜章智、任立、燕宏远译，商务印书馆 1999 年版，第 147 页。

成了货币的属性，就像梨树的属性是结梨一样。"① 货币的财富象征和增殖功能使其表现出极大的诱惑力，并最终取代土地在市场经济中占据了支配地位。"正像资本主义制度不断地在更高的阶段上从经济方面生产和再生产自身一样，在资本主义发展过程中，物化结构越来越深入地、注定地、决定性地浸入人的意识里。"② 经济的发展使商品经济意识越来越受到农民的推崇，他们的土地意识有了更多商品经济的元素，土地的交换价值逐渐代替了使用价值。

特别需要说明的是，土地作为财产的象征和货币作为一般等价物的交换价值功能在自然经济状态下就已经存在，但由于自给自足的自然经济占据着支配地位，人们生产的东西主要用来满足生产生活的需要，极少作为商品进行交易。"事实上，在一个自给自足的经济体系中，收入的概念本身是没有意义的，因为人们消费的是他们所生产的东西。"③ 也就是说，自然经济条件下商品交换只是出于必须，自给自足才是常态。货币的价值虽然重要但由于交换只是一种非常态，其功能远未发挥；土地对个人生活需要的满足以及财富的象征意义使其比货币更能显示一个人的社会地位。因此，农民对土地的欲求远远超过了货币，人们有了钱之后也是用来购买土地以实现盈利。所有这一切都显示出土地在人们生活中的支配地位，也决定了农民传统的土

---

① ［匈］卢卡奇：《历史与阶级意识》，杜章智、任立、燕宏远译，商务印书馆1999年版，第159页。

② 同上。

③ ［法］H. 孟德拉斯：《农民的终结》，李培林译，社会科学文献出版社2005年版，第48页。

地意识。包产虽然将土地的经营权交给农民，但其所有权却属于国家和集体，就是说农民只有经营和使用的权利而没有买卖的权利，因此，在土地不能给他们带来收益时才会有他们基于理性思考的"向城求生"。在中国现代化进程中，城市化和工业化占用了农民的大量土地，包括他们的耕地和家园，虽然采取的是给农民补偿的名义，但由于实质是农民以土地换利益，在农民的意识中土地便有了商品的功能。城市化和工业化对土地的占有除了公益性事业，其余基本是以追求更高利益为目的的，这更凸显出土地的商品功能。土地的商品化必然使农民更为重视土地的交换价值，其土地意识便带有了更多的商品化色彩，显示出更明显的现代性特征。

生产力的发展和科技的进步使工业逐渐在经济发展中占据了支配地位，城市也由此控制了农村的经济命脉，城市的发展一步步改变、吞噬着乡村景观。正如斯宾格勒在《西方的没落》一书中所说："晚期城市的出现率先向土地进行挑战，城市轮廓的线条已经构成对自然景观的否定。因为它希望成为一种不同于自然而且高于自然的东西。……最后，国际大都市，也就是世界的城市开始出现。它不能忍受自己身旁存在的一切非城市性的东西，要把农村的图景全部抹去，然后把它改变成与自己相适应的样子……"① 城市对土地的侵蚀是以市场经济为基础的，农民日益增长的经济意识为土地商品化提供了可能。城市在各个方面显示

① ［德］斯宾格勒：《西方的没落》，韩炯译，北京出版社 2008 年版，第 80—81 页。

出的优越性更是吸引着农民，在诱使他们放弃土地进城的同时也冲击了他们传统的土地意识。进城之后，受城市文明潜移默化的影响，农民的思想逐渐显示出城市文明的特征。"资本主义强调的是投机冒险，而不是安全稳定；是寻求新的生财之道，而不是守财保财、坐守家业的传统。就这样，资本主义破坏了城市生活的结构，把它放在一个新的不具人格的基础上，即放在金钱和利润这个基础上。"① 当进城农民受到现代文明的熏染按照经济规律行动的时候，他们也就具有了经济意识和冒险精神，也就体现出了现代意识。当农民以这种意识重新思考与土地关系的时候，其土地意识也就具有了现代内涵。

进入新时期之后，随着经济的发展，以乡村城市化为特征的乡村现代化之路赋予土地保守的意义，"人对土地的痴恋与依赖是村社自然经济的精神标记，现代工业文明对古老的农业文明的冲击在很大程度上意味着人与土地间依存关系的淡化与疏离。处在这样的文明蜕变进程中，困守土地只能是一种历史的喜剧"。② 金钱的现代象征和土地的保守意义使农民土地意识的嬗变更具合理性，摆脱土地的束缚追求利益的最大化成为农民的目标，离土成为他们的必然选择。禾禾、孙少安等发展乡村工业，寻求土地之外的经营已经显示出土地意识的嬗变；高加林、孙少平等个人奋斗者及其后的"民工潮"更是凸显出农民对土地的理性思考。

---

① ［美］刘易斯·芒福德：《城市发展史》，宋俊岭、倪文彦译，中国建筑工业出版社 2005 年版，第 432 页。

② 谭桂林：《文艺湘军百家文库：谭桂林卷》，湖南文艺出版社 2000 年版，第 235 页。

如果说新时期之初进城农民对土地还有着深深的眷恋，那么随着城乡交流的日益频繁以及市场经济体制的确立和经济的快速发展，进城农民的土地意识逐渐淡薄，土地只不过是他们的出身，他们对城市生活的向往远远超过了对乡村生活的留恋。"比之以往，20世纪90年代乡土小说更直率地描写在乡村的硬壳远远没有被现代文明冲破，农业经济显得笨拙而无利可图时农民的城市向往，这种向往注定了小说所透露的倾向与传统对于土地的概念格格不入。……更重要的是，20世纪90年代乡土小说强调的不再是农民被赶出土地的被动性和非自主性，而是他们逃离乡土的强烈愿望以及开拓土地以外新的生存空间的主动姿态；离土农民也不再是在城市寻找类似土地的稳定可靠的生产资料，以维持其乡民式的生存原则和价值观念的'祥子'们，他们以尝试与传统农民人格抵触的商业活动的方式，体验与土地没有直接依附关系的人生。"① 韩长赋将农民工分为三代：第一代农民工是20世纪80年代农村政策放活以后出来打工的农民，他们绝大部分在乡镇企业打工，亦工亦农，离土不离乡；第二代农民工大多是20世纪80年代成长起来的农民，他们中有的人留在城市，仍有很大一部分人随着年龄增长选择了回乡；第三代农民工是80年代末和90年代后出生的农民工，他们从来没有种过地，对土地没有父辈那样的感情，对农村没有父辈那样的依恋，他们进城打工很大程度上不是基于生存需求，而是为了改变自己的生活和命运，打工不过是进城的途

---

① 丁帆：《中国乡土小说史》，北京大学出版社2007年版，第334页。

径，简言之，他们出来打工，根本就不想再回农村。① 第三代农民工的土地意识已经淡薄，他们对城市的向往和现代文明的追求远远超过了对土地的留恋，他们更愿意将自己看作工人而不是农民。正如一篇报告文学中的农民工王德志所说：“凭什么说我们是农民，我们既没有土地，也不会种地，而且，我们已经离开了农村。”② 王德志认为自己应该享有工人享有的一切权益，这种思想不啻农民在感情上与土地的彻底决裂。

随着经济的发展和生产力水平的提高，现代技术在农业中被广泛应用。现代技术的应用要求打破传统的土地条块分割的现状而将土地集中起来进行机械化作业，“……但只有打破土地结构、特别是土地个人所有的原则才能建立起大面积的耕作单位，因为租佃和小块土地归并都无法既保证经营者的稳定又使经营得到发展。”③ 土地的集中意味着要有更多的农民失去土地谋求新的生路。失去土地之后，他们必然会调整与土地的关系，自然也会影响他们的土地意识。市场经济背景下，经济利益不仅决定着农民对土地的取舍也影响他们的未来，当他们基于经济利益而不是感情重新思考与土地关系的时候，他们的土地意识也就有了现代的性质。

---

① 韩长赋：《关于“90 后”农民工》，2010 年 2 月 1 日，人民网（http://theory. people. com. cn/GB/10894719. html）。

② 黄传会：《皮村——聚焦新生代农民工》，《北京文学》（精彩阅读）2011 年第 3 期。

③ ［法］H. 孟德拉斯：《农民的终结》，李培林译，社会科学文献出版社 2005 年版，第 233 页。

三 土地意识现代嬗变的反思

中国的现代化在一定意义上就是城市化，农村的经济发展和乡村城市化进程为农民土地意识的嬗变提供了条件，经济的发展不仅改变了农民与土地的自然关系，而且使其逐渐摆脱了对土地的情感依赖。农业文明的悠久历史决定了这必然是一个复杂、痛苦的转变过程。"农村的生产方式和生活方式在工业文明和商品经济的冲击下发生了相应的变化，自给自足的自然农业逐渐商品化和机械化，这不仅从经济关系上和生产力水平上逐渐改变农民与土地那种自然的、直接的联系，而且必然使农民在心理上和感情上逐渐摆脱对土地的依赖和崇拜，引起自然农业经济基础上形成的心理习惯、文化内容和观念意识的改变，而这种改变却是极为痛苦的（孟老根、牛旺、回回、旺泉）。也正是这种痛苦感使这些作品具有深刻的思想意蕴和认识价值，这种痛苦才真正是历史进步和人的提高的确证。"[1] 土地意识的转型在标志着农民意识现代嬗变的同时也暴露出诸多问题，进城农民遭遇的歧视和压迫以及农村的凋敝是突出特征。表面看，农民进城是一种个体自愿的行为，是市场经济下的一种平等交换，但在经济主导一切尤其是城乡差距日益扩大的情况下，农民的离土就不能不带有强迫的性质。进入城市之后，农民的付出与所得与城市居民相比存在着巨大的差异，他们的进城具有了受城市剥削的性质。有人认为，

---

① 张德祥：《论新时期小说的历史意识》，吴义勤：《中国新时期小说研究资料》（上），山东教育出版社 2006 年版，第 83 页。

这种剥削是以"躯体丧失"的隐喻表现出来的，"身体作为世间唯一真切的属己之物，作为存在的初始，其被掠夺、被扼杀、被出卖的境遇深刻证实着现代化进程中乡村被迫丧失自身的历史命运"。① 诸多小说中民工受伤致残的故事乃至打工妹卖身的故事证明了这种剥削的存在。农民尤其是青壮年农民的大量外出留给乡村的是凋敝的景象。青壮年是农村未来发展的希望，他们具有较高的科学文化知识，原本可以为农业现代化做出更大的贡献，可是城市的诱惑和经济利益的刺激使他们义无反顾地加入浩浩荡荡的进城队伍，乡村只剩下老弱病残，乡村经济发展受到严重影响，城乡之间的差距进一步加大，农村日益凸显出贫穷和落后。当农民在城市遭遇不幸或者丧失劳动能力无法继续在城市生存的时候，返回农村成为他们的必然选择，农村成为劳动力的原产地和"收容所"。这就形成了一个恶性循环：农村承担起了为城市输送人才的义务，城市在不停地从农村抽血的同时却把一切丑恶的名词加在农村身上，从而使农村承受着物质与精神的双重挤压。

在乡土现代化的想象中，农民和农民文化始终处于被改造的位置，作品中的农民也大多是知识分子因为启蒙的需要而想象出的形象。"从五四以后，'农民'就只存在于知识分子的想象中，是知识分子的他者和镜像。"② 按照萨义德的说法，对他者建构

---

① 许志英、丁帆：《中国新时期小说主潮》，人民文学出版社2002年版，第596页。

② 李杨：《重返"新时期文学"的意义》，程光炜：《重返80年代》，北京大学出版社2009年版，第9页。

的目的是确立自己的身份。知识分子正是在将农民作为他者的想象中确立起自己的地位以及相应的责任感和使命意识的。由于城乡之间的巨大差距，农民没有条件也不可能表达自己的真实想法，只能放任知识分子一厢情愿地将自己的意识强加于他们之上。"'乡土文学'家对故乡生活、农民痛苦的了解，多半来自间接经验。而作为直接经验的只是儿时生活的回忆和成年偶然回乡的观感。这就决定了他们不可能对农民生活做出精彩的描绘。"① 由此来看，所谓知识分子对农民文化的尊崇毋宁是作家的理想建构。新时期以来，随着经济发展特别是社会主义市场经济体制的确立，经济在社会生活中的作用日益凸显，人们对世俗生活的关注远远超过了对理想、价值、意义等精神方面的探求。市场经济的负面影响和城市化、工业化带来的弊端激起了知识分子内心深处的人文情怀，但现实中他们对这一切又无能为力，只能通过白日梦完成对现实的虚拟拯救。《土门》中梅梅的尾骨，《怀念狼》中狼的灭绝和人的异化，关仁山通过《天壤》《天高地厚》《麦河》等作品表现出的对农民农村未来的担忧，乃至张炜等人笔下土地消失的寓言，显然都是作家理想的呈现。与城市的了无生气、乌烟瘴气相比，农村成了小说叙事的理想家园。

尽管知识分子大多是农村出身，但由于城市生活的环境以及他们对现代文明的自觉追求，他们身上具有了不同于农民的另一种特征，因而也就有可能对农民以及农民与土地的关系进行理性

① 陈平原：《在东西文化的碰撞中》，浙江文艺出版社1987年版，第198页。

审视，但"小说审视的不是现实，而是存在。……存在，意味着：'世界中的存在'。所以必须把人物与他所处的世界都看作是可能性。……当然，这一可能性在我们的真实世界之后半隐半现，好像预示着我们的未来"①。正因为小说预示着我们的未来，也就为现实社会的发展提供了参考。现实则是，在现代文明的冲击尤其是物质利益的诱惑下，农民更容易改变自身的价值观念而向现代文明靠拢，他们对土地的感情也不断发生变化，土地最终成为他们博取利益的工具。市场经济下物欲化的现实引发了知识分子的忧虑，知识分子的敏感以及责任意识使他们给予农民的命运尤其是农民的思想更多的关注。尽管知识分子和农民对土地的思考有着截然不同的方式，知识分子关于农民与土地关系的想象也与现实有着较大的差别，但知识分子的现代性焦虑、物欲化忧思无疑具有警示和借鉴意义。也许，这才是土地叙事的价值所在。

总之，生产力的提高和经济的发展使农民逐渐理性思考与土地的关系，货币作为市场经济中商品交换的一般等价物不仅取代土地成为财产和身份的象征，也引发了农民土地意识的变化，城乡之间的差距以及以乡村城市化为特征的乡村现代化之路更为农民土地意识的现代转型提供了条件。当农民基于物质利益理性衡量与土地的关系而所谓的恋土仅仅成为一种感情寄托的时候，农民的土地意识也就有了现代性的特征。这一方面显示出农民意识

① ［捷克］米兰·昆德拉：《小说的艺术》，黄强译，上海译文出版社2004年版，第54页。

的现代转型，另一方面也暴露出现代转型过程中的诸多弊端。农村的凋敝以及农民在城市遭受的种种磨难和屈辱不仅表现出农民现代转型的艰难，也对以乡村城市化为特征的乡村现代化之路提出了质疑。

小　结

包产制的推行重新确立了农民的土地主人翁地位，他们又一次焕发出劳动的热情，以对土地的热恋谱写出一曲荡气悠扬的大地欢歌。但他们并没有局限于土地，而是满足温饱之后积极探索土地之外的营生，发展乡村工业，寻求多种经营成为他们的选择。在乡村改革中，为追求物质利益，他们开始理性思考与土地的关系，逐渐凸显出经济意识，呈现出个性追求，显示出传统农民的现代嬗变。随着改革的推进尤其是改革重心向城市的转移，农村又一次陷入贫困，"向城求生"成为农民的选择，土地工具化成为必然的结果。失去土地，农民又一次表现出对土地的依恋，但这时的依恋不是现实的选择而是精神的寄托，是一种乡愁。其实，农民与土地的关系向来复杂，对于生存为第一要素的农民来说理性永远占据着支配地位，只不过由于对土地的生存依赖，形成他们与土地粘连的假象。细读作品不难发现，农民的恋土包含着理性的内核，当农民将土地视为商品尤其是与货币进行交换的时候，也就显示出他们传统土地意识的瓦解，呈现出其土地意识的现代嬗变。

进入新时期之后，农民与土地的关系发生了剧烈的变化，从事商品生产和"向城求生"成为他们的选择，他们的土地意识呈现出越来越多的理性因素。当农民呈现出经济意识、个性追求等现代性的典型特征的时候，也就意味着农民意识中已经具有了现代性的因素，从而意味着农民意识的现代嬗变。

第二章　身份定位：走向现代化的生存尴尬

　　身份是一个人在社会中存在的标识，是个人在社会中的位置，狭义的身份"指个人在团体中法定或职业的地位（如已婚、中尉等）"，广义的身份"指个人在他人眼中的价值和重要性"。[①]不难看出，身份不仅与个体的条件有关，也与个体所处的环境有关。传统社会中，个人身份的获得总是与道德、出身等有关，比如贵族、平民、圣人等。随着社会的发展，尤其是经济占据支配地位之后，财富成为决定个人身份的重要因素，"积累财富的能力为人所重视，是因为这种能力能够证明一个人至少拥有四种基本品质：创造力、勇气、智力和毅力。至于其他的品质——诸如

---

　　① ［英］阿兰·德波顿：《身份的焦虑》，陈广兴、南治国译，上海译文出版社2007年版，第5页。

谦逊或正直——则很少引起人们的关注"①。财富不仅意味着生活的富足，也是赢得他人尊敬的先决条件。具体到农民的实际，由于传统思想的影响以及乡村社会的环境，其当代身份经历了明显的变化。社员—家庭户—农民工—返乡农民工等是其在不同时期不同环境下的特定称谓。集体制下，个人融入集体，"小我"融入"大我"，个人的主体性消融于集体之中；包产后，家庭成为生产和经营的基本单位，个人与家庭紧紧捆绑在一起，"小我"由集体退回家庭，农民的身份也由社员转变为家庭户。不过也应该看到，由于商品经济的发展和现代文明的渗透，家庭在为个人提供支持和保障的同时也为其摆脱家庭束缚、追求自由创造了条件，家庭成为个性意识的蝉蜕。进城之后，"农民工"成为农民在城市的特定称谓，半工半农、亦工亦农是他们身份的特征，尽管他们渴望融入城市，但城乡之间的差距决定了他们与城市的隔阂及其"二等居民"的地位。当农民工返乡时，受城市文明影响，他们具有了城市文明的因子，又对乡村产生了本能的排斥与拒绝。渴望融入城市与不被接受、眷恋乡村与不能接受的矛盾使他们成为游离于城乡之间的边缘人，焦虑成为他们典型的心理特征。如果说进城是存在的焦虑，侧重于农民工在社会中的尴尬位置，那么则侧重于他们的精神，灵魂上的漂泊使他们陷入更深的焦虑与茫然。

①　［英］阿兰·德波顿：《身份的焦虑》，陈广兴、南治国译，上海译文出版社2007年版，第180页。

第一节 家庭户：个性意识的蝉蜕

包产是新时期农村改革的开始，也是新时期农民意识现代嬗变的起点。包产将土地的经营权又一次以家庭为单位交给农民，家庭联产承包责任制的提法也确认了家庭在农村生产和经营中的基础作用。有论者认为包产过程中"户"是最普遍的单位，"在中国境内，20世纪80年代关于农村社会与经济的官方话语，充盈着把户当作一个社会机构和一个经济行动者的肯定性提法"。"继以承包义务的形式使生产的直接责任从集体转向户之后，又出台了延长农业土地承包期的举措，从而强化了户作为控制广大农村主要生产资料的一个单位。"① "户"不仅是一个独立经营的单位，还是一个独立经营的主体，这显然考虑到了户籍的因素。包产最终确立的生产和经营的基本单位是家庭，因此本文以"家庭户"称之，也是考虑到习惯和户籍等诸多因素。

一 家庭户的重新确立

包产赋予家庭户的主体性含义使其具有了"人"的特征，对家庭户的考察不仅可以显示出农民的身份转变，也可以借此对经

---

① ［加］朱爱岚：《中国北方村落的社会性别与权力》，胡玉坤译，江苏人民出版社2006年版，第128页。

济影响下的家庭嬗变进行简单梳理。

合作化通过将土地和财产等主要生产资料纳入集体而将农民组织起来，人民公社是合作化的特定阶段，集体化是其鲜明特征。"在集体化时代，土地是一项有公社制的政治与经济结构支撑的资源，它为一种翻新的父系制形式提供了社团基础。"① 在人民公社体制下，农民有了一个新的身份：社员。对社员来说，土地不仅是经济，也是政治，他们的身份与土地制度紧密联系在一起。政社合一的管理体制使社员被规训为集体主义的螺丝钉，个人的"小我"消融于集体的"大我"之中。集体制不但限制了农村生产的发展，也限制了农民的人身自由，再加上以农补工等政策，造成了农村的普遍贫困。就如有人所说，集体制时期的一整套政策"导致了农村人口被牢牢地拴在当地社区……他们不能通过手艺、小买卖或流动等个体劳动就业来补充其谋生之道。在集体化时代末期及其结束之后，绝对贫困依然是困扰中国农村许多地方的一个棘手问题"。② 农村的普遍贫困和集体制对农民自由的限制迫使农民进行自救，安徽小岗村是其中的典型。据有关资料，在小岗村包产前后，很多地方也搞起了包产。有资料显示，在小岗村包产前9个月，山西闻喜县的南郭村就在张炳新的带动下签订了包产到户合同③；新华网在 2008 年 11 月 27 日也发文

---

① ［加］朱爱岚：《中国北方村落的社会性别与权力》，胡玉坤译，江苏人民出版社 2006 年版，第 44 页。

② 同上书，第 6 页。

③ 南郭村的"秘密合同"，2012 年 4 月 19 日，山西新闻网，（http：//www. sxrb. com/sxrb/cban/c4/2395362. shtml）。

说："山西省闻喜县南郭村，当年探索包产到户的变革更早一些。"① 《海南日报》2010 年 11 月 14 日发文证实，海南文晶县（今文昌市）文城镇高隆陈村早在 1976 年就实行包产，比小岗村早 2 年。② 重庆档案信息网披露，"在重庆市荣昌县档案馆里，几份不起眼的档案，却爆出一个惊天的秘密——包产到户，荣昌县比小岗村整整早了 2 年多；不同的是小岗村包产到户被称为'大包干'，在荣昌县则被称为'单干'"。③ 此外，还有诸多材料证明集体制后期各地兴起的包产风。可见，农民的自救和普遍刮起的包产风在当时已经成为一种趋势。在这种情况下，国家不得不调整农村政策，参考农民成功的经验，将种地的自主权交给农民。在国家和农民不断探索的过程中，家庭联产承包责任制逐渐成为包产的主要形式，家庭户成为农村生产和经营的基本单位。

家庭户的经营方式显然是基于农民的传统，家庭联产承包责任制在一定程度上也是以恢复传统的形式进行的农村经济改革。中国古代一直是"男耕女织"的自然经济，家庭是社会的基本单位，夫妇一主内，一主外，分别承担了生活和生产的任务。与此相适应，形成了以家庭为本位的伦理道德。家国同构的传统使国家成为家庭的延伸，家庭观念已经内化为无意识，支配着人们的思想和行为，并由此形成传统农民的小农意识。"小农赖以生存

---

① 《包产还早半年多，南郭村为何没成"小岗村"》，新华网 2008 年 11 月 27 日（http://news.xinhuanet.com/newscenter/2008-11/27/content_10422280.html）。

② 李科洲等：《1976 年：海南"小岗村"响起包产到户的惊雷》，2008 年 11 月 3 日，海南日报数字报刊（http://hnrb.hinews.cn/html/2008-11/03/content_78548.htm）。

③ 周青、黄娟：《荣昌，1975 年的"单干"》，《中国档案》2008 年第 10 期。

的社会环境，是一个以自然经济为基础、家族血缘为本位的封建宗法专制社会。小农业和家庭手工业相结合、补充而构成的自给自足的自然经济，是小农从事社会生产和生活的基础，也是小农价值观形成最深广的原因。"① 以血缘和地缘为基础，形成社会学家说的"熟人社会"，经济上的互帮互助则是其人情交往的一部分，在此意义上说，合作化既是社会主义公有制的体现，也是传统经济形式的延续，是传统经济形式与社会主义公有制的有机结合。应该说，合作化初期对经济发展还是起了促进作用的，但由于过度相信人的力量而忽视了实际，将农民勉强地组织在一起，特别是过于乐观地估计形势后成立人民公社，既违背了客观规律，也违背了广大农民的意愿，使农民无法完全适应，导致了农业内卷化②。包产在将土地交给农民的同时也承认了家庭在生产和经营中的基础作用，并在探索的过程中逐渐落实到以"户"为单位进行生产和经营，家庭重新成为农村生产和生活的基本单位。这显然是对人民公社时期社员集体劳动、产品统一调配的反对，在一定意义上也是向农民传统经营方式的回归。包产适应了农村的现实，促进了乡村经济的发展，受到了农民的欢迎。在长期的历史发展中，家庭经营与经济基础已经形成相互依赖与相互制约的关系，适应自给自足的自然经济基础，家庭内部形成了成熟的生产和经营机制，即个体家庭是自然经济的表现形式，体现

---

① 袁银传：《小农意识与中国现代化》，武汉出版社 2008 年版，第 65 页。

② 内卷化在此指由于人为和制度的原因导致农业发展停滞不前或倒退。内卷化借用的是杜赞奇的说法，在《权力与国家——1900—1942 年的华北农村》中他提出政权内卷化的概念。参见杜赞奇《权力与国家——1900—1942 年的华北农村》，王福明译，江苏人民出版社 1996 年版，第 66—67 页。

了小农经济的内在诉求。集体制时期乃至新时期以来的很长一段时间，虽然生产力水平有了明显的提高，农民的生活质量有了明显的改善，但自然经济仍然在农村占据着支配地位。这也是家庭联产承包责任制最终得以确立并促进农村经济发展的重要原因。

伴随家庭联产承包责任制的确立，农民从集体回归家庭，这既在一定程度上恢复了农民本来的身份，也由于农村经济改革显示出新的特质，为农民个性意识的萌发奠定了基础。《平凡的世界》中，集体制下，双水村的大多数农民过着贫困的生活，孙玉厚一家尽管拼死拼活地劳作，还是要为吃穿发愁，甚至不得不向生产队借粮；双水村的"革命家"孙玉亭更是过着吃不饱穿不暖的生活……贫困成为农民生活的典型特征。追究贫困的根源，农民劳动积极性的丧失是主要原因。如果说集体制是造成农民积极性丧失的制度因素或者说客观因素，那么农民丧失种地的自主权则是主观因素，就如孙少安对田福军所说："农民就是一辈子专种庄稼的嘛！但好像他们现在不会种地了，上上下下都指拨他们，规定这，规定那，这也不对，那也不对，农民的手脚被捆得死死的。其他事我还不敢想，但眼下对农民种地不要指手画脚，就会好些的……"① 人民公社体制下，种了几千年土地的农民忽然发现自己不会种地了，他们的一切经营活动都需要上级来支配——他们种地的本分被剥夺！在这种情况下，他们怎么还会有种地的积极性？上级对农民经济活动的严格限制更是阻碍了农村的经济发展，乡村经济发展陷入困局。孙少安冒着风险实行包

---

① 路遥：《平凡的世界》（第一部），人民文学出版社2004年版，第108页。

产，由于田福堂的告密而受到批斗，直到田福军出面干涉才解决了问题。其实，田福军对孙少安的帮助反映了当时的开明干部对农民自主性的支持。田福军们的推动和孙少安们的强烈要求使包产得以推行。包产不仅给了农民自由种地的权利，也使他们有了支配剩余价值的可能，在唤起农民劳动积极性的同时使他们开始理性思考与土地的关系，生产力的发展和科技的应用更为他们的探索提供了条件。孙少安经营窑厂成为企业家，金俊武科学种田发家，田海民养鱼、金光亮养蜂……也都走上了富裕的道路。温饱问题的解决和经济的富裕为农民追求更高的生活目标提供了条件，也为其个性意识的凸显准备了机遇。随着城乡交流的日益频繁，现代文明逐渐向乡村渗透，当其遭遇变革中的农民的时候，必然影响他们的人生追求和价值选择，在刺激农民个性意识觉醒的同时也对传统家庭观念形成了剧烈冲击。

二　家庭观念的嬗变

家庭地位的重新确立给了农民生产、经营自主的权利，解除农民人身自由的限制更为他们的发展奠定了基础，也为他们的现代化追求提供了条件。

在传统家庭经济中，农业是基础，手工业是农业的有效补充，手工业包含在农业之中，或者说农业本身就包含着手工业，在农耕之余从事手工业活动是农民的传统。"黄河流域及长江流域都有不短的霜冻期，在这期间没法耕种，所以精耕细作农业就只能和农舍工业结合在一起，使得农闲时节的过剩劳力可以化为农舍工业的人手。换句话说，农业的生产者即是手工业的生产者，手工业的产品变成市场里的商品。"① 不过，在传统家庭经济中，手工业不但规模小，而且在家庭经济中所占的比重也很小，只能以农业的有益补充的形式出现。这就使农民被牢牢地束缚于土地，不仅限制了他们的流动，也限制了他们的思想。无论是耕读传家的安身立命哲学还是重农抑商的政策，都显示出传统社会对农业的极度重视。家庭内部的协作关系尤其是传统家庭观念使个体消融于家庭，家庭成为独立的实体。"在家庭经济中，个体丧失了主体地位和独立人格，只有家庭才是独立的实体。先辈老人作为家庭的代表，作为经验和技巧的传授者，作为传统的解释者，获得了至高无上的地位。这不仅源于血族亲情，而且源于小生产方式本身。"② 建立在小生产方式基础上的家庭经济不仅使个体消融在家庭之中，也维护着"家长"的绝对权威，从而使家庭成员处于"家长"的掌控之下。包产虽然以家庭为单位，但由于环境的改变特别是商品经济的发展，家庭逐渐摆脱了封闭状态，并以主体的形式汇入市场经济的潮流，更确切地说，是市场经济的发展促使家庭的存在形态发生了改变并孕育了变化的可能。

陈忠实的《四妹子》中，四妹子在包产后搞起鸡的孵化和养殖，由于丈夫吕建峰经营摩托车修理，四妹子忙不过来就雇用了公公吕克俭。吕克俭基于传统思想认为给儿子帮忙是天经地义的，可四妹子却硬要给他报酬。公公与儿媳之间形成雇佣关系。

① 许倬云：《中国古代文化的特质》，新星出版社 2006 年版，第 22 页。
② 袁银传：《小农意识与中国现代化》，武汉出版社 2008 年版，第 45 页。

这显然是对传统家庭观念的冲击。吕克俭基于传统的家庭观念要求几个儿子一起经营鸡场，但在共同经营中儿女们逐渐产生矛盾直至大打出手，四妹子的付出以伤痛告终，吕克俭以对四妹子的愧疚宣告了传统家庭观念的终结，也显示出市场经济对家庭观念的冲击。正如有论者所说，"新中国成立以来，乡村社会内最引人注目的现象之一是大家庭制——无论是在村民的观念中，还是在实际生活中——处于全面而迅速的分解之中。尤其是改革开放20 年来，乡村最后一批大家庭退出历史舞台。父母及其未婚子女组成的核心家庭已成为乡村社会内最普遍的家庭模式。土地承包制与市场经济，是加速这一发展趋势的两大经济因素"。① 经济的发展使核心家庭②不必依赖于主干家庭的经济支持也能够有好的发展，从而有了与主干家庭对话的可能，核心家庭由此逐渐显示出离心倾向。在包产过程中，绝大多数农村实行的是按人口平均分配土地的政策，以官方的形式给了每个人平等的暗示，更催生了主干家庭内部的离心倾向，促使着主干家庭向核心家庭的转变。

在市场经济冲击下，主干家庭最终被核心家庭所取代。但不能由此说经济使家庭之间的联系趋向减少。萧楼根据对夏村的田野调查认为，在经济发展过程中，大家庭分开后的本家与分家、分家与分家之间由于经济活动的需要建立了新的合作关系，最终

---

① 　曹锦清：《黄河边的中国》，上海文艺出版社 2000 年版，第 258 页。
② 　主干家庭指由老一代与已婚子女及孩子一起生活的家庭，是由三代或三代以上的家庭成员组成的家庭；核心家庭指由一对夫妻与未婚子女一起生活的家庭，标准的核心家庭是由两代人组成；夫妻家庭中只有夫妻二人，包括新婚后未生育的家庭。见王恒生《家庭伦理道德》，中国财政经济出版社 2001 年版，第 62 页。

通过经济流程达成联合并彼此照应。"夏村的本家和诸分家之间，分立家庭和财产关系没有阻碍他们在经济上更加紧密的合作。这正好是 Cohen（1992）指出的联合大家庭这个理念上的'终极期望'（ultimate aspiration）。在夏村，不是通过确立家长权威，而是通过经济流程的需要产生的联合家庭实现了这个期望。"① 家庭之间的经济协作使个体化的"向外发力"转向家庭合作"向外发力"，促进了乡村的经济发展。经济的发展和家庭成员个性意识的觉醒使主干家庭逐渐向核心家庭转变，但分家之后家庭之间的联系并没有因为经济利益而变得更为陌生，而是因为经济上的相互支持而更加强化。但这种强化是以承认各分家的独立性、自主性为基础的，即建立在平等基础上的合作关系，而不是传统家庭的隶属和支配关系。这种家庭合作"向外发力"显然利用了传统家庭成员之间的信任关系，显示出农民走向市场过程的小心翼翼，当然，也表现出市场经济本身存在的问题。市场经济条件下，人际关系冷漠的现实使农民将注意力转向传统，他们利用家庭成员之间的相互信任为经济活动提供支持，也因此加强了大家庭内部各分家之间的联系。经济的重要地位使由血缘维持的家庭关系逐渐衍变为建立在血缘基础上的大家庭内部各"分家"之间的经济关系，在强化血缘关系的同时表现出经济的重要性，显示出传统家庭观念的嬗变。

---

① 萧楼：《夏村社会：中国"江南"农村的日常生活和社会结构（1976—2006）》，生活·读书·新知三联书店 2010 年版，第 102 页。

三　家庭户：个性意识的蝉蜕

包产是以对家庭主体的默认为前提的，家庭不仅是复数的个体的组合，也具有个体的性质，也就是说，虽然家庭包含了一个以上的成员，但在生产和经营中却是一个独立的单位。"在中国农村，户依然是日常生活的现实世界中和官方政治经济中文化建构与社会关系的一个关键性纽带。它深植于一个更大而复杂的世界之中。""户被当作中国农村社会最低一级的可分析单位。它带有一个主体的特性，而这个主体不必是社团意义上的而是个人意义上的，存在于像'农户个人主义'这样的概念中。"① 也因此，这一时期文学叙事中的农民也大多以家庭户的形式出现，个人成为家庭的化身，形成家庭户与个人一而二、二而一的关系。何士光的《乡场上》中，冯幺爸在罗二娘和曹支书面前从忍气吞声到在权力压迫与人格侮辱下的绝地反击，显示出生活的改善对其个体人格的重塑作用。在罗二娘的压迫面前，无论是忍气吞声的畏缩，还是绝地反击的爆发，冯幺爸考虑的都不是个人而是其背后的家庭，他代表的不仅是个人也是家庭，冯幺爸对罗二娘最终的反抗在显示个体人格觉醒的同时也显示出农民家庭经济条件的改变。家庭经济地位的变化不仅改变了家庭成员在社会中的地位，也使他们有了更多自主的权利，从而为其个性意识的觉醒提供了可能。在乡村经济改革中，无论是孙少安还是王才，都是凭借改

---

① ［加］朱爱岚：《中国北方村落的社会性别与权力》，胡玉坤译，江苏人民出版社 2006 年版，第 129 页。

善家庭经济条件、改变自己的社会地位并赢得村民尊重的。米德的自我理论认为，自我是暂时的、反思性的过程，自我意识要依赖于他者的视角。"我们既是从特定他者的视角学会观察我们自己，也是从他所谓'普遍化的他者'（the generalized other）的视角出发——也就是说，从共同体整体、法律和道德准则出发，学会观察我们自己。"① 集体制时期，孙少安表现出非凡的才能，得到村民的认可，成为小队长，但田福堂拒绝了他和润叶的婚事——家庭的贫困成为少安逾越不了的障碍。田福堂作为村上的书记，不仅精明能干，而且家庭条件也很好，因此，田福堂在孙家面前始终高高在上，孙家则显示出自卑。正因为认识到低人一等的家庭地位，孙少安主动放弃了润叶。虽然孙家有着不错的人缘，孙少安也体现出道德魅力，但经济始终是他者对其评价的重要参考。如果说孙少安因为在村民中的威信其变化较为含糊，那么，贾平凹的《腊月·正月》中王才办企业前后的地位变化则显示出经济对个人身份的重塑作用。办企业之前，王才甚至连家人都养不起，也被村民看不起，在韩玄子眼里更是一个破落户。办企业之后，依靠强大的经济实力，王才获得了村民的认可，甚至在与韩玄子的争斗中取得了优势。经济地位的变化使王才赢得了村民的尊重，他也由此确立了自己在村中的地位。

新时期是一个"人"的解放的时期，也是个性意识的觉醒时期。包产在将土地交给农民的同时也给了农民经营土地的权利，

---

① ［英］尼克·克罗斯利：《公民身份、主体间性与生活世界》，［英］史蒂文森：《文化与公民身份》，陈志杰译，吉林出版社2007年版，第49页。

温饱问题的解决更为他们个性自由的追求创造了条件。铁凝的《哦，香雪》中，香雪在火车站卖鸡蛋和土产品挣钱，但解决温饱之后的她有了更高的追求，对小镜子、铅笔盒等代表着现代文明的物质的追求显示出她思想的变化，而对铅笔盒的觊觎更显示出她的精神追求。当香雪因为商品交易而没来得及走下火车而被火车带去城市的时候，更显示出其对精神生活的诉求。也许，在香雪的潜意识中，进城已经支配了她，所谓的时间的延误不过是一种借口。香雪们对发卡、镜子和铅笔盒等的喜爱显示出农民在满足物质需要之后已经开始本能地追求精神生活。"人是一种不断需求的动物，除短暂的时间外，极少达到完全满足的状态。一个欲望满足后，另一个迅速出现并取代它的位置；当这个被满足了，又会有一个站在突出位置上来。人几乎总是在希望着什么，这是贯穿他整个一生的特点。"① 由此来看，香雪们的精神需求显然是人的本能欲望的表现，而发卡、铅笔盒等作为现代社会的产物又使他们的追求具有了现代文明的性质。如果说香雪们对现代文明的追求还较为朦胧，体现得更多的是人的本能而带有前现代社会的性质，那么，《小月前本》中小月对爱情的追求和门门的商品意识则表现出农民朦胧的现代意识。门门由于经常外出有了现代的眼光，他不再局限于土地，也不再把希望寄托于在土地上埋头苦干，而是将眼光瞄向更广阔的外部世界。当看到村民用人力浇地效率低下的时候，门门从外地租来抽水机给别人浇地挣

---

① ［美］马斯洛：《动机与人格》，许金声、程朝翔译，华夏出版社1987年版，第29页。

钱，这显然是一种典型的商品经济意识。王和尚等人对其行为的反感和敌意表现出浓厚的小农意识，但在高效的抽水机面前，王和尚还是选择了使用机器，显示出农民对现代文明的最终认可，也显示出小农意识向商品意识的嬗变。作为与门门对立的人物，才才完全是一个传统的农民：勤俭节约、吃苦耐劳而又老实本分。才才将希望寄托于土地，将土地视为生命，但对感情却很麻木。"他为了一条犁沟可以与人打架，但为了爱情却不能。"① 门门大胆追求小月，其身上的特殊气质吸引了小月，其敢闯敢干的精神更使小月为之倾慕。所以，在门门和才才之间小月陷入了犹豫，她希望的理想爱人是二者的结合，在二者不可得兼的情况下，她更倾向于门门。才才是王和尚为小月定下的婚事，小月的选择显然是对家长的叛逆，显示出其强烈的个性意识，也表现出传统家庭遭遇的剧烈冲击。

家庭户虽然作为一个主体从事经济经营，但受外来思想影响，家庭成员的思想观念不断变化，从而使其内部蕴含着变化的可能，当具备一定的经济基础的时候，家庭成员要求冲破家庭束缚、发展个性的愿望更为强烈。《鸡窝洼的人家》中，回回和烟峰、禾禾和麦绒组成了家庭，可由于思想观念的差异两个家庭并不幸福，经过一系列的事件，两个家庭重新分化组合，回回和麦绒组成家庭，禾禾则和烟峰走到一起。两个家庭破裂的原因在于禾禾不甘于在土地里刨挖，一直想着走出土地寻找新的生活，这在有着传统思想或者说小农意识的麦绒看来当然是不务正业，二

---

① 贾平凹：《小月前本》，《收获》1983 年第 5 期。

人因此分居。烟峰对禾禾给予了更多的理解和同情，尽其所能地帮助他，她也因此与回回发生了矛盾。从性格来看，回回和麦绒属于传统农民，禾禾和烟峰则有了现代意识，两个家庭的分化组合正是现代与传统的矛盾和冲突的结果。禾禾探索新的出路、烟峰的穿着打扮，在当时封闭的鸡窝洼无疑都具有现代的意味。从这个意义上说，禾禾和烟峰最终的结合和禾禾改革的成功无疑标志了现代意识的胜利。

如果说小月、门门、烟峰、禾禾身上的个性意识因为拘束于传统人情而带有更多的传统意味，那么高加林、冯家昌等个人奋斗者则显示出对传统的背叛和现代文明的自觉追求。处于特定时期，他们的个性意识主要表现为摆脱土地的束缚寻求更为广阔的个人发展空间。《人生》中，回乡知青高加林得到农村青年刘巧珍的爱慕，当高家村的"二能人"刘立本以贫穷为借口拒绝高加林和刘巧珍相爱的时候，高加林选择了明目张胆地挑衅——光天化日之下骑着自行车带刘巧珍进城。高加林与刘巧珍的爱情显然具有自由恋爱的性质——尽管二者开始就不是平等的。进城之后，高加林遇到了黄亚萍，应该说二者的恋爱才具有现代爱情的性质，但巧珍的纯洁、善良以及付出又使高加林陷入了矛盾和痛苦。高加林最终选择黄亚萍显然是基于理性思考，这种理性缘于高加林对个人幸福生活的追求，刘巧珍成为他追求个人幸福生活的牺牲品。作品在表现高加林强烈个性意识的同时也表现出他对巧珍（传统）的伤害或者说背叛，显示出个人奋斗者个性意识的复杂。"他是农耕文明发展当中应运而生的新生事物，有着原本落后的根源，但是，他又显出新的特点，特别是在精神上，但又不是我们通常所说的'新人'，因为他重于发展个人，实现自我价值而很少想到要顾全大局。所以，高加林们有着视野开阔，想人之不敢想，做人之不敢做，努力拼搏向上的精神。同时在他身上，我们也看到了，他为追求名利，不顾原则，更多地将自己坚定执着的追求理解为自己社会地位的不断提高。"① 高加林选择黄亚萍体现出个性意识，但也显示出工具理性，特别是当黄亚萍可以给他提供更大发展空间的时候，更强化了高加林基于实用的人生哲学。据此看，高加林的爱情选择，既是个性意识的追求，也是工具理性的体现。

查尔斯·泰勒认为，现代自由来源于传统道德，是从传统的道德视野中挣脱出来的，也就是说，现代自由是反叛传统道德的结果。因为传统道德压抑了个体的正常人性，现代自由无疑有着历史进步意义。但问题是，在追求现代自由的过程中，农民出于个人利益往往将限制其追求的障碍均视为传统，并以反封建的名义将其作为追求欲望的借口，也因此，他们在解放个性的同时也往往面临着滑入个人主义的危险。"人们因为只顾他们的个人生活而失去了更为宽阔的视野"②，其结果便是个人完全被封闭于自我设置的围墙里。高加林在黄土地上的忏悔、冯家昌回乡的赎罪等都显示出个性自由追求蕴含的另一层意义。

在合作化向包产转型的过程中，包产并不是一个孤立的

---

① 罗京、孙郁：《自我价值追求的多元性与现代性——重评〈人生〉中高加林的形象》，《中国文学研究》2011 年第 1 期。

② ［加］查尔斯·泰勒：《现代性之隐忧》，程炼译，中央编译出版社 2001 年版，第 4 页。

"事件"，而是农村经济改革的重要组成部分，与农村经济政策调整会合在一起，形成农村经济改革的洪流。以包产为核心的农村经济改革使农村发生了翻天覆地的变化，不仅解决了农民的温饱问题，也使其理性思考与土地的关系，显示出市场经济对农民思想的影响。随着城乡交流的日益频繁，现代文明以不可遏制之势向农村渗透，农民逐渐凸显出个性意识，显示出理性思维，冲破传统家庭的束缚寻求更好的发展机遇成为他们的诉求，传统家庭观念遭遇剧烈冲击，家庭户成为个人意识的蝉蜕。家庭观念的嬗变显示出传统社会的现代转型，也为农民的现代嬗变提供了条件。

第二节　农民工：游离于城乡的尴尬身份

　　受经济利益的驱动，农民不断思索与土地的关系，对土地表现出更多的理性姿态。离土进城正是农民理性思考与土地关系的结果。历史上长期的城乡二元对立的体制使城市与乡村在经济、思想、伦理等方面有着巨大的差异，户籍制度更是农民在城市生存的障碍。进入城市之后，农民并没有因为生存环境的改变和从事的工作而成为工人，反倒是进一步彰显出其农民身份。"农民工"的特定称谓显示出他们在城市的尴尬生存状态。

一 农民工身份的形成

当代文学中的农民进城是一个持续不断的话题。早在 20 世纪 50 年代初，农民进城就成为小说叙事的主要内容之一。不过，由于当时特定的社会环境，进城被赋予了更多的负面意义，农村则因为革命的象征具有了道德上的优势，"乡村的朴素、简单、本色是美德的表意形式；而城市的情调、舒适、个人化等，则被看作是人的无边欲望的反映。"① 因此，固守土地的农民往往被赋予积极意义并有着道德和政治上的优势，脱离土地进入城市的农民则被赋予了负面意义。《创业史》中，改霞为了工业化建设进城当了工人，也因此放弃了与梁生宝的爱情，虽然作家对其有着充分的理解和同情，但对其进城的选择还是显示出否定的看法。更为典型地否定城市价值观念的是当时颇有争议的萧也牧的《我们夫妇之间》。张同志和李克这两个被誉为工人和农民结合典型的夫妻进城后发生了严重的分歧，张同志对城市处处不适应，表现出农民进城的典型特征；李克则很快适应并融入了城市生活。在城市生活中，张同志固有的乡村伦理观念和李克代表的城市价值观念发生了冲突，也影响了二人的感情生活。但由于当时的社会环境，二者的冲突被置换为"知识分子与工农兵相结合"的政治命题，二人和解的政治意义也掩盖了城乡之间的巨大差距。关于《我们夫妇之间》的讨论文章也大多集中于政治层面，城乡之间物质和生活的差距被人为地忽略。其后，对作品的批判更是因

---

① 孟繁华：《传媒与文化领导权》，山东教育出版社 2003 年版，第 87 页。

为强调政治性再次遮蔽了城乡价值的差异。不难看出，城乡差异早在户籍制度出台之前就已存在，只不过由于作者的政治立场掩盖了进城农民在城市中的尴尬位置，以对知识分子改造的命题突出了农民政治上的主人翁地位，农民在城市遭受的歧视被人为搁置。其后，作家们的创作一直沿着这条道路前行，对阶级斗争的重视更是以人为的阶级划分和阶级仇恨忽略和遮蔽了农村农民的苦难。不然，我们也就无法解释当时为什么有那么多的农村青年拼命想通过招工、参军以及考学等途径进入城市，也无法解释"右派"、知青视角下农民的苦难、愚昧和麻木。新时期的思想解放为作家的创作提供了更为宽松的环境，也为他们如实反映农民进城提供了机遇。高加林、金狗、冯家昌等一系列个人奋斗者反映出农民进城的艰难，其后的"民工潮"更是淋漓尽致地展示出城乡之间的巨大差距，以农民进城的血泪历史谱出一曲悲恨交加的忧郁音符。

韩少功发表于《人民文学》1978 年第 2 期的《夜宿清江铺》，可能是新时期最早反映农民进城的小说。虽然当时的民工进城不是为了挣钱而是为了完成任务，但其在城市的遭遇显然具有后来农民进城的影子。宾馆服务员和"吴党委"的冷漠基本代表了城市的态度，只不过由于政治斗争的影响还存在，贫下中农还具有心理上的优势，民工接待站等照顾民工的政策也在一定程度上缓解了他们与城市的紧张关系。即使这样，民工仍然在宾馆遭受了歧视。服务员对他们的冷淡以及"吴党委"对他们的厌烦都显示出农民在城市的尴尬。地委副书记常青山出现在民工队伍中显然具有戏剧性，说是作家的叙事技巧也不为过。换个角度想，如果没有常青山会怎么样？从常青山被民兵小分队带走讯问不难得出，民工只能接受受歧视的现实。到农民真正为了生活进城的时候，城乡之间的差异以及"二等公民"的身份使他们彻底成为城市里的"失语者"。姜琍敏的《和子》就通过进城打工的和子和露儿的遭遇展示了农民在城市的命运。尽管和三叔是亲戚关系，和子的实际地位依然是"学徒"或者打工者，他不仅干着很重的活儿，三叔也不信任他。作品没有正面描写露儿的遭遇，但她回家之前对和子说的话足可以表现她在城市生活的尴尬。"'你也回吧。'露儿急切地盯着他，'城里再好，不是我们待的地方。听人使唤的味道，我也尝够了！'"① 露儿被家人骗回农村换婚，与和子的爱情也以悲剧结束。和子和露儿之所以不能走到一起，父母的传统观念确实是重要因素，但也与他们在城市的尴尬身份有关——假如能够在城市很好地生活，他们有一个理想的结局也未可知。可见，农民工在城市遇到的问题，在和子们身上已经存在了。

和子和露儿进城是投亲靠友或者说是以给亲戚帮忙的名义实现的。也就是说，他们由于有亲戚关系冲破了户籍制度的限制而成了"农民工"的先驱。随着社会发展和城市对用工的需求，国家的户籍管理逐渐放松，农民的自由流动逐渐得到了官方的认可，再加上农村存在的大量问题，农民进城形成潮流。作为一个规模庞大的群体，农民工问题引起社会的广泛关注并进入了文学视野，农民工叙事成为文坛的热点之一。

---

① 姜琍敏：《和子》，《人民文学》1986 年第 9 期。

根据相关解释，农民工是指"拥有农业户口、被他人雇用去从事非农活动的农村人口"。① 据汪勇考证，最早使用"农民工"这一称谓的是中国社科院教授张雨林，这个名词由他在1984 年的《社会学研究通讯》发表的一篇文章中首次提出，随后被大量引用，之前带有歧视性称谓的"盲流""打工仔""打工妹"等则包含在"农民工"这一概念之内。② 唐国容认为，"农民工"是从打工族中分离出来形成的一个阶层，它"不是一个学术概念，而是人们对进城做工的农民的日常称谓，这一阶层有明显的过渡性，它反映了我国乡村社会成员在社会流动过程的特点"③。其实，无论哪一种界定，"农民工"的基本含义都是指从农村进入城市做工的农民，"农民"是他们的身份标识，"工"是他们的职业，"职业的变动性和身份的恒定性是中国农民流动的一个重要特点，"④ 农民工成为在城市打工的农民的特定称谓。农民工在城乡间的流动加强了城乡交流，他们的思想也因为进城发生了变化，从而使其进城的过程也成为一个农民"现代化"的过程，正如有学者所说："毫无疑问，农民工问题是个战略问题，其实质是中国农民的非农化、现代化问题。"⑤ 城乡之间的巨大差距决定了他们这一过程的经历必然充满了艰辛与坎坷，哀怨和泪水。农业文明的悠久历史以及城乡对立的二元户籍制度使

---

① 汪勇：《"农民工"称谓的历史演变及其启示》，《南京社会科学》2007 年第11 期。

② 同上。

③ 唐国容：《对"农民工"称谓变化的几点思考》，《唯实》2006 年 Z1 期。

④ 徐勇、徐增阳：《流动中的乡村治理》，中国社会科学出版社2003 年版，第7 页。

⑤ 韩长赋：《中国农民工发展趋势与展望》，《经济研究》2006 年第12 期。

农民工陷入身份的尴尬，融入与拒绝的错位、身体与灵魂的分裂是其典型表现。

二　融入与拒绝的错位

身份是个人在社会中的位置，职业是其典型的表现形式并昭示出个人在他人心目中的地位。农民进入城市之后被抛入一个陌生的环境，从空间和职业上看，有了身份转变的可能，但在城市人眼里他们依然是农民，工作环境的变化并没有使他们的身份发生相应的变化。他们真正完成由农民到市民的身份转变必须获得城市居民的认同。查尔斯·泰勒认为，"一个人不能基于他自身而是自我。只有在与某些对话者的关系中，我才是自我：一种方式是在与那些对我获得自我定义有本质作用的谈话伙伴的关系中；另一种是在与那些对我持续领会自我理解的语言目前具有关键作用的人的关系中——当然，这些类别也有重叠"。[①] 城市在各个方面表现出来的优势使农民工有着强烈地融入城市的渴望，但城市却对他们表现出拒绝，从而形成融入与拒绝的错位。

对于农民来说，城市不仅意味着身份的荣耀，也是现代文明的象征，有论者将《人生》中高加林对城市迷恋的激情归于"'城市'对于高加林、对于一个特定的群体，甚至对于一个时代的意义"[②]。因为城乡间的巨大差异，进入城市成为一代农民的梦想。为了进入城市，他们不惜付出巨大的代价，刘巧珍、刘汉香

---

① ［加］查尔斯·泰勒：《自我的根源：现代认同的形成》，韩震等译，译林出版社 2001 年版，第 50 页。

② 尹昌龙：《1985：延伸与转折》，山东教育出版社 1998 年版，第 8 页。

等乡村善良、痴情的女子甚至成为个人奋斗者高加林、冯家昌等追求"城市梦"的牺牲品。按照后殖民理论和女权主义的理论，刘巧珍、刘汉香等农村女性的遭遇具有"第三世界国家寓言"的性质，高加林们对城市姑娘的选择显然是对农村女性的伤害。但高加林们进城过程中现代文明与传统道德、工具理性与乡村人情之间的矛盾和冲突遮蔽了农村落后的现实以及他们走向现代文明的血淋淋的原始资本积累，他们的选择被解读为感情与理性的较量、传统与现代的冲突，刘巧珍们的牺牲也被置换为现代理性的必然结果。高加林们对她们的直接伤害表现得极为明显，而城市对她们的间接伤害则被完全地遮蔽。在进城过程中，个人奋斗者不仅要遭受种种磨难和屈辱，也因为他们与农村的密切联系而将农村和农民通过种种方式置于城市的压迫之下。随着社会的发展，更多的农民有了进城的机会和可能，农民进城由梦想变成现实，但城市对农民、农村的压迫并没有停止反而愈演愈烈。当农民进城成为潮流，刘巧珍们直接置身于城市，由于少了高加林们这个媒介，城市显示出血淋淋的残酷。邵丽的《明惠的圣诞》中，明惠为了金钱，也为了寻求感情的寄托而做了李羊群的情人，可李羊群的一句"这是我的伙伴"的回答就送掉了她的性命；阿宁的《米粒儿的城市》中，米粒儿进入城市却成为城市人交易的工具；钱玉贵的《城市陷阱》中，刘二进城打工，城市却布满了陷阱，刘二也差点儿为此丢掉性命。如此等等，都展示出城市给农民工造成的肉体和精神的摧残。

但农民并没有就此停止进入城市的梦想和融入城市的渴望。常君的《长在城市里的麦子》中，金秋尽管和城市男人王群在一起过着行尸走肉般的生活，可还是拒绝了来自农村的黑铁，选择了留在城市；李肇正的《姐妹》中，宁德珍为了进城不惜嫁给了城市里的名义上的男人。在农民的想象中，城市是一个理想的空间，是人类生活的乌托邦。夏天敏的《接吻长安街》中，"我"对乡村的厌倦和对城市的想象与向往正是农民关于城市的寓言。尽管农民为了进城付出了惨重的代价，但他们毕竟实现了进城的梦想。进入城市，农民有了和城市直接接触的机会，融入城市也就成为他们追求的目标。问题却是，进入城市不代表真正被城市接受，更不代表成为真正的城市居民，真正完成农民向市民的身份转变需要一个艰难而漫长的过程。

由于长久的城乡分治特别是历史形成的农村的贫困和落后，农民在教育、技术等各个方面显示出明显的不足，因此，当他们进入城市之后，只能从事低端的工作，这也决定了他们劳动的艰辛和生存环境的恶劣。他们就业的渠道"以制造业、建筑业和服务业就业为主。2004 年，农民工在制造业就业的占 30.3%，在建筑业就业的占 22.9%，在社会服务业就业的占 10.4%……"① 这在文学中有着直观的反映。覃涛的《红水河畔的女人》中，莲子想念在外打工的丈夫，可到了工地看到的却是丈夫松林超负荷地做工：在比家乡县城的码头还要大十倍的码头上，松林"像一个婴儿，一步一步地向上爬。肩上的重货压得他嘴巴要啃石阶似的，他每走一步都格外吃力。八九步之后，就换了肩，换肩的时

---

① 国务院研究室课题组：《中国农民工调研报告》，中国言实出版社 2006 年版，第 5 页。

候，气喘吁吁摇晃着，一旦有抽筋或滑脚就可能掉入深渊……"①即使这样，松林仍然对莲子百般的好。农民工以自己艰辛的付出换来亲人舒适的生活，他们自己却把屈辱的泪水流进心里，以个人背负的伤痛为家人留下一份希望。"你若问乡下孩子考不上大学，干什么，他们会一拍胸脯，理直气壮地回答：当民工。因为很少有民工将外面的艰苦带回来，当民工在外就成了一茬茬新生男人的向往，而新生男人一旦当了民工，了解了那世界的苦楚、了解了苦也得干，就也像老民工一样，只默默承受，绝不传播乡下。"②农民工在家人面前显示出的是平和与满足，在城市表现出的也是隐忍与善良，恶劣的生存条件在呈现出他们"善"的同时也拷问出城市人的人性的"恶"。农民工忍受着非人的待遇，还往往要付出血泪甚至生命的代价，可工头对这一切已经习以为常，拖欠农民工的工资乃至对农民工进行人格上的凌辱和肉体上的摧残成为常态。张学东的《工地上的俩女人》中，杨改花的丈夫在工地干活儿出了事故导致残疾，她得到工头的"照顾"在工地做饭，可当儿子生病时工头却不肯出钱。与她一起做饭的女大学生成为工头觊觎的对象，工头为了占有女大学生的身体以扣除工钱相威胁，杨改花为了给女大学生要回工钱切断了自己的手指。另外，席建蜀的《虫子回家》、陈应松的《太平狗》等作品也都对农民工在城市里艰难的生存状态做了深入的描绘。农民进入城市，身体成了他们唯一的本钱，躯体的磨难和摧残成为他们

---

① 覃涛：《红水河畔的女人》，《广西文学》2006 年第 12 期。

② 孙惠芬：《民工》，作家出版社 2005 年版，第 240 页。

在城市生活的典型特征，也显示出农民在城市里的尴尬命运。

农民也好，工人也罢，公民是其共同的身份。"公民身份可以定义为一整套公民、政治和社会权利，也可以定义为同一共同体的共同成员资格。"① "公民身份取决于人们是否被其所在共同体看作是其中的平等成员。"② 按照这个标准，农民与工人是平等的关系，应该享有同等的权利和义务，也就是说，农民工在城市应该享有城市居民的待遇。但城乡对立的户籍制度以及与之配套的政策却将他们与城市居民截然分开，他们成为城市里的"二等公民"，不仅遭受着肉体的摧残，还要遭受人格的歧视和精神的侮辱，这种侮辱对农民工的摧残更为严厉，打击也更为残酷。尤凤伟的《泥鳅》以直白的方式将城市对农民工的歧视展示出来。蔡毅江拉家具的时候受了伤，同乡将其送到了医院，但大夫却将其晾在一边，国瑞等人实在等不及问询的时候，女大夫恼羞成怒的回答既是口不择言的发泄，也是其心理的真实写照："女大夫被问得恼羞成怒，话也就说得很放肆：算你说对了，我见了你们这号人就犯恶心。"③ 女大夫的心理绝不是个案，而是城市居民的一般心理写照。葛红兵回忆说："《泥鳅》在上海某大学召开研讨会的时候，笔者亲耳听到了上海籍记者对农民工的蔑视之词。我知道他们并不是天生就歧视别人的人，他们甚至都是道德高尚的好人，但是他们对农民工的恐惧和蔑视却是那么真实地摆在我的

---

① ［英］戴安娜·理查德森：《公民身份的延伸：文化公民身份与性》，［英］史蒂文森：《文化与公民身份》，陈志杰译，吉林出版社2007年版，第229页。

② ［英］尼克·克罗斯利：《公民身份、主体间性与生活世界》，［英］史蒂文森：《文化与公民身份》，陈志杰译，吉林出版社2007年版，第48页。

③ 尤凤伟：《泥鳅》，《当代》2002年第3期。

面前。他们的城里人身份决定了他们的立场。"① 爱德华·W. 萨义德认为，"人类身份不是自然形成的，稳定不变的，而是人为建构的，有时甚至是凭空生造的"。② 农民与市民的区分正是人为建构的结果，城乡对立的制度使城与乡有着严格的区分，农民与市民的身份也就具有了先天的性质。正是这种先验的身份使农民无论走到哪里，从事着什么样的工作，都始终镌刻着农民的印记，农民始终是其明显的身份标识，也决定了他们不能被城市认同和接受。

三　身体与灵魂的分裂

孟德拉斯认为，农民的身份是与生俱来的，"没有选择是整个农民生活的特点，这在生活开始的时候特别明显，因为农业劳动者的职业从来就不是选择的"。③ 长久的乡村生活的经历和农业文明的潜在影响使农民对乡村的一切过分熟稔，其行为处世乃至思想观念等具有了浓郁的乡村特征，农民成为他们"世袭"的身份。"每个人的社会地位是既定的。固定的社会地位规定了个人行为的具体细节，人们随之便有了对个人角色以及所从事活动的认知。处于稳定秩序中的个体，通过其在秩序中所处的环节而获得自己的认同感。在这样一种稳固的结构中，由于每个人清楚地知道自己所属的群体以及自身所扮演的角色，因而无需为'我是

---

① 葛红兵：《让农民发声，还是让农民沉默？》，《当代作家评论》2002 年第 5 期。
② ［美］爱德华·W. 萨义德：《东方学》，王宇根译，生活·读书·新知三联书店 1999 年版，第 427 页。
③ ［法］H. 孟德拉斯：《农民的终结》，李培林译，社会科学文献出版社 2005 年版，第 179 页。

谁?'的辨识而费心劳神。"① 实际上,身份是由时间、空间、文化等诸多因素综合作用的结果,其中任何一个因素的变化都会影响身份的变化,也就是说身份具有可变性;另一方面,身份是多种因素综合作用的结果,其本身又具有一定的稳定性,这也决定了身份的变化必然是一个复杂的过程。"作为一种生物和文化交融的产物,身体的发展一直受制于时间、空间和各种力量交加、互制的影响,其间并没有哪个力量永远超越和主宰其他力量的问题。"② 农民进城实际上是其身份在空间的转移。进入城市这个陌生的空间,农民工在遭遇排斥、拒绝甚至歧视的同时,也产生了身份自我认同的危机,主要表现就是其生活、工作的城市环境与其乡村价值观念的抵牾,或者说是身体与灵魂的分裂。

墨白的《事实真相》中,来喜没有进城之前对城市充满了渴望,在他的想象中,城市是一个欲望化的空间。可真的进入城市,来喜却发觉自己与城市格格不入,曾经的欲望化空间变为肮脏、单调甚至痛苦的所在,来喜产生了强烈的返乡冲动。"个体命运是由个体的身体与灵魂的相逢牵扯出来的,没有偶然而在的个体身体与灵魂的相逢,也就不会有命运这回事。"③ 作为一个有生命的活生生的个体,身体和灵魂的相遇才是一个人的真实存在。但对来喜来说,其身体所在的城市与灵魂寄托的乡村显然是两个不同的空间,也因为空间的不同导致了灵魂与身体的分裂。

---

① 吴玉军:《现代社会与自我认同的焦虑》,《天津社会科学》2005 年第 6 期。
② 黄金霖:《历史、身体、国家:近代中国的身体形成(1895—1937)》,新星出版社 2006 年版,第 5 页。
③ 刘小枫:《沉重的肉身》,华夏出版社 2007 年版,第 101 页。

来喜曾经把城市作为理想的空间，但进入城市他却一次次受到压制。作为杀人事件的目睹者，来喜应该是最有发言权的，但作为城市的"他者"，他又被剥夺了话语权，捡破烂的老头、鞋匠、公交车上的青年甚至开车的歪嘴等控制了话语的权利，来喜在他们面前成为失语者。这也隐喻着农民进城之后的失语。农民工以艰辛的劳动为城市发展做出了巨大的贡献，可他们却丧失了表达意愿的权利，成为在场的缺席者。也就是说，城市接纳的只是他们的肉体而从不或者压根儿就不愿意接受他们的灵魂，更不愿意将他们视为有生命的群体。《傻女香香》中的香香、《米粒儿的城市》中的米粒儿、《明惠的圣诞》中的明惠等诸多打工妹将自己的希望寄托在城市男人身上，可城市男人喜欢的只是她们的肉体，从来就不曾将其作为有灵魂的生命，她们的城市生活也就注定了只是肉身的存在而不是灵肉的统一。《太平狗》中，程大种进城之后为了找到一份工作几次驱赶跟随其外出的太平狗，但赶跑太平狗他也没有找到满意的工作，甚至被人欺骗成为劳动的工具，城市由此显示出血淋淋的残酷。反倒是太平狗历经磨难之后到处寻找自己的主人，发现程大种被人关押并强制劳动之后，拼尽性命营救出主人，显示出动物的忠诚与善良。太平狗的"人性"与城市的"兽性"强烈对比显示出城市的贪婪与残忍，表现出农民工被物化的现实。也正因为从不被视为有灵魂的生命，农民工被城市异化为劳动的工具，工具化成为他们在城市的典型特征。

　　在阿尔都塞和杰姆逊看来，个人通过对现实存在的意识形态想象性功能达到自我认同的过程其实就是"自我"被构造、规训和内在化的过程。① 对于农民工来说，城市里的生存环境和待遇已经将其固定为"二等公民"，而他们自己也认可了这种身份，"要成为公民，人们不仅必须在形式上有所归属，而且必须感到这种归属感是'真实的'"。② 农民工在城市并没有这种归属感，农村才是他们灵魂寄居的地方，灵魂和肉体的分裂使其陷入痛苦之中，寻求灵肉合一的生命就成为他们努力的方向。王华的《在天上种玉米》中，王红旗发达之后将三桥村村民集体迁到城市，可村民对城市生活并不适应，为了解决这个问题，他们不但固执地在房顶上种了玉米，而且坚持将生活的地方重新命名为"三桥"以接续与故乡的联系。进入城市的三桥村村民只有在种庄稼或者说农业文明中才能找到归宿，才会有皈依感，这既是他们被城市拒绝的本能反应，也表现出乡村传统对他们的潜在影响，显示出他们对农民身份的自我认同。

农民工的身份定位既与其思想深处农民身份的自我认同有关，也是城市对他们排斥的结果。如果说自我认同是潜在地发挥作用，那么城市的歧视甚至拒绝则强化了他们的这种自我认同。德波顿认为，无论是感情还是物质都会引起人的内在焦虑，这直接关系到个人的自我认知，"从感情和物质这两方面来看，我们通常都会对自己的地位产生焦虑。我们的地位决定了我们可能赢得多少世人的爱，而世人对我们的关爱又是我们看重还是看轻自

---

① 张宏：《新时期小说中的苦难叙事》，中国传媒大学出版社 2009 年版，第 6 页。
② ［英］史蒂芬·弗罗施：《心理分析、认同与公民身份》，［英］史蒂文森：《文化与公民身份》，陈志杰译，吉林出版社 2007 年版，第 87 页。

己的关键"。① 感情与物质两个方面的结合才能显示出个人的社会身份，这对于农民工来说显然存在着极大的困难。农业文明的悠久历史形成的小农意识使他们很难超越农民的身份。也就是说，虽然他们渴望改变自己的农民身份，但农业文明形成的小农意识使他们不自觉地表现出农民的身份特征，即使在城市生活了多年，蓝方也脱不了"土气"，在原城市居民莎莎眼里他仍然是一个农民（刘醒龙《城市眼影》，中国社会出版社2006年版）。另一个原因则是城市对他们的拒绝和排斥，这一点对于他们尤其重要——被城市居民承认和接受意味着他们和城市居民具有了同样的社会地位。如果说自我认同是一种文化心理，那么社会认同则意味着取得了和同一环境中的人平等的地位。"因为人既以个体存在，就必然具有相应的身份和相应的生存权利。但这样的标签所传达的信息是显而易见的：我们对处在不同社会地位的人是区别对待的。那些身份低微的人是不被关注的——我们可以粗鲁地对待他们，无视他们的感受，甚至可以视之为'无物'。"② 事实却是，尽管农民工为了留在城市付出了巨大的代价，尽管他们为了金钱可以放弃甚至牺牲一切，但在城市居民眼里他们仍然是农民。农民的身份已经刻在了他们的骨子里。农民进入城市之后，必然要与城市居民进行交往，但长期的城乡二元隔离体制使他们互相防范，"城市居民往往对农民有一种先天的歧视与厌恶""由于城市对农村的长期制度性剥削，农民在各方面与城市居民的显著差异，

---

① ［英］阿兰·德波顿：《身份的焦虑》，陈广兴、南治国译，上海译文出版社2007年版，第9页。

② 同上书，第4页。

使得农民在心理上与市民处于对立状态。"① 城乡二元体制造成农民与城市居民在环境、文化、心理等方面的差异，使农民工与城市居民的矛盾与冲突成为必然。随着社会的进步和经济的发展，户籍制度逐渐松懈，农民进城有了更多的可能，融入城市的概率也大大增加。但就算真的进入城市，获得城市居民的待遇，消除他们与城市居民心理上、文化上的差异还是需要一个漫长而艰难的过程，也意味着他们真正融入城市还需要一个漫长的过程。

农民进入城市有了获取城市居民身份的条件，但城乡之间的巨大差距使他们与城市始终存在着距离。渴望融入城市与被城市拒绝的错位、身在城市心在乡村的内在分裂使他们陷入身份的尴尬。农民进城的过程本是农民接受现代文明熏陶走向现代化的过程，也是他们的小农意识向现代意识转变的过程，但他们在城市的尴尬身份在显示其走向现代化的同时也注定了这一过程的苦涩和艰辛。

第三节　返乡者：城乡一体化的信使

进城之后，艰难的生存环境以及不被城市认可和接受的心灵孤独，使农民工将故土和家园当作情感的皈依，回乡成为他们的

---

① 蔡志海：《农民进城——处于传统与现代之间的中国农民工》，华中师范大学出版社 2008 年版，第 155 页。

精神诉求。但返乡后他们却发现故乡不再是他们记忆中的乐土，而是到处充斥着愚昧、贫困与落后，再次逃离成为他们的选择，"离去—归来—再离去"的故事在他们身上不断重演，他们理想的故乡注定了只能存在于记忆中。不过，对于绝大多数农民工来说，故乡毕竟是他们的归宿，回归故乡成为他们的选择，也使其与留守农民有了交流和互相影响的可能。受城市文明的熏陶，农民工身上具有了现代文明的因子，他们在城乡之间的流动使城市文明不断向乡村渗透，从而促进了乡村的城市化进程，农民工也由此成为城乡一体化的信使。

一　"离去—归来—再离去"的返乡模式

对绝大多数农民工来说，城市既给他们提供了挣钱的机会，展示个性的舞台，也使他们尝到了人生的酸甜苦辣。农民的身份使他们始终不被城市认同和接受，焦虑成为他们心理的典型特征，只有家乡才是他们精神的依托和心灵的归宿，回乡成为他们的渴望。但真正回到故乡他们才发觉，故乡早已不是想象中的样子。曾经美好的想象还原为贫困、愚昧和落后，故乡在他们眼里呈现得更多的是丑陋的一面，对乡村的拒绝成为他们的普遍心态。《失语的村庄》中，传红从城里回到故乡，看到父母为自己"安排"的男友穿着做工粗糙的服装，非常反感；《亲爱的深圳》中，李水库受不了城市的污浊将农村当作理想的居所，可张曼丽的话打碎了他的梦，"现在农村还有新鲜的空气吗？到处都在挖山挖石头，大片大片的土地荒掉了，你在哪儿见到了美丽的庄

稼？你真是一个臆想狂”①。在返乡者的审视下，乡村显示出乡村
伦理与现代文明的双重丑陋：一方面是乡村伦理的愚昧；另一方
面则是乡村城市化、工业化带来的满目疮痍。故乡成为返乡者的
梦魇，他们的再次出走成为必然。

"尽管大多数的城市农民工无论是在地理上还是在心理上处
在城市的边缘，但是谁也无法否认城市对农民工产生的影响。这
种在新的时空中的新体验，在与农民的传统意识发生碰撞、交融
的过程中，也在不断地形塑着他们的人格和行为，赋予他们以现
代特质。"② 受城市文明的熏染，返乡农民工对故乡的审视有了现
代文明的眼光，或者说其身上有了现代文明的特质。相对于离乡
之前对乡村环境的认同，返乡之后的农民工无疑具有了乡村的
"在者" 和 "他者" 的双重身份——作为乡村的 "在者"，他们
对故乡有着强烈的感情认同；作为乡村的 "他者"，他们又理智
地感受到故乡的丑陋，因而对乡村产生了拒绝和排斥。城市生活
的经历使他们的思想观念不自觉间发生了变化，他们的价值观念
具有了不同于传统农民的特质，也成为审视乡村价值的标准。
"城市价值体系内化到了农民工的心里，他们开始用这些标准评
价与他们同样身处社会边缘的同乡。"③ 其实，岂止是同乡，还应
包括曾经作为他们精神慰藉的故乡。城市文明的熏陶使他们的价
值观念、理解事物的方式乃至对故乡的理解都发生了巨大的变

---

① 吴君：《亲爱的深圳》，《中国作家》2007 年第 7 期。
② 蔡志海：《农民进城——处于传统与现代之间的中国农民工》，华中师范大学
出版社 2008 年版，第 160—161 页。
③ ［爱尔兰］墨菲：《农民工改变中国农村》，黄涛、王静译，浙江人民出版社
2009 年版，第 200 页。

化，朱承荣的《于小满回乡》中，于小满在城市买股票发了财，买了车，买了二手房，但也因为有了钱村民对她产生了怀疑。在村民的眼里，女人出去除了靠"卖"不会有别的机会挣到那么多的钱，于小满的成功换来的是乡亲们的白眼。于小满用处女之身向男朋友凯证明自己的清白，却不能消除男友的怀疑。乡亲们的冷淡和男友的怀疑使于小满对家乡彻底失望，再次离乡成为她的必然选择。"暮色里，她忽然觉得，自己曾热切奔向的那片土地，近似一片荒芜。"① 这种荒芜毫无疑问是精神的荒芜，是现代文明的缺失，更是返乡者与故土之间的隔阂。农民一方面对城市充满了想象和渴望，另一方面又不断地凭借想象对城市进行加工甚至扭曲城市的形象。也就是说，城市文明在向农村渗透过程中也被农民不断地重新想象和加工，最终以另类方式进入农民的视野，从而使农民对城市的了解仅仅局限于想象和道听途说。特别是，在对城市文明的想象中，乡村固有的道德优势成为农民显示乡村生活价值的基础，也驱使他们以对返乡者的怀疑甚至嘲笑弥补个人在物质甚或精神方面的不足，并以此取得暂时的心理平衡。因此，返乡者回到家乡往往面临着诸多的猜疑，故乡的慰藉最终幻化为泡影。

刘继明的《送你一束红花草》中，樱桃忍着屈辱在城市出卖身体挣钱，为贫困的家庭建起了楼房，可当樱桃得病回乡之后却被村人和家人拒绝，她只能在池塘边破败的小屋里苟延残喘，他们甚至和她断绝了交往，反倒是村庄的外来者小宝成为她唯一可

---

① 朱承荣：《于小满回乡》，《辽河》2011 年第 8 期。

以交流的朋友。汪秉国和刘大麻子知道樱桃得病之后，非但没有同情反而将她当作榨取的对象，梦想榨干她的最后一滴血，甚至不惜用假药骗钱。樱桃最终郁郁而死。表面看，樱桃的死是因为不治之症，但家人和乡亲的冷漠甚至鄙视才是压死她的最后一根稻草，与其说樱桃死于疾病倒不如说其死于亲人的冷漠和舆论的压迫。对于这些女性来说，故乡的温情和对亲人的眷恋是她们在城市屈辱生活的精神支柱，她们出卖身体既是为了在城市生存，也是为了改变家人的经济状况，甚至可以说她们很多时候是为了亲人和故乡才义无反顾地走上卖身的道路。悖论的是，她们卖身挣来的钱为亲人换来了舒适的生活，亲人却将她们视为耻辱。故乡和亲人一方面接受她们用身体挣来的钱改善自己的生活条件；另一方面又对她们表现出厌恶和拒绝，她们的钱成了她们卖身的铁证、耻辱的标志。当她们回归故乡的希望破灭的时候，她们的精神支柱彻底垮塌。她们要么逃离乡村，从此过着行尸走肉般的生活；要么选择死亡，以肉体的毁灭呼号命运的不公。正如丁帆所说："她们内心世界的痛苦也并不仅仅就是伦理道德带来的压力，更多的还是她们不再被那块曾经养育过的乡土认同，她们成为随风飘荡的无根浮萍，肉体毁灭的悲剧只是表层的，她们最在意的是灵魂的家园被毁灭！"① 灵魂家园毁灭了，她们的生存也就失去了意义，逃离或死亡也就成为她们的必然选择。陈继明的《青铜》中，招儿伤痕累累地回到故乡，村民却在拿走了招儿用身体挣来的钱之后将其推进死亡的深渊。方格子的《上海一夜》

---

① 丁帆：《"城市异乡者"的梦想与现实》，《文学评论》2005 年第 4 期。

中，打工妹杨青厌倦了在城市出卖肉体赚钱的生活决心回乡，可小姐妹回乡后"又回来了"的短信无疑宣告了她们回乡的尴尬。即使那些暂时逃过怀疑的女人也往往生活在提心吊胆之中，她们的生活处处是陷阱，偶然的机会就会使她们身败名裂。孙惠芬的《歇马山庄的两个女人》中，李平与成子结婚后开始了新的生活，可她在城市的经历暴露后，舆论的压力使她再也抬不起头来。她们梦想通过在城市打工挣钱改变家乡的环境，也将其作为精神的寄托。可她们对家庭和家乡的责任换来的往往是更深的伤害。《高老庄》中，苏红在城市挣钱之后回到高老庄开办了地板厂，带动了高老庄的经济发展，又捐资建设学校为家乡的教育做出了贡献，可村人却恩将仇报：苏红在城市的不光彩经历成为村人看轻她甚至鄙视她的根源，在大闹地板厂的时候甚至扯掉了她的衣服。这无异于对其从肉体到精神的彻底摧毁。"农民外出打工和返乡是对原有的多样化策略的拓展，而且受益于来自农村内部的价值和资源。外出打工得到了一些原有价值观——如对家庭的忠诚和对故土的热爱等——的支持。这些价值观与农民外出打工的过程相适合，因为农民工的社会、经济、法律地位是如此脆弱，他们非常需要来自农村家庭的安全纽带。"[1] 可苏红们的安全纽带彻底断裂了！她们梦想通过努力洗刷身上的不洁，可恰恰是她们的希望带来了更深的绝望。乡村熟人社会的温情使她们留恋，也正是熟人社会的环境将她们置于村人的窥视和掌控之下。她们被

---

[1] ［爱尔兰］墨菲：《农民工改变中国农村》，黄涛、王静译，浙江人民出版社2009年版，第206页。

故乡的拒绝不但不被接受，而且被审判、被示众，是她们精神支柱的彻底垮塌。她们对故乡彻底绝望。

吊诡的是，在城市生活中，农民工同样具有"在者"与"他者"的双重身份：一方面，他们在城市生活，渴望留在城市并被城市认同；另一方面，农业文明的影响和城乡之间的差异又使他们始终融入不了城市，乡村成为他们的精神慰藉，返乡成为他们的心理诉求。对城市的渴望和不被接受，对乡村的眷恋和不能接受成为农民工的典型心态，他们人生的意义只能是不断的逃离，在"城市—乡村—城市"的场域不断循环，形成"离去—归来—再离去"的返乡模式。

二 无处皈依的灵魂

农民工在城市陷入身份的尴尬，城市生活的艰难使他们对乡村充满憧憬与渴望，乡村成为他们的精神寄托。返乡之后，乡村的现实与他们想象之间的巨大差距造成了强烈的心理反差，对故乡的凝视和失望使其陷入心理的焦虑。其实，这种反差很大程度上并不是因为故乡的变化，而是因为他们的观察视角或者说观察者的标准发生了变化。离乡之前，生活于乡村的环境，他们对乡村的一切司空见惯；进城之后，城市的生活环境不但使他们的思想发生了变化，而且因为遭受的种种磨难和屈辱使他们在回忆中将故乡理想化，理想和现实的巨大反差加剧了他们对故乡的失望。大宝在城市打工的时候想象着家乡的温情，甚至不惜付出几个月工资的代价艰难地回到家乡，但故乡的贫困和鄙陋却对他的返乡做了一个完全的否定，也迫使他再次逃离。"在空间上返回农村往往会强化他们的被剥夺感。土房子、水牛和肮脏的厕所都提醒他们农村的落后并促使他们离开。同时，城里的商场和霓虹灯又使他们意识到他们被排除在这充满活力和繁荣的地方之外。"① 但是，大宝毕竟是农民的儿子，对乡村有着深厚的感情，当这种感情遭遇现实的时候，也不过证明了它的脆弱和虚幻。大宝的逃离与其说是对故乡的不能接受，不如说是对自己农民身份的拒绝。返乡之后，无论农民工现实的身份还是其所在的场域都是农民的典型特征，对农民身份的拒绝无疑暗示着他们对城市价值的认同，显示出他们身上的现代意识。现代意识与农民身份矛盾统一于他们身上，使他们对自己的身份产生了一种内在的焦虑。"身份的焦虑是我们对自己在世界中地位的担忧。"② 对于返乡者来说，身份的担忧是对自己可能会被乡村环境同化的内在恐惧，其间不可避免地隐含着对曾经的乡村生活经历的后怕。返乡之后，他们无论从心理上还是生活态度上都表现出对乡村环境的排斥，这种排斥不是对自己不被乡村认同的担忧，而是对被乡村同化的忧虑，其中，内含着他们对理想故乡的期望以及乡村伦理的反思。

实际上，返乡者对故乡的审视在批判乡村传统的同时也暗含着对现代文明的批判。他们在城市所受的磨难和城乡文化差异带

---

① ［爱尔兰］墨菲：《农民工改变中国农村》，黄涛、王静译，浙江人民出版社2009 年版，第 202—203 页。

② ［英］阿兰·德波顿：《身份的焦虑》，陈广兴、南治国译，上海译文出版社2007 年版，序言。

来的精神折磨乃至不被城市接受甚至遭遇的歧视和屈辱，使他们将乡村当作理想的王国，并以此求得心理的慰藉。项小米的《二的》中，小白在城市做保姆的时候经常想着童年的家乡的画面，"童年记忆的乡土，最是一片毫无异己感、威胁感的令人心神宁适的土地，也是人类不懈地寻找的那片土地"。① 对童年的记忆正是对无忧无虑生活的向往，小白的记忆显然将乡村理想化了，或者说通过回忆表现出对理想乡村的向往，其目的还是以对乡村的美好记忆表达对城市文明的不满和批判。农民工返乡后，乡村伦理在他们的审视下表现出固有的贫穷、愚昧和落后，又对他们的返乡做出了否定。这样，农民工返乡就蕴含了对现代文明与乡村伦理的双重批判。有人在论述鲁迅《故乡》中"我"的返乡和出走认为，"回乡的叙事者目睹和经历了故乡的总体悲凉后的离开和诀别，就代表着对故乡及故乡一切的现实否定和整体批判，当然，在表达了对故乡现状和导致现状的'历史'的不满与否定之后，叙事者也表达了对新的故乡和新的人生的朦胧希望"。② 与五四时期相比，虽然时代不同，但返乡者的遭遇以及寄予的理想并没有发生根本的变化，只不过《故乡》中"我"作为叙事者表达的是知识分子的一种启蒙意识，而新时期农民工的返乡则是从农村内部对乡村现状与价值观念进行批判和反思，这种批判和反思由具有一定现代意识的农民发出更具穿透力，也更能显示他们对现代文明的渴望，但他们对现代文明的渴望又无疑是对其在城市

---

① 赵园：《地之子》，北京大学出版社1993年版，第16页。
② 逢增玉：《启蒙主义与民族主义的诉求及其悖论》，《文艺研究》2009年第8期。

种种遭遇的否定，也就是说，在他们对乡村伦理的拒绝中蕴含着对曾经否定的现代文明的肯定。这无疑是一个悖论：在城市批判现代文明并虚构理想的乡村，返乡后又否定乡村而肯定城市，双重的否定与肯定使他们的追求失去了意义，从而落入了一个不断循环的怪圈。"鲁迅小说中存在的两个乡村世界，构成着鲁迅小说文本的外显与潜在的双重结构，并由此反映和代表着不同的功能与价值，实质上对外显的启蒙叙事构成了深层的'反启蒙'叙事。"① 如果说《故乡》中两个乡村世界的对比最终构成了深层的反启蒙叙事，那么新时期农民工返乡叙事中的城市与农村则是对"前现代"和"现代"生存境遇的双重否定，最终唤起的是我们对乡村、城市乃至人性的反思。

三　城乡一体化的信使

毋庸置疑，农民工返乡强化了他们的边缘人身份，但也正是他们的返乡改变了农村的现状并潜移默化地影响着乡村的价值观念，从而促进了农民的现代嬗变和乡村的现代化进程。

萨义德认为，"每一种文化的发展和维护都需要一种与其相异质并且与其相竞争的另一个自我（alter ego）的存在。自我身份的建构……牵涉到与自己相反的'他者'身份的建构，而且总是牵涉到与'我们'不同的特质的不断阐释和再阐释。每一时代和社会都重新创造自己的'他者'。因此，自我身份或'他者身

---

① 逢增玉：《启蒙主义与民族主义的诉求及其悖论》，《文艺研究》2009 年第8 期。

份'绝非静止的东西，而在很大程度上是一种人为建构的历史、社会、学术和政治过程，就像是牵涉到各个社会的不同个体和机构的竞赛"。① 尽管返乡者的社会身份依旧是农民，也得到了传统农民的认可，但其心理已经具有了"他者"的特质，与传统农民的差异使他们对乡村的影响成为可能。胡学文的《淋湿的翅膀》中，马新喜欢艾叶，但是艾叶的母亲赵美红看不上他，因此，当马新追求艾叶的时候遭到赵美红的诬陷被关进了派出所。也正因为这种经历，马新有机会进入了城市。从城市回乡之后，马新带领村民和造纸厂打官司。赵美红看到马新的条件发生了变化，尤其是有可能给自己带来发财的机会的时候，对马新的态度发生了明显的改变，她不仅将其视为座上宾，还自愿充当马新和造纸厂"交火"的先锋。艾叶也对马新产生了依赖，甚至要求马新将自己带走。进城的经历改变了马新在村民中的地位，也使其对乡村产生了影响。贾平凹的《阿吉》中，阿鸡追求圆圆被拒绝后选择了进城，进城之后，阿鸡处处向城市靠拢，名字也改为阿吉。返乡后，村民因为阿吉的改名对其另眼相看。"阿鸡改名为阿吉了，这消息很快就在村里传开来，能改了名字，肯定是在城里做了大事。园园甚至听到议论，说是阿吉在一家公司里当了什么主管，皮鞋西服那是上班的工作服，一月发一次，常陪客户去歌舞厅，耍的是白脸长身的小姐，还泡过俄罗斯来的姐儿，园园就惊慌了。"② 曾经看不起阿吉的园园主动接近阿吉。城市赋予阿吉神秘

---

① ［美］爱德华·W. 萨义德：《东方学》，王宇根译，生活·读书·新知三联书店1999年版，第426—427页。

② 贾平凹：《阿吉》，《人民文学》2001年第7期。

的色彩，阿吉在村上的地位由此发生了变化。由于城乡之间的差别，农民往往将城市理想化，城市也由此成为农民的想象。相对于贫穷、落后的农村，城市在农民眼里无疑代表着身份和"权力"，只不过这种"权力"不是强权的约束而是现代文明的魅力和城市生活的诱惑，也意味着改变命运的可能。"总的来说，涉足城市劳动力市场改善了农村的状况，在开阔视野的同时，为更多的农村人口追求其目标提供了一条路径。"① 现代化本质上是人的现代化，随着更多的农民进入城市接受现代文明的熏陶，他们的思维方式、价值观念等必定会表现出不同于传统农民的特质，从而显示出他们的现代意识。

故乡的愚昧、贫穷和落后使返乡者与乡村拉开了心理上的距离，感情上的依恋与理智上的排斥成为他们的内在矛盾。当他们因为各种原因不再进城的时候，改变乡村成为他们的选择。受现代文明熏染，他们的思想价值观念具有了现代文明的特质，尤其是城市打工的经历开阔了他们的视野，一些人还学到了技术、积累了经验，客观上为他们改变乡村提供了条件。《湖光山色》中，为了照顾父母，暖暖辞掉了城市的工作，回到家乡。村主任的弟弟詹石梯看上了暖暖，叫人提亲，暖暖的父亲羡慕村主任的权势想答应这门婚事，可暖暖先斩后奏——嫁给了旷开田。婚后，暖暖和旷开田在楚长城遗址上看到了商机，利用楚长城的资源逐步发展旅游，取得了事业的成功。后来，旷开

---

① ［爱尔兰］墨菲：《农民工改变中国农村》，黄涛、王静译，浙江人民出版社2009 年版，第 213 页。

田又与薛传薪合作开办度假村，楚王庄的面貌逐渐改变，显示出越来越多的城市的影子。因为在外打工的经历，暖暖开阔了眼界，具有了个性意识，所以才敢于挑战村主任的权威追求自己的爱情，并抓住楚长城的商机成为成功的创业者。尽管暖暖在城市只是一个不起眼的打工妹，从事的也是底层的工作，但在城市的所见所闻开阔了她的眼界，使其具有了一定的自主意识、法律意识乃至经济头脑，或者说体现出现代意识。可以说，正是城市的经历铸成了暖暖成功的品格。"一些返乡者由于疾病或家庭债务被迫返乡，但打工经历在他们心中烙上了新的价值观和另一种生活方式，使他们形成了一些与农村生活不相适应的目标。同时，被迫返乡往往是因为无力在城市实现生活目标，他们因此感到沮丧。但这并非全无裨益，城市生活经历激励了一些返乡者挑战那些令他们感到压抑的价值观念和伦理秩序。"① 墨菲的论述显然基于农民工的特殊情况，即那些被迫返乡者。暖暖因为母亲病重回乡有一定的强迫性，印证了墨菲的理论，但对于更大多数的返乡者来说，由于在城市积累了一定的资本，他们的思想具有了现代文明的特质，对乡村的改造也就更具主动性。关仁山的《九月还乡》中，九月在城市挣了钱之后回到家乡，为了家乡的利益再次付出身体的代价换回被荒废的土地，并从土地上涅槃重生。杨双根卖铁轨被公安局拘留，九月也是寻求法律的援助。如果说九月对杨双根的法律援助只

---

① ［爱尔兰］墨菲：《农民工改变中国农村》，黄涛、王静译，浙江人民出版社2009年版，第187页。

是表现出法律意识，并不能显示农民工与农民的明显差别，那么，关仁山的另一篇小说《天高地厚》则凸显出返乡农民工的现代意识。梁双牙参与贩卖假种子被拘留，返乡农民工鲍真寻求法律援助使其获释。另外，贾平凹《高老庄》中的苏红、吴玄《发廊》中的方圆等农民也都是因为进城改变了命运并进而影响了乡村，显示出农民工在城乡之间的流动对乡村的影响和对乡村现代化的促进作用。

大多数的返乡农民工不甘于在土地上劳作，利用自己在城市聚集的资源寻求新的发展机遇。他们的发展不仅为个人积累了财富，也为村民提供了致富的可能，并作为乡村的"他者"影响改变着乡村固有的生产和生活方式。文学特定的审美功能使农民工的返乡叙事更具人性内涵，"文学的主要意义不是再现历史景观，而是诉诸美感，触动我们的经验结构，改写经验内部的文化密码——从改变主体到改变历史。尽管是否存在一种普遍的'国民性'是一个有争议的问题，但是，改造'国民性'这种命题肯定比改造社会历史更适合于文学"。[①] 也正因为更适合对人、对人性的阐释，文学具有了超越社会性的功能。也就是说，文学比社会历史更适宜对人和人性的揭示和改造，也更能表现他们生活的变化和思想价值观念的嬗变。《高老庄》中，高老庄大批村民到苏红的地板厂做工获得了稳定的经济来源；同时，围绕地板厂形成一个具有一定规模的消费市场，为高老庄人的生活提供了便利。稳定的经济来源和消费市场促进了高老庄的经济发展，也影响村

---

① 南帆：《五种形象》，复旦大学出版社2007年版，第159页。

民的价值观念。"值得注意的一点是，如果在城市受雇佣，绝大多数农民工的存款和技术并不会改变他们的社会边缘地位；但是只要回到家乡，这些资源会以切实的方式令农民工返乡企业家的社会经济地位得到提高——例如，建成一所新房子和开办一家小企业。"① 在返乡农民工创业的过程中，地方政府为了地方经济发展也往往会出台一系列的措施对其进行鼓励，包括政策上的扶植和建立"孵化器组织"等，从而使返乡者的经济探索更容易成功。也正是返乡者的探索使乡村固有的生产方式和价值观念发生了改变，促进了农民意识的现代嬗变，但这只是一个方面，问题的另一个方面则是，在返乡农民工促进农村经济发展和乡村现代化的同时也暴露出乡村发展过程中存在的问题，《高老庄》以诗意的形式对此进行了阐释：地板厂对木材的需求使高老庄的森林日益减少，村民受利益驱动偷偷砍伐保护林区，甚至老太太也亲自上阵。当森林被砍伐殆尽之时，高老庄就是《亲爱的深圳》中张曼丽所描述的千疮百孔的农村，诗意的大地将彻底消失。另外，《湖光山色》中暖暖回乡办度假村带来的乡村伦理的沦丧，《花落水流红》中小簸箕引发的桃花冲女人的卖身潮等，都显示出农村现代化进程中纷繁芜杂的景象，呈现出农民现代嬗变的艰难。

---

① ［爱尔兰］墨菲：《农民工改变中国农村》，黄涛、王静译，浙江人民出版社2009 年版，第 161 页。

小　结

　　进入新时期之后，随着包产的推行和农民与土地关系的变化，农民逐渐恢复了他们的传统身份，从集体制下的社员转变为包产制下的家庭成员。包产之后，农民的生产积极性大大提高，农村经济迅速发展，农民生活水平显著提升。随着城乡交流的日益频繁，现代文明逐渐向农村渗透，农民的价值观念受到剧烈冲击。在现代文明的影响下，农民表现出越来越强烈的个性意识和理性思维，传统家庭观念遭遇危机，现代的核心家庭逐渐取代了传统的主干家庭，家庭户成为孕育个性意识的蝉蜕。随着改革重心向城市的转移以及城市化建设的需要，千千万万的农民离开土地进入城市，农民工成为他们的特定身份。农民工半工半农、亦工亦农的身份既表明了他们的工作，又显示出他们的身份，农民身份和工人工作的矛盾统一于他们身上，使其陷入身份的尴尬和自我认同的焦虑。融入与拒绝的错位、身体与灵魂的分裂成为农民工在城市生存现状的典型特征。尴尬的身份和屈辱的地位使农民工产生了强烈地回家的渴望。返乡之后，他们对故乡的审视与想象中的故乡有了巨大的差距，尤其是他们与留守者之间的情感疏离更使其陷入心理的焦虑，他们再一次地出走也就成为必然。

"离去—归来—再离去"的返乡模式显示出农民工作为边缘人的身份特征。当返乡农民因为各种原因将故乡当作归宿，改变家乡贫困、落后的面貌就成为他们的梦想。因为进城的经历，返乡农民工具有了一定的现代思维和现代技术，甚至积累了一定的资金，也就有条件发展乡村经济，并影响改变着传统农民的价值观念。

新时期以来，农民与土地关系的变化使农民在极短的时间内经历了西方现代化进程中的种种体验。在对现代文明的追求中，农民在没有享受到现代化带来的福祉之时，先遭遇了现代化带来的种种苦痛，但他们进城和返乡的经历毕竟带来了价值观念的变化，尤其是返乡者与留守者的抵牾更显示出返乡农民工身上的现代因素，并从生活方式、价值观念等方面对留守者形成潜移默化的影响，从而促进了农民意识的现代转型，也推动了乡村的现代化进程。

第三章　伦理困惑：无处皈依的
失根之痛

　　李泽厚为了突出"内在人性与外在人文二者的区分、联系和复杂关系"①，对经常混用在一起的道德和伦理做了内外二分，将伦理界定为"外在社会对人的行为的规范和要求，从而通常指社会的秩序、制度、法制等等"②，将道德界定为"人的内在规范，即个体的行为、态度及其心理状态"③。也就是说，道德强调的是人的内在修养和自我约束能力，而伦理则是指外在规范，具有一定的强制性。本书使用的伦理意识，其含义也相当于李泽厚所谓的"伦理"，即强调的是社会规范对人的影响及其随着社会发展而不断变化的内涵，道德则是个人内在的行为规范。乡村伦理本身就是一个复杂的所指，传统伦理是乡村伦理的重

---

① 李泽厚：《伦理学纲要》，人民日报出版社 2010 年版，第 183 页。
② 同上书，第 102 页。
③ 同上。

要组成部分，但乡村伦理作为一个存在于特定空间的规范又具有随时代而变化的特征。传统伦理则由于存在于特定时间（古代社会尤其是封建社会）其内容表现出相对的稳定性，具有了李泽厚所说的道德意味。由于传统伦理是乡村伦理的重要组成部分，乡村伦理又往往被视为传统伦理，实际上二者存在着较大的差别。为了区别这几个概念，本书使用李泽厚所说的道德用以指个体的内在约束；乡村伦理指农民的日常生活伦理，而不是等同于传统伦理。

农民现代化的过程既是一个现代文明向乡村渗透的过程，也是农民通过各种方式接受现代文明的过程。当背负着沉重乡村伦理的农民遭遇现代文明的时候，必然引发乡村伦理与现代文明的冲突。在现代文明冲击下，乡村伦理功利性的一面与现代文明对欲望和个性自由的肯定接榫形成欲望化追求，恪守传统道德的一面则被挤压到狭窄的空间。作为维护人们行为规范的外在制约，伦理对农民的行为规范有着重要的意义，在现代化进程中，必须建构与农民发展程度相适应的伦理才能维持乡村正常的社会秩序并保证其良性发展。农民的现代伦理建构是以城市文明为目标的，城乡之间的交流为农民接受城市伦理提供了方便，城市伦理也多借助于现代文明的名义影响着农民的行为规范，乡村伦理逐渐被农民摒弃。在现代生活方式向农村推进过程中，城市文明不断侵蚀、瓦解着乡村伦理，乡村伦理面临着崩溃的命运。城市伦理在维护现代生活的正常秩序、促进个性意识的解放等方面确实有着不容低估的进步意义，但同时，其以理性为基础的行为规范也产生了人际关系的冷漠和道德滑坡等不良影响，从而使习惯了乡村人情的农民陷入了伦理的困惑。这也是知识分子的困惑。对乡村伦理和城市伦理的双重困惑使知识分子陷入迷茫，他们只能通过想象重建伦理的故乡。

第一节 乡村伦理的失根

以儒家思想为核心的传统伦理是乡村伦理的重要组成部分，传统伦理在提倡"克己复礼"的同时并不排斥对享乐的需求，再加上农民在长期生产生活中形成的务实思想，使乡村伦理具有了陈思和等所谓的"民间"的复杂与暧昧。"文化大革命"结束以后，随着政治上的拨乱反正，政治伦理逐渐从乡村隐退，乡村伦理以固有的人情在对极"左"政治的控诉中显示出价值并逐渐复苏。乡村经济的发展和现代文明的渗透使乡村伦理遭遇了剧烈冲击，现代文明借助现代生活方式使乡村伦理逐渐偏离了正常发展的轨道而汇入欲望化的洪流，最终导致乡村伦理在乡村城市化进程中全面崩溃。

一 乡村伦理的复苏

在长久的历史发展中，以儒家思想为核心的乡村伦理一直在乡村占据着支配地位，并调节、规范着农民日常的思想和行为。传统伦理是乡村伦理的核心部分，甚至因为乡村伦理对传统伦理的继承往往使人对二者产生混淆。实际上，二者存在着较大的差别。传统伦理是以儒家思想为核心的，强调个人修养是其根本特征，也有着较强的稳定性。乡村伦理以传统伦理为基础，但由于农民生活的环境，乡村伦理又成为特定地域、特定人群适用的规范，特别是由于生活的不断变化和农民的实用心理，乡村伦理的内涵不断随着社会的发展而变化，显示出与时俱进的特征。历史上，传统伦理一直占据着支配地位，并借助封建统治确立了在乡村的统治地位，但其在向乡村渗透的过程中也由于农民的务实被改造，从而具有了复杂的内涵。有论者将以农民为主要适用对象的传统伦理称为"世俗化的儒家伦理"，大体相当于本文所称的乡村伦理。"所谓世俗化的儒家伦理，是指经由数千年的文化传统潜移默化所形成的、体现在愚夫愚妇的生活之中、属于'百姓日用而不知'的范畴，作为某种习俗、心态、心理定势、情感意向在发挥作用的行为规范，例如人们经常提到的勤劳、俭约、忍耐、节制、守信、忠诚以及敬业乐群、遵纪守法、奉献精神，等等。"① 这也说明了传统伦理与乡村伦理的差别及内在联系。传统伦理依赖个人的内在约束维持着人际关系，但其对人的自然欲望的压抑也不断遭到质疑甚至批判，西学东渐特别是"五四"以来，更是在反封建、反传统的斗争中被作为"余毒"不断遭遇清扫。不过也应该看到，那时的反封建主要是一种知识分子话语，与老百姓尤其是农民的生活相离甚远，就如鲁迅笔下的"革命"

① 郑家栋：《断裂中的传统：信念与理性之间》，中国社会科学出版社 2001 年版，第 21 页。

也不过是换换县太爷而已。在普通农民的生活中，传统伦理依然发挥着重要作用，但经过了农民的改造，具有了实用性的特征，或者说，在农民的生活中，传统伦理虽然是乡村伦理的内核，但乡村伦理的内涵要丰富得多。中国共产党领导的新民主主义革命特别是人民民主专政政权的建立对农民的思想形成剧烈冲击。新民主主义革命是以马克思主义为指导的，"马克思主义的实践性和革命性，在中国现代的特定环境下，在中国传统的文化心理渗入下，具有了这样一种单纯和直接的实用特征"①。也因此，以农民为主力军的新民主主义革命也就将乡村伦理纳入了政治话语使其成为政治伦理的一部分并具有了新的内涵。"公私义利之辨，天理人欲之分，本是中国传统的文化心理，如今这一套以无产阶级革命意识和共产主义崇高理想而出现，便似乎成了最新最革命也最中国化的东西。"② 无产阶级革命虽然征用了民间资源，但在社会生活中却因为革命话语的张扬而遮蔽了传统伦理，同时，由于无产阶级革命思想的传播，乡村伦理也吸纳了无产阶级的政治伦理，显示出与时俱进的特征。随着"文化大革命"的结束和政治伦理在农村的逐渐隐退，乡村伦理逐渐复苏，虽然由于政治影响而吸纳了政治性的内容，但实用性依然是其明显的特征。

特定的时代背景使这一时期的文学创作呈现出与时代同步的特征。知识分子的政治思维使文学呼应了政治形势的变化，以对原有政策的批判达到肯定"现在"的目的，表现出强烈的政治

---

① 李泽厚：《中国现代思想史论》，天津社会科学院出版社 2003 年版，第 149 页。
② 同上书，第 192 页。

性，"新时期文学的进步是和时代政治的转折进步密切联系在一起的"①。包产叙事不仅以肯定包产政策呼应了时代变革，解构了集体制时期的政治伦理，为乡村伦理的复苏创造了条件；而且由于对农民日常生活的重视显示出乡村伦理在农民生活中的顽强存在。高晓声的《极其简单的故事》中，陈产丙对那些挂牌游街者的高收入很是羡慕，当陈宝宝许诺给他50块钱的时候，他心甘情愿地去游街："说话算数。老子只要五十块，甘心一直挂牌不改行，给我皇帝也不做！"② 对陈产丙来说，现实利益永远是第一位的。实用性支配着农民的思维，正如韦伯所说："在中国，由于有肯定现世的功利主义以及相信财富乃是全面实现道德完善的普遍手段这种伦理价值，加之有稠密的人口，因而发展出一种世上罕有的'精打细算'与知足的心态。"③ 有论者将中国文化分为"大传统"与"小传统"，乡村伦理显然是一种"小传统"，虽然"大传统"在大多数时间占据着统治地位，但"小传统"始终顽强地存在着。进入新时期之后，当占据统治地位的政治伦理失去权力的保护只能以教化的方式产生影响的时候，乡村伦理的复苏也就成为可能。

乡村伦理的复苏与包产制的推行密不可分。包产是以家庭为单位进行的，农民的日常生活是乡村伦理的存在之所，包产叙事以农民家庭生活反映时代变化必然将农民的日常生活纳入叙事范

---

① 朱栋霖、丁帆、朱晓进等编著：《中国现代文学史》（下册），高等教育出版社1999年版，第72页。

② 高晓声：《极其简单的故事》，《收获》1981年第2期。

③ ［德］马克斯·韦伯：《儒教与道教》，洪天富译，江苏人民出版社2005年版，第192页。

畴，从而使包产叙事在自觉为政治服务的同时对政治伦理形成了解构。郑九蝉的《能媳妇》中，"能媳妇"是一个典型的"铁姑娘"，从其性格、干劲到对乡村习俗的反叛都可以看到"铁姑娘"的影子，但作品并没有将社会这一公共空间作为其性格展示的舞台，而是选择了更为私人化的家庭生活。这种叙事策略由于浓厚的家庭生活气息在一定程度上冲淡了政治氛围，以家庭邻里关系显示出乡村伦理的存在。特别是作品第一人称"我"——"能媳妇"的丈夫的叙事视角，更使"能媳妇"性格的展示具有了私密的性质，也就更具人情味儿。因为突出家庭生活，"能媳妇"的社会生活被置于幕后，家庭生活取代政治生活成为叙事的重点，从而使以教谕、规训为主的政治伦理被以人情为主的世俗伦理所遮蔽，世俗生活透过政治伦理显示出蓬勃的生命力。其他一些包产叙事作品也存在类似的情况：段荃法的《杨老固事略》(《花城》1981年第6期)，杨老固的僵化思想主要通过家庭生活来表现，老伴、女儿与杨老固的"斗争"反映出时代的变化；梁兴晨的《借东风》(《人民文学》1984年第2期)，小诸葛利用红卫兵化解革命运动等显示出乡村伦理对政治伦理的解构。综观那一时期的文学创作，类似情况不胜枚举，也从另一个方面显示出乡村伦理的复苏。

二 乡村伦理的发展

集体制时期，以集体主义为核心的政治伦理虽然占据着支配地位，但由于农业文明的影响特别是封建礼教的根深蒂固，农民依然处于愚昧之中。封建伦理对人性的压抑与集体主义精神相契合，使个人性的"小我"消融于集体性的"大我"之中，造成了个人主体性的丧失，也为"家长制"的存在提供了条件。虽然"文化大革命"打着反封建的旗号，但封建主义却在反封建的名义下占据了支配地位。"'文化大革命'产生的原因，纵有千条万条，但根本一条是：封建主义意识的一次恶性爆发。林彪、'四人帮'的精神支柱是封建主义。揭穿了，'文化大革命'是封建主义的产物。宗教式的个人迷信，贫困的平均主义，扼杀个性、蔑视人格等，无一不显示了封建主义的特征。"① 李泽厚也认为："'政治挂帅'和道德至上使植根于小生产、保护小生产的封建政治和封建道德，披着新装上市。正是在这种思想基础和现实基础上，发生了'文化大革命'。"② 由此可见，"文化大革命"的发生受到了传统思想的影响，民粹主义思想使乡村伦理以各种形式显示出存在。社会学者就认为，集体制时期，尽管村落文化遭遇了剧烈冲击，但仍然或隐或显地存在着，"不少村庄的案例都表明，即使在这种情况下，也从未真正形成过'全国性单一文化'，村落文化的深层结构并未被彻底破坏，而是以隐蔽的、畸形的方式存在着"③。"文化大革命"结束之后，由于缺少了政治伦理的压制，乡村伦理显示出蓬勃的生命力。政治上的拨乱反正需要文学为其提供强大的舆论支持，乡村伦理成为批判"极左"政治的工具，显示出与时代同步的倾向。乡村伦理在对"极左"时期的

---

① 曹文轩：《中国八十年代文学现象研究》，北京大学出版社1988年版，第26页。

② 李泽厚：《中国现代思想史论》，天津社会科学院出版社2003年版，第187页。

③ 胡杨：《精英与资本》，中国社会科学出版社2009年版，第236页。

政治伦理形成解构的同时也压抑了正常的人性，封建思想也因此仍然占据着支配地位。随着经济的发展和现代文明的渗透，农民的个性意识逐渐觉醒，但由于村落文化的存在，乡村伦理并未发生根本的变化，传统思想依旧占据着统治地位，或者说传统思想成为乡村伦理的主要内容。在此情况下，农民的个性意识不可避免地与乡村伦理发生了冲突，他们的抗争也因此具有了反封建的内涵。在强大的乡村伦理面前，个性意识显示出脆弱，但他们的抗争毕竟显示出农民个性意识的觉醒，个性意识虽遭受压制仍对乡村伦理产生影响，从而使乡村伦理不断容纳、吸收现代文明的因素而显示出与时俱进的特征。叶蔚林的《五个女子和一条绳》中，五个乡村少女虽然每个人面对的情况不同，但都是由于不堪忍受封建礼教的束缚选择了用同一条绳子结束自己年轻的生命。对她们来说，周围人尤其是亲人的遭遇使她们彻底失望，自杀不过是自我解脱的方式。也就是说，她们从同龄人身上看到了乡村的愚昧、感受到了封建礼教的压抑，她们看不到未来和希望，只能以自杀的方式表达对现实的抗议。其实，她们以生命抗议封建礼教的束缚本身就已经蕴含了追求个性解放的因子，她们的自杀正是个性自由追求遇阻之后采取的极端行为。作品在批判封建礼教的同时显示出农民个性意识的初步觉醒。

综观80年代文学甚至整个新时期的文学，反封建是一个基本的主题。究其原因，一方面是因为几千年的封建传统使封建思想已经渗入农民的意识深处，农民现代化内在地要求荡除阻碍社会发展的封建意识；另一方面则源于对"文化大革命"的反思，"文化大革命"的破坏使作家产生了这样一种认识："两千多年形成的封建意识，已渗透进了全民族的血液，积淀在人的灵魂里，已成为民族性格、个人人格的一部分。这种沉重的负荷，妨碍了中国社会前进的脚步。认识到封建主义意识的严重性，这是动乱后的中国的一个最深刻的反省。"① 在反封建过程中，农民为争取个人的经济利益或者个性自由而与传统思想产生剧烈的冲突，显示出其现代意识的觉醒。余正荣的《屋场》中，龙兴贵经过乡里批准，将曾是龙姓家族的祠堂场地作为宅基地盖房子，龙兴贵的做法遭到了龙氏家族的集体反对——他们认为龙兴贵的房子压住了龙氏家族的风水。但由于龙兴贵有宅基地使用证，也就是说得到了上级主管部门的批准，龙氏家族成员找不出正当的理由，只能以冷漠的态度给龙兴贵一家施加压力：在龙兴贵盖房子的时候他们不来帮忙，龙兴贵为了缓和关系请村民看电影也遭到了他们的集体抵制。"屋场"作为龙氏家族的"命脉"显然是封建的象征，龙兴贵不顾龙氏家族的集体反对坚持盖房显然具有反封建的意味。封建意识与反封建意识的冲撞使龙氏家族内部的冲突具有了时代命题的意义，在二者的冲突中，反封建意识代表了历史发展的潮流。龙兴贵和龙氏家族的冲突因为地委马书记的来访出现了转机——龙兴贵通过养鱼致富引起了马书记的注意，马书记专门到龙家冲调研，他不仅肯定了龙兴贵养鱼致富的行为，还和龙兴贵合了影。马书记对龙兴贵的肯定使龙氏家族的立场发生了变化，他们认为龙兴贵为龙家争得了荣誉而主动化解了与龙兴贵的

---

① 曹文轩：《中国八十年代文学现象研究》，北京大学出版社 1988 年版，第 26 页。

矛盾。在龙氏家族弥合内部的冲突中，马书记的作用至关重要，地委书记的身份使其与龙兴贵的合影成为龙氏家族的荣耀；而龙兴贵之所以引起马书记的注意，就是因为他养鱼发了家。这也从侧面反映出乡村经济发展在反封建过程中的作用。

三　乡村伦理的变异

包产制打破了集体制下平均分配的"大锅饭"现象，承认了家庭对剩余价值的支配权，为农民追逐利益创造了条件。随着商品经济的发展和现代文明意识的渗透，对金钱和利益的追求成为农民的普遍心理，这对以人情为基础的乡村伦理不能不说是一个残酷的打击。也正因为欲望化的追求，乡村伦理功利性的一面得以张扬，并与现代文明对欲望的追逐接榫形成了对欲望的疯狂追逐。当对欲望的追逐在农民的生活中占据了支配地位的时候，乡村伦理也就发生了变异。应该说，农民对财富的追求无可厚非，财富本身就是现代化的主要内容之一，对财富的追求在一定意义上也是农民迈向现代文明的手段，但由于功利性的思想，农民对金钱和财富的追求往往陷入误区，他们也往往因此成为欲望的奴隶。

王润滋的《鲁班的子孙》在当时是一篇颇有争议的作品，争议集中在小木匠对木匠铺的经营上。小木匠黄秀川外出回乡之后办起了木匠铺，他使用先进的生产工具、讲求交换原则取得了不错的经济效益。从这点看，小木匠无疑体现出农民对现代文明的追求。同时，在他身上也存在着自私自利的思想，比如采用不当手段获取木料，把生活困难的富宽拒之于外，乃至为牟取利益偷工减料等，又显示出与现代经济相悖的一面，这也使其成为一个复杂的矛盾体而不是吃螃蟹的改革者。"显而易见，小木匠是一个充满矛盾、性格复杂的形象。在小木匠的身上，这种新和旧、善与恶、纯洁与自私等矛盾着的因素并不是水火不相容的，而是互相交织在一起的，是对立的统一"①。小木匠的生产方式和经营方式具有现代企业经营的成分，但在经营过程中，他又违背了商业信誉，尤其是偷工减料更是违背了乡村伦理。说到底，他的追求是以金钱或者说利益为旨归的，在他的经营中缺乏一种信任的品质。吉登斯认为，信任是现代性的特征之一，"信任要想有效，就必须是相互的——它绝不是建立在盲目信任的基础上"②。据此看，小木匠的经营虽然具有了现代特征，但与现代社会对经营的要求还有着较大的差距，小木匠的经营毋宁说是基于乡村伦理的利益追求，其经营理念不过是乡村伦理在乡村现代化进程中的裂变。正如作家所说："中国农民经过几千年的长途跋涉才走到今天，让他们在一天之内就向昨天告别，那是很难做到的。以为经过一次变革就可以造出全新的人来，那也是不切实际的。……多么先进的人物，都不可能脱离开我们脚下这块现实的土地而天马行空。"③ 小木匠的经营显示出乡村伦理在现代文明影响下发展与变异的可能。正因为有着沉重的封建积垢，农民往往在利益的诱

① 墨铸：《新时期农村变革中的"畸形怪物"》，《山东文学》1984 年第 10 期。
② ［英］吉登斯、皮尔森：《现代性：吉登斯访谈录》，尹宏毅译，新华出版社 2000 年版，第 84 页。
③ 王润滋：《从〈鲁班的子孙〉谈起》，《山东文学》1984 年第 11 期。

惑下丧失了信誉而不能按照市场经济原则做事。李准的《瓜棚风月》中，丁云鹤和辛庄瓜农签订合同，他负责提供西瓜种子和技术服务并保证产量，作为回报，西瓜丰收后丁云鹤提取瓜农20%的利润。但西瓜丰收之后，面对大把钞票，辛庄人开始反悔了。张米贵提出给丁云鹤10%的提成的建议使村民陷入了矛盾，"张米贵这个百分之十的决定，给他们带来了实际利益。每家至少要少给丁云鹤出一百多块钱！但是这一百多块钱，给他们带来的并不完全是占了点便宜后那种愉快。他们感觉到出卖了自己的诺言，出卖了自己的信义，出卖了长期以来他们引以为豪的道德观念。"① 但金钱战胜了道德，他们最终选择了利益。农民的道德在利益面前显示出脆弱，也意味着乡村伦理在物欲冲击下有着变异的可能。

正因为物欲的冲击，理性算计逐渐成为农民人际交往的标尺，利益成为他们追逐的目标。"联产承包责任制的实施和人民公社的解体，瓦解了农村权力运作基础的社会组织网络。尤其重要的是，中国是没有宗教传统的国家，在市场经济的冲击下，农村旧的价值体系和道德观念正在解体，新的价值体系和道德观念还没有建立起来。农民之间的关系很快便暴露在赤裸裸的经济利益的理性算计之中"② 。乡村经济的发展为贫困农民获取物质利益提供了条件，逐渐苏醒的市场经济意识使他们对财富的看法有了明显的改变：财富再也不是罪恶的象征，而是身份

① 李准：《瓜棚风月》，《人民文学》1985年第2期。
② 贺雪峰：《新乡土中国》，广西师范大学出版社2003年版，第54页。

和地位的标识，物质利益不仅是他们生存的需要，也成为他们炫耀的资本。"小农是小生产者，他们天生有占有财富、获取财富的心理。而且，财富拥有的多少往往是农村家庭是否获得尊敬的重要标准，也是农村社区评价一个人能力大小的重要尺度，这也就强化了农民敛财的心理。"① 随着社会的发展，经济在社会生活中的作用日益突出，在农民追求现代文明的过程中，物质蕴含的现代文明因素更使他们对利益和金钱的追求披上了合法的外衣，欲壑成为他们疯狂追求的目标。最终，物欲的膨胀使他们的追求偏离了正常的轨道而导致了道德的沦丧。陈应松的《马嘶岭血案》（《人民文学》2004 年第 3 期）中，"我"和九财叔跟随勘探队干活，但在和勘探队员们的对比中，"我"和九财叔凸显出贫穷和落后，付出与所得的巨大差距使"我"和九财叔心理失衡，最终铤而走险杀死了勘探队的人。之后，"我"和九财叔也互相残杀。金钱可以改变他们的生活，他们为了金钱跟随勘探队出卖力气，可他们也在金钱的诱惑下一步步变成了奴隶并最终丢掉了性命。"这是个'嫌贫爱富'的年代。当商品经济这张看不见的手控制了社会机体，穷怕了的中国人终于意识到金钱的可贵、可爱，同时领略了其可憎与可恶。"② 在金钱的诱惑下，他们不惜铤而走险，甚至残杀同类，人类残忍的一面暴露无遗。刘庆邦的《神木》中，宋金明将骗来的民工当作挣钱的工具，对他来说，"点子"不过是金钱的

---

① 袁银传：《小农意识与中国现代化》，武汉出版社 2008 年版，第 75—76 页。
② 编者：《看不见的手》，《人民文学》1994 年第 8 期。

另一种形式，是一个符号。对物欲的疯狂追求裸露出他们的人性之"恶"。作为一个外出打工的农民，很难说九财叔、宋金明受到现代文明多大的影响，他们对金钱的追求更多的是因为贫困的压迫，体现出的是乡村伦理的功利性追求甚至人类贪婪的本性，现代文明只不过为他们的追求提供了条件和机遇。据此看，一味将物欲追求中的道德沦丧视为现代文明的衍生品显然有失偏颇。"'营利''追求利得'、追求金钱以及尽可能聚集更多的钱财，就其本身而言，与资本主义完全无涉。""无止境的营利欲不等同于资本主义，更加不是其'精神'所在。"① 吊诡的是，在新时期反传统反封建的过程中，营利性经营甚至自私自利的思想被人们视为现代文明而公开追逐，乡村伦理的人情人性却被视为封建思想大加挞伐，乡村伦理与现代文明的界限发生了混淆，也为农民的理性算计提供了基础。同时，随着对外交往的日益频繁，农民对"家"的认识日趋理性，"家"不再是固定的居住地，而是可以根据需要流动的居住场所，乡村的"家"成为文化意义上的"归宿"。一旦对"家"的依赖减弱，地缘联系也就淡化，乡村伦理的人情以及道德舆论的约束随之弱化，农民对利益的追求更加无所忌惮。"善良敦厚、尊敬长者的传统农民消失了，代之以不孝子女和不肖子孙。村庄舆论压力没有了，谁也顾不上别人家的子女不孝，谁也没有时间听老人叙说他们的不幸，正是因为村民与村民之间的联系被

---

① ［德］马克斯·韦伯：《新教伦理与资本主义精神》，广西师范大学出版社2007年版，前言。

割断，村庄道德没有了结构上的支撑，村庄秩序因此变得愈加混乱。"① 随着乡村经济的发展和现代文明的渗透，农民的物质生活逐步改善，思想观念逐渐变异，乡村秩序遭遇剧烈冲击，当乡村秩序混乱了，也就意味着乡村伦理变异了。

四　乡村伦理的溃败

随着乡村城市化的迅速发展，现代文明以不可遏制之势侵入乡村。在乡村城市化进程中，现代文明借助现代生活方式在农村立足并与乡村伦理展开正面交锋。这与乡村外来者和乡村外出返乡者携带的现代文明有着明显的区别。离土返乡者是在城市接受了现代文明的熏染，因为乡村伦理的潜在影响，他们在接受现代文明的过程中已经对其进行了加工和改造；返乡后，虽然他们身上有着现代文明的因子但其影响已经被最大可能地降低。在这种情况下，现代文明只能通过他们渗入乡村伦理，从而产生影响。对乡村外来者来说，作为乡村的"他者"，他们往往为了适应乡村生活而被迫接受改造，他们携带的现代文明也往往被乡村伦理同化，或被纳入乡村秩序而成为乡村伦理的一部分。可见，在现代生活方式没有被农民接受之前，现代文明主要借助乡村伦理产生影响，其本身也往往面临着被乡村伦理同化和改造的命运。《人生》中，看到村民吃的井水太脏，高加林和刘巧珍买来了漂白粉撒到井里，但他们的行为却遭到村民的误解，村民们拒绝吃井水，还与高加林、刘巧珍发生了冲突。村长高明楼不仅为高加

---

① 贺雪峰：《新乡土中国》，广西师范大学出版社 2003 年版，第 5 页。

林辩护，还亲口喝了井水证明高加林做的是好事。在高明楼的教育下，村民接受了高加林的"卫生革命"。高加林的"卫生革命"显然是现代文明的象征，但当它进入乡村的时候并没有得到村民的认可，高明楼借助于村长的威信以及个人的影响力化解了矛盾。在此，我们不妨将高明楼看作乡村伦理的代表，"卫生革命"因为高明楼的干涉获得成功，正是乡村伦理吸收现代文明的寓言。

乡村城市化的发展使现代文明借助于现代生活方式大张旗鼓地进入乡村，并与乡村伦理发生正面的碰撞与冲突。在这种冲突中，溃败的显然是乡村伦理。以现代文明改造乡村伦理这个几代人为之奋斗的命题终于在乡村城市化进程中得以实现。清末以降，受外来思潮影响，对现代文明的吁求和对传统伦理的批判就被视为中国的发展之路，并在历次运动中形成了传统伦理即愚昧、封建和落后的心理定式，乡村伦理也因为对传统伦理的继承成为被改造的目标。"文化大革命"结束之后，对"文化大革命"的反思乃至对封建思想的清算更使传统伦理被置于否定的位置，现代文明则被赋予了代表时代发展方向的意义，从而更巩固了现代文明的"正确"地位。其实，在对现代文明的诉求中，人们更注重现代文明的物质诉求和文化内涵，其目的乃是富民强国，按照本尼迪克·特·安德森关于现代性的解释，他们现代性诉求的目标是建构独立自主的民族国家，但在后来的实践中，他们的诉求逐渐超越了独立的民族国家想象这一特定的维度而具有了普遍性的意义。就如哈贝马斯所说，"我们在使用西方世界观的时候，已经悄悄地给它添加了一种普遍性的要求"①。在人们对现代文明的诉求和接受中，虽然一直有着"拿来主义""洋为中用"等提法，但在实际操作过程中却由于现代化的焦虑而无意识地赋予现代文明普遍的合理性。也因此，当人们以现代文明为工具反对和清算传统伦理的时候，二者已经被人为地赋予了正与反、对与错的内在含义。在乡村城市化进程中，现代文明与乡村伦理的冲突是以生活方式、价值观念等更为直观的形式表现出来的，也就更带有本质的意义。肯定人的本能欲望和崇尚理性思维是现代文明的基础，传统伦理则有着内在的道德约束，因此，在现代文明与乡村伦理的碰撞与冲突中，现代文明往往因为缺乏道德的约束而显示出强大的吸引力。就如泰勒所说，现代文明的工具理性特征使其在产生之日起就由于片面性的发展而使道德被严重忽视，它承认的只是制度和契约的限制，在制度内对金钱和物欲的追求都被赋予了合理的意义，而道德则由于对工具理性的钳制被赋予了负面含义。这种少了道德羁绊的具有诱惑性的生活对习惯了道德约束而又有着强烈个人欲望需求的农民形成了剧烈的冲击，当他们恪守的乡村伦理与愚昧、封建等联系在一起的时候更使其赋予欲望化追求"反封建"的意义。尤其是，乡村伦理本身是并不排斥功利和享乐的，其约束也只是要求获利的"正当性"，而这种"正当性"的标准又往往是模糊的、弹性的。因此，对物欲和享乐的追求不仅是现代文明的内容，也是乡村伦理的内在要求，现代文明与乡村伦理在满足欲

---

① ［德］哈贝马斯：《交往行为理论》，曹卫东译，上海人民出版社 2004 年版，第 44 页。

望和追求享受方面有着惊人的一致，而现代文明则赋予其合理意义。也因此，当现代生活方式进入农村的时候，二者很快接榫并达成妥协，乡村伦理欲望的一面得以张扬，人情的一面则全面溃败。

有论者认为，在《秦腔》这部乡土叙事的终结之作中，"贾平凹是从清风镇的日常生活入手，一点点呈现出生活的变化，揭示出乡村中国传统的生活形式的改变，乡村生产方式和生产关系的改变，人们的行为方式和心态的改变"。① 由于是从日常生活入手呈现乡村生活的变化，现代文明与乡村伦理之间的冲突更为直观也更显真实。省道修通之后，清风街的农民自发到路边卖饭、做小生意，这显然是传统生活方式的合理发展，但也反映出商品意识已经自发产生并在清风街形成影响。农贸市场修成后，随着与外界联系的不断增加，现代生活方式尤其是消费方式进入清风街，外来人员的生活方式及其对享受的需求不但为村民商品意识的勃兴提供了基础，而且影响、改变了他们的价值观念。夏雨是清风街公认的传统文化的代表夏天智的儿子，但在金钱诱惑下也开起了酒店，并顺应客人的要求提供色情服务；夏天义的几个儿子争权夺利，不但悖逆了父一辈的和谐融洽，还互相算计；新一辈的农民典型、村主任夏君亭更是为了一己之利将竞争对手秦安置于死地。清风街到处弥漫着金钱和欲望的气息，而这一切又都披着现代文明的外衣。在现代文明的冲击和内部叛逆因素的双重

---

① 陈晓明：《本土、文化与阉割美学——评从〈废都〉到〈秦腔〉的贾平凹》，《当代作家评论》2006 年第 3 期。

打击下，乡村伦理逐渐衰退。无论是代表了老一辈的农民夏天义，还是代表了传统文化的秦腔，在时代发展面前都失去了存在的土壤而被历史大潮吞噬，秦腔的衰落更是预示着传统文化在市场经济大潮中的衰败命运。"不管现代以何种面目落实，人们都要面向现代而生活。传统不可挽回地随风飘散，他只好以一首深沉的挽歌来祭奠他的传统之心。因此，《秦腔》既是对传统的深切怀念，又是对传统之梦的彻底埋葬。"① 作家正是通过秦腔被遗弃的命运为传统文化唱了一曲挽歌，也为乡村伦理的衰亡奏了一曲哀乐。

在乡村城市化进程中，农民失去土地的同时其赖以生存和居住的村庄也被无情地吞噬。失去村庄这个共同的居住场所，农民被抛入了城市并被重新安置于城市的不同空间，"熟人社会"的地缘结构被彻底打破，维系乡村伦理的根基彻底坍塌。社会学者认为一旦村庄原子化，村庄对个人的约束就会减弱，由于缺乏宗教信仰的制约，村民就会根据利益选择自己的行动，追求利益也就成为必然。"一旦村庄原子化，村庄舆论不再起作用，村农就会依据自己的现实利益行动，而不再将他人放在眼里。没有邻里的舆论约束，没有宗教制度的信仰约束，构成人行动的唯一理由就变成赤裸裸的现实利益。"② 失去村庄的农民无疑被彻底原子化了，这为他们的行动提供了自由，也为他们的生活方式和价

---

① 傅异星：《在传统中浸润与挣扎——论贾平凹的小说》，《文学评论》2011 年第 1 期。

② 贺雪峰：《农民价值观的变迁及对乡村治理的影响》，李小云等：《乡村文化与新农村建设》，社会科学文献出版社 2008 年版，第 56—57 页。

值观念的变化提供了条件。"工业主义催生出来的现代大都市，却颠倒了农业乡村的主宰地位，它们使乡村成为社会的边缘并且依附于都市自身。都市不仅成为权力和经济的中心，而且还一步步地引导和吞噬乡村的生活方式。"① 随着乡村城市化的进行，农民被抛入了城市，乡村伦理失去了根基。在城市文明影响下，农民的生活方式和价值观念逐渐向城市文明转变，乡村伦理彻底溃败。

第二节 现代伦理的困惑

进城是农民现代化的主要途径之一。农民从乡村到城市的空间变化使其背负的乡村伦理与城市文明发生了碰撞与冲突。城市文明以现代城市生活为基础，理性和欲望是其典型特征；乡村伦理以农村生活为基础，具有浓厚的人情色彩。进城之后，农民的生活环境和生存状态都发生了巨大的变化，城市文明与乡村伦理的冲突也就成为必然。但二者的地位并不是对等的，贫穷的压迫和城市的诱惑决定了乡村伦理的脆弱和城市文明的侵略性，乡村伦理一方面在城市文明冲击下显示出必然崩溃的命运，另一方面也在城市文明的丑恶中显示出"善"的内核，

① 汪民安等编著：《现代性基本读本》，河南大学出版社 2005 年版，第 10 页。

证明着其存在的价值。现代文明的物质特征和乡村伦理的人情传统使农民进城叙事颇有刘小枫所谓的"人民的伦理叙事"和"自由的伦理叙事"的意味。

一 乡村伦理的城市命运

由于长时期的城乡二元隔离体制，城市和乡村分别具有了不同的内涵，城市成为现代文明的象征，乡村则意味着愚昧和落后，也因此，乡村城市化成为乡村现代化的表现形式，农民进城也有了走向现代文明的意义。夏天敏的《接吻长安街》中，"我"和柳翠是来自边远山区的两个青年农民，多年的城市情结使"我"将在长安街接吻当作城市生活方式的一种体现，更确切地说是被城市接受的一种象征。"在长安街接吻于我意义非常重大，它对我精神上的提升起着直接的作用。城里的人能在大街上接吻，我为什么不能，它是一种精神上的挑战，它能在心理上缩短我和城市的距离，尽管接吻之后并不能改变什么，我依然是漂泊在城市的打工仔，仍然是居无定所，拿着很少的工钱，过着困顿而又沉重的生活，但我认定至少在精神上我与城市人是一致的了。"[①] 要想在长安街接吻，首先要做通女朋友柳翠的工作。来自偏远乡下的柳翠对男女之间的亲近有着本能的抵制，甚至答应和"我"亲嘴都用了一年多的时间。对于柳翠来说，跟她在大街上接吻和让她赤身裸体站在大街上差不多，不仅需要勇气，还要从内心突破乡村伦理的束缚。由此，也就不难理解在大街上接吻这

---

① 夏天敏：《接吻长安街》，《山花》2005 年第 1 期。

一在城市人身上再普通不过的要求为什么对"我"和柳翠是如此的艰难了。长安街接吻不仅是一个事件，也是一种象征，是农民工由农村生活方式向城市生活方式转变的寓言。柳翠从开始的坚决反对到后来的配合，本身就是一个乡下青年（柳翠）突破乡村伦理的束缚趋向现代文明（长安街接吻）的过程，显示出进城农民对城市生活方式的逐步接受。在长安街接吻这一事件中，"我"和柳翠只是内部因素或者说满足了"接吻"的必要条件，接吻的真正完成还需要适宜的外部环境。第一次接吻的失败显然是柳翠对外部环境的不能适应，如果联系到在"我"和柳翠实施接吻计划的时候，周围很多城市青年在明目张胆地接吻，"我"和柳翠这次接吻的失败显示出的还是农民工对城市的不适应。发现"我"真的生气之后，柳翠从思想上接受了在长安街接吻的计划。为了实现这个目标，他们做了充分的准备，但他们的接吻还是由于警察的干预失败了。警察在这里无疑是城市秩序的象征，他们的干预在一定程度上显示出农民工对城市秩序的不适应以及城市对他们的排斥，也说明，他们真正融入城市还需要一个漫长而艰难的过程。对于"我"来说，在长安街接吻的失败无异于被城市拒绝，接吻的失败击碎了"我"留在城市的梦想。"我"的遭遇引起了"我"所在工地所有农民工的关注并获得了他们的支持，在他们的陪同下，"我"和柳翠声势浩荡地去长安街接吻。长安街接吻成了一种仪式，成为农民工在城市的狂欢，成为他们追求平等、显示存在的象征。最终，众目睽睽之下，"我"和柳翠在长安街接吻。"掌声热烈地响起来，掌声不光来自簇拥我们来的民工，还来自所有围观的人。我的心被巨大的幸福感所陶醉，我的灵魂轻轻地升到高空，在高空俯视北京。呵，北京真美。"① 长安街接吻的成功，不仅象征着"我"的理想的实现，也显示出农民工在城市的存在以及城市对他们的最终接受。作品以想象的方式表现出农民工对现代生活的强烈追求，长安街接吻成为农民工追求城市文明、渴望融入城市的象征。

韦勒克、沃伦认为，"处理文学与社会的关系的最常见的办法是把文学作品当作社会文献，当作社会现实的写照来研究"②。作为一个事件，长安街接吻在表现农民追求现代文明、渴望融入城市的同时，也表现出他们对城市生活方式和生活习惯的认同。从这个意义上说，这一过程也是乡村生活方式和生活习惯逐步被农民工否定和放弃的过程，表现出乡村伦理向现代城市规则的妥协。城市生活是现代生活的典型体现，社会性道德是其基本特征，当城市生活成为社会发展趋势，"出现和成熟于现代生活的社会性道德便成为和将要成为人类的一种普遍性的价值和原则"③。出现和成熟于现代生活的社会性道德以现代物质生活为根基，并与以理性为基础的现代科技和物质文明密不可分。也就是说，以物质文明和现代科技为基础的现代生活是现代性道德的基础，这也决定了现代伦理的理性思维和物质欲求。在城乡二元对立的背景下，城市生活在各个方面表现出的现代性质无疑使城市规则具有了现代文明的意味，习惯了乡村生活的农民进城之后遭

---

① 夏天敏：《接吻长安街》，《山花》2005 年第 1 期。

② [美] 勒内·韦勒克、奥斯汀·沃伦：《文学理论》，刘象愚译，江苏教育出版社 2005 年版，第 111 页。

③ 李泽厚：《伦理学纲要》，人民日报出版社 2010 年版，第 174 页。

遇的乡村生活方式与城市生活方式的冲突也就成为乡村伦理与现代文明的冲突。城市生活不仅以现代文明为诱饵对农民工进行着伦理的改造，还以欲望化的景观刺激、扭曲着乡村伦理驶向欲望化的轨道。

进入城市之后，农民工一方面由于城市的诱惑自觉地追求城市生活，以接近现代文明，另一方面又因为城市的逼迫不断地进行自我改造，以适应城市规则。李肇正的《女佣》中，杜秀兰进城之后当了保姆。刚开始当保姆的时候，杜秀兰缩手缩脚，看到老太太的儿子给老太太喂安眠药她对老太太寄予了无限的同情；面对邻居的歧视和议论，杜秀兰只能"在流言蜚语和冷若冰霜的注视下低头疾走"①。有一天，邻居张家老太丢了锅，诬赖杜秀兰，杜秀兰忍无可忍奋起反抗，张家老太吓得闭门不出。杜秀兰以泼辣证明了自己的清白。由此，她也明白了一个道理："城市人其实胆子小得很，性子却刁得很，你退一寸，她就得进一尺；那你进一尺呢？杜秀兰抛下张家老太，往楼上跑去。杜秀兰习惯地踮着脚尖走路，木楼梯'空'的一声，她的心就会扑通一跳。杜秀兰走了两阶，突然用了脚跟。脚下有扭曲的感觉，空空的声音变得嗡嗡响。杜秀兰终于踩出自己的脚步声，而且沉甸甸厚厚实实。杜秀兰在这样的脚步声里知道了，在城市做人要是不凶狠，那就做不成人。"② 城市的压迫激发出杜秀兰内心深处的反抗意识，也使其淳朴善良的性格变得泼辣和自私，而这也成为她在

---

① 李肇正：《女佣》，《当代》2001 年第 5 期。
② 同上。

城市立足的条件。受老太太的两个儿子的启发，杜秀兰不仅像他们一样强行给老太太喂安眠药，还在金钱的诱惑下将身体当作挣钱的工具。在城市的诱惑和生存压力的逼迫下，杜秀兰作为乡下人的淳朴善良没有了。丢弃淳朴善良并不意味着就能成为城市居民，房子、物质是他们成为城市居民的障碍。为了进入城市，杜秀兰在壮壮返乡的时候选择了留在城里——她要在城市里挣钱买房子。这也意味着她还要付出更大的代价，直至被吞噬；不被吞噬，只能离开。这就是乡下人在城市的宿命。

进入城市这个陌生的环境，农民工必须尽快适应城市生活，否则就会陷入更为尴尬的境地。尽管他们在感情上对乡村有着诸多的眷恋，但生存的压力往往使他们将乡村伦理视为封建落后，从而为欲望追求找到冠冕堂皇的借口，甚至不惜为此夸张城市文明的理性，将其蜕变为不加节制的欲望。在现实生活中，城市生活的压力已经使他们的思想发生了扭曲，乡村伦理的约束力也荡然无存，从而只能作为一种潜意识对他们产生影响。吴国恩的《开花的土地》中，为了进入城市，草草卖掉了属于自己的土地，她幻想做生意挣钱，却被城市男人欺骗，最终一无所有。草草由此发生了改变，"你得学会骗，学会心肠狠毒，根子。草草又说了一遍，你骗人时别认他是亲戚朋友，你顾着这个你就会给人吃掉。根子盯着草草，像看一个从来没有见过的人，根子想草草这是怎么了？可是草草脸上的神色却是那么认真，根子就沉默下来"①。为了钱财，草草背

---

① 吴国恩：《开花的土地》，《小说月报原创版·精品丛书·乡土小说》，百花文艺出版社 2011 年版，第 222 页。

着父亲和根子签订了卖地的合同，并在卖地之后卷款私逃。进城的经历和金钱的诱惑使草草彻底发生了改变，金钱的诱惑超越了道德的约束，统治了她的思维。但也不能因此对他们做出完全的否定，因为，对处于底层的农民来说，他们缺乏在城市立足的资本，生存就是他们最大的道德。正如有的论者所说，"压迫扭曲着底层的人格。道德在贫穷之下常常无法保证，此时生存就是他们的道德。从社会效果来看，他们的'封建'或'堕落'为家庭带来了好处，赢得了人们的同情甚至是赞扬，因为他们道德的主要内容之一就是生存。而社会的金钱化加剧着他们生存的艰难，他们经常不得不为争取生存而放弃其他'高尚'的道德"①。也正是为了生存，他们走向了堕落，在他们堕落的背后是数不尽的辛酸血泪。为了在城市生存，他们不惜出卖身体甚至扭曲灵魂，但这并不标志着他们对城市生活的完全适应，城乡之间的伦理差异决定了他们只能是城市的"他者"。贾平凹的《白夜》中，邹云当了酒店老板之后在虚无中走向了堕落；王安忆的《遍地枭雄》中，韩燕来感觉自己"像是在无限的空闲中长起来的，空闲的地和空闲的人"②，"空闲"正是农民不能融入城市的典型表现，显示出乡村伦理在农民工意识中的顽强存在。一俟遇到合适的土壤，农民工身上的乡村伦理依然会闪耀出光芒。

项小米的《二的》中，小白进入城市做了保姆，尽管和女主人相比，无论是对男人的付出还是身体条件她都不差。不过，当

---

① 刘旭：《底层叙述：现代性话语的裂隙》，上海古籍出版社 2006 年版，第93 页。

② 王安忆：《遍地枭雄》，上海文艺出版社 2005 年版，第 1 页。

她把自己完全交给男主人后才发觉自己只不过是男主人的精神寄托，男主人不可能娶她，她不可能取代女主人的位置。明白了自己的处境之后，小白对主人一家产生了怨恨，对果果由疼爱变为苛刻甚至残酷。但当孩子发高烧的时候，小白的怜悯又战胜了仇恨，一个人在风雪之夜将孩子送到医院，挽救了孩子的生命。此时，乡村伦理的温情，或者说内心深处的"善"在小白内心占据了支配地位。刘庆邦的《神木》中，宋金明外出打工在煤矿干起了杀害"点子"并冒充"点子"的亲属讹诈赔偿金的勾当。但就是这样一个人性的恶魔，回到家乡却是一个好父亲、好丈夫、好村民，给孩子买衣服，给妻子买首饰，给邻居家的孩子付学费，显示出淳朴、善良的一面。人性的恶魔和天使矛盾统一在宋金明身上，使其陷入了灵魂的分裂。宋金明在外面打工是恶魔，回到家乡则是天使，乡村环境对其"天使"的唤醒显示出乡村伦理的闪光，也正是乡村伦理的潜在影响使其做出了牺牲自己和同伙挽救"小点子"元凤鸣的举动。小白和宋金明身上的"善"显示出乡村伦理的存在价值，乡村伦理借助"善"的内核冲破了现代社会的欲望枷锁，显示出人性的光辉，也显示出乡村伦理对欲望化现实的救赎意义。"……但与相信'原罪'或'人性善'的宗教性道德（如基督教伦理）一样，相信'人性善'的中国传统可以范导和适当构建人性本无善恶的现代伦理，使之更多注重同情、感化，防止理性强制的泛滥。"[①] 这既是乡村伦理不因现代文明的冲击而消亡的原因，也是其真正的价值所在。

---

① 李泽厚：《伦理学纲要》，人民日报出版社 2010 年版，第 188 页。

二 现代文明的权力机制

城乡二元对立制度将进城农民牢牢固定于城市"二等公民"的位置，随着时间的积淀，他们自己也默认了这种现实，甚至沉淀为无意识影响着他们的思想和行动。城乡之间的巨大差异使他们很难适应城市生活，"他者"的身份决定了他们的命运必然被城市规则影响、改造，现代文明成为一种权力机制。

由于物质生活的贫困，农民对物欲的追求极为狂热，就如贺仲明所说："由于乡村生活的贫困和文化水平的普遍低下，物质文化在乡村社会所产生的影响甚至要比城市更强烈，它极大地冲击了传统乡村社会的宁静和静谧。于是，在乡村生活物质文化日趋丰盈的同时，精神文化也产生着巨大的变化。……甚至由于现存长期以来的贫穷落后，人们对于金钱和物质欲望的压抑比城市更为厉害，乡村人对于金钱的意义和重要性有着更深刻的体会，物质文化对乡村文化的影响更为外在而深刻。"①在农村的时候，单调的乡村生活和"熟人社会"的环境限制了农民的思想和追求，进入城市之后，琳琅满目的商品和无所不在的诱惑刺激了他们的欲望，陌生人的环境则为其欲望的实现提供了条件。商品化的现实几乎使城市中的一切都以金钱来衡量，商品与金钱之间的等价交换关系凸显出金钱的价值，金钱成为农民工在城市生活的基础，也成为他们追求的目标。由于

---

① 贺仲明：《中国心像：20 世纪末作家文化心态考察》，中央编译出版社 2002年版，第 28 页。

"二等公民"的身份，农民工为获取金钱不得不付出巨大的代价，他们的劳动力甚至身体都有可能成为交换的商品，填补城市的欲望空白成为他们在城市的命运，他们也由此沦为欲望宣泄的对象。由城乡之间的巨大差异，城市人对农民工有着居高临下的优势，他们一方面忽视了与农民工思想道德以及生活习惯的差异，一律以城市人的准则衡量所有人的行为和思想；另一方面又夸大了这种差异，赋予农民工"二等公民"的地位，甚至将农民工"物化"为工具，农民工的诉求和心理被有意识地遮蔽。《米粒儿的城市》中，三哥利用米粒儿对自己的感激甚至崇拜，将她的纯真和美貌作为商品换取银行贷款，米粒儿幻想的爱情是不存在的，她只不过是三哥钱色交易的工具。银行副行长虽然精神空虚，也把米粒儿当作感情倾诉的对象，但他不容许米粒儿进入自己的生活，他们之间的关系仅仅是感情遮蔽下的交易关系，米粒儿不过是他满足性欲的工具和感情倾诉的对象。进入城市，农民一无所有，他们唯一可以出卖的只有身体，他们的身体成为城市觊觎的对象。对于女性来说，出卖身体不仅意味着出卖自己，也意味着对乡村伦理的完全背叛和精神家园的彻底失守，她们付出的不仅是身体也是尊严。女性如此，男性也不例外。农民出身决定了他们在城市的卑贱地位和艰辛、危险、微薄收入的工作，他们付出的代价也就更大。不少关于农民工的叙事展示出他们在城市遭受的摧残，进入城市的是年轻、活泼、充满希望的身体，从城市出来的往往是伤痕累累的肉体和灵魂。

刘庆邦的《家园何处》中，何香停到城市打工，听到两个城市女人议论、嘲笑自己穿的破旧衣服而情绪低落，"在添置新衣服之前，停不打算再出这个院子"①。按照身体理论，身体的物质外壳与心灵主体大多数时间处于一元的状态，与其所在的生活维持着和谐统一。作为主体的存在形式，身体一般不会引起人们的重视，身体存在的意义只有在一种陌生的视角下才会呈现。"只有用一种陌生的目光，才能发现身体的个人生活里带有贬义的迹象。"② 城市女人的嘲笑使何香停开始注意自己的身体，浑然不觉的"二等公民"身份因为别人的审视凸显出来，何香停由此认识到了自己在城市中的低下地位并努力做出改变，以使自己在外表上与城市人保持平等。服装成为农民工获取城市身份、与城市对话的一种象征。农民工对服装等外在形式的重视以及他们的主动改变显然是以放弃已有的乡村生活习惯并认同城市价值观念为基础的，他们的改变无疑是对既有的"自我"的放弃和城市生活规则的妥协。也就是说，在追求现代文明的过程中，他们一方面因为对城市生活的追求突出了"自我"，另一方面也由此泯灭了本真的"自我"，主动地接受城市的改造。"农耕文明在摆脱物质贫困时，不得不吸附在城市文明这一庞大的工业机器上走向历史发展的未来；而正是城市文明的这种优势又迫使农耕文明屈从于它的精神统摄，将一切带着丑与恶的伦理强加给人们。"③ 现代文明在将其价值观念强加于农民工的时候，也形成了对乡村伦理的权

---

① 刘庆邦：《家园何处》，《小说界》1996 年第 4 期。

② ［法］大卫·勒布雷东：《人类身体史和现代性》，王圆圆译，上海译文出版社 2010 年版，第 149 页。

③ 丁帆：《文明冲突下的寻找与逃逸》，《江海学刊》2005 年第 6 期。

力压迫，或者说在乡村伦理面前表现出一种霸权，其结果就是，在二者的碰撞与冲突中，乡村伦理被城市文明改造和利用。换言之，农民工对城市的适应是以对城市伦理的认同和他们主体性的丧失为代价的，他们受现代文明的熏陶自觉改变的同时由于主体性的丧失而陷入了追求的误区。

现代文明就这样显示出霸权，成为无处不在的统治权力。"人类科学在社会规训中的中心地位显示了知识和真理是如何站在权力一边的，而不是相反……换言之，我们在个人自由名义下采取的行动早已被权力机制所规范过了，我们只能在权力机制的范围之内行动而不能超然于其外。"[1] 农民在对城市文明的憧憬中自觉或不自觉地落入城市文明的圈套，从这个意义上说，其个性意识觉醒的过程也是逐渐接受现代文明的过程。以进城的女性农民工为例。在农村封闭愚昧的环境中她们受着乡村伦理的压迫，城市成为她们追求自由、实现平等的理想场所。"相较于乡村而言，城市的文化特征无疑是更为女性化的，它对于体力绝对依赖的摆脱，在相当程度上给女性提供了同男性平等的契机。于是，智力的炫耀颠覆了体力的垄断，暴力不再轻易构成对于女性的威胁。当夏娃们开始告别乡村时，她们不是在逃离自己的伊甸园，而是要去寻找自己的伊甸园。"[2] 真正进入城市，她们体会到的却是困惑和茫然，甚至她们中的很大一部分迅速走向了堕落。《王良的理想》中，上过高中的李俏不甘于在农村度过平凡的一生，

---

① ［美］罗丽莎：《另类的现代性》，黄麟译，江苏人民出版社2006年版，第11页。

② 路文彬：《城市空间、视觉媒介与女性形象》，《文艺争鸣》2006年第3期。

坚持进城打工，显示出个性意识的觉醒，但进城也使其走向堕落，李俏最终沦为妓女。对于她们来说，由于种种原因，个性意识的觉醒并没有给她们带来真正的自由，在更多的时候，反而因为失去乡村伦理的内在制约不得不付出惨痛的代价。"南方农村女青年性上的觉醒，比北方早了10年、20年。但这种觉醒……看到的不是性之曙光——生理的和科学的性。而仍然是男女之关系，是和金钱紧密相连的性的买卖、这种大批地逃离土地靠卖淫获取金钱的农村女青年，她们的人生、家庭和机会已经为其付出了沉重无比的代价。"① 女性如此，男性也面临同样的命运。《人生》中，因为克南妈的告状，高加林丢掉了工作，也失去了与黄亚萍的爱情，只能回到家乡在黄土地上忏悔；《泥鳅》中，认识城市少妇后，国瑞自以为过上了城市的光鲜生活，却看不到其背后隐含的重重杀机。如此等等，都显示出进城农民走向现代文明的艰难以及城市规则对他们的改造和逼迫，他们对现代文明的追求陷入权力的圈套，个性意识的觉醒也随时有滑入欲望洪流的可能。

新时期，伴随着对"文革文学"人性缺席的批判和反思，"人"又一次成为文学关注的中心，个性的解放和个体的欲望成为"人"的解放的标志。"总之，人的价值和人的解放程度是考察社会主义优越性的综合指标。它最能标志生产力、生产关系和社会精神生活的总的面貌。"② 随着社会的发展和中外、城乡交流

---

① 阎连科：《返身回家》，解放军出版社2002年版，第109—110页。
② 张光芒：《中国当代启蒙文学思潮论》，华东师范大学出版社2006年版，第82—83页。

的日益频繁，个人的追求和发展有了更大的舞台，追求自由、展示自我成为"人"确认自我的重要方式。经济的发展特别是市场经济体制的建立为个性自由提供了条件，也为个人欲望的泛滥提供了可能，个人借助个性解放的名义在疯狂追逐欲望的同时被欲望所控制，只不过控制人的不是政治权力，而是消费的欲望以及围绕消费建立起来的一整套诱惑和约束机制。也正是这种约束机制使农民工被城市物化，他们的灵魂也被严重地扭曲。"以技术的进步作为手段，人附属于机器这种意义上的不自由，在多种自由的舒适生活中得到了巩固和加强"，① 而"人"也最终异化为技术的工具。就如同马尔库塞所说，人"作为一种工具、一种物而存在，是奴役状态的纯粹形式"②。王十月的《国家订单》中，小老板为了完成几乎是不可能完成的任务，逼迫利诱工人加班加点，最终导致一名工人疲劳而死，小老板也因此倾家荡产。这次事件中，小老板和工人没有一个是赢家，也正因为没有赢家，更显示出环境对人的逼迫。城市罪恶的凶手不是哪一个人，而是欲望的诱惑和冰冷的理性。城市既以物质利益和现代文明吸引着成千上万的农民工飞蛾扑火般地趋从，也以冷淡的面孔和工具理性显示出残酷的本质，从而呈现出现代文明的权力机制。

---

① ［美］赫伯特·马尔库塞：《单向度的人》，刘继译，上海译文出版社 2005 年版，第 27—28 页。

② 同上书，第 28 页。

三　现代叙事伦理视角下的农民进城叙事

刘小枫将现代叙事伦理分为两类，一类是人民的叙事伦理，另一类是自由的叙事伦理，前者"看起来围绕个人命运，实际让民族、国家、历史目的变得比个人更为重要"①，它以虚构的广泛意义上的人民代替了具体的个人的叙事伦理，要求个人必须为抽象的人民做出牺牲和让步。自由伦理叙事是一种"个体生命的叹息或想象，是某一个人活过的生命痕印或经历的人生变故"②，它以对个体的身体和生命价值的尊重为基础。在关于农民的叙事中，乡村伦理被赋予了善良、淳朴、人情的气息，具有人民叙事伦理的性质；城市伦理或者说现代文明强调对个体的尊重和个人欲望的满足，显示出工具理性的特征。农民进城后，其身上的乡村伦理逐渐淡化，城市伦理逐渐占据优势。从这个意义上说，农民进城的过程也是乡村伦理逐步被城市文明改造和吞噬的过程。由此形成一种悖论：农民进城在获取物质利益的同时不可避免地带来道德水平的下降，乡村的"人民的叙事伦理"对人情的推崇和利他倾向被城市的"自由伦理叙事"对理性的重视和利己倾向代替，自由伦理叙事以金钱为工具彻底战胜了人民叙事伦理，人民叙事伦理或者说乡村伦理只能在作家的想象中寻求寄居。市场经济社会中，农民工面对城市的诱惑再也不安于寂寞和贫穷，金钱在社会中的主导地位使自由伦理对身体的尊重被他们置换为对

---

① 刘小枫：《沉重的肉身》，华夏出版社 2007 年版，引言。
② 同上。

物欲的疯狂追求。很多打工妹宁肯在城市堕落也不愿再回到乡村，更何况失土的农民已经没有了乡村。迟子建的《蒲草灯》中，曼云被现代都市诱惑而堕落，最终死在了丈夫的刀下；张继的《到城里受苦吧》中，贵祥和老婆在城市的生活要受城市女人李春的摆布。城市在给农民工提供便利的同时也为他们的堕落埋下了伏笔。

城市以金钱的诱惑和现代生活的引力催生出人类心灵的欲望，通过各种途径满足他们被压抑的本能欲求，并改造重塑着他们的价值观念。进城之后，在各种欲望的诱惑下，农民工的价值观念发生了裂变，特别是乡村伦理的享乐主义与现代生活的欲望追求接榫更为他们的欲望追求找到了合理的借口。但是，在他们的追求中，由于"城市农民"的身份，他们不得不遭受着城市的歧视，他们的心灵也不可避免地发生了扭曲。老六在农村种地，由于挣不到钱娶不了媳妇只能到城市寻找机会，但城市的排斥彻底改变了他的价值观念，在城市的熏染下老六的野心不断膨胀，最终走上了不归路（胡学文《一个谜面有几个谜底》）；蔡毅江在城市打工受伤，因为遭受医生的歧视耽误了治疗而成为"废人"，从而走上了报复城市的道路（尤凤伟《泥鳅》）。城市既以欲望诱惑着他们，又以理性牢牢地束缚着他们，从而形成其灵魂与肉体的内在分裂，在乡村伦理逐渐被现代文明取代的时候，他们的灵魂也让位于身体，从而使他们在城市的生活变成没有灵魂的赤裸裸的肉身追求。

在进城农民由淳朴、善良向狡黠、邪恶发展的过程中存在着多种选择：他们既可以选择逆来顺受，也可以选择反抗甚至堕落，他们最终的堕落只不过是一个选择，即堕落是他们选择的结果，他们应当为自己的堕落负责。但是，如果因此而将一切责任归于他们也是不公平的，在他们个体自由选择的假象下是权力机制的压迫。按照福柯的微观权力理论，我们每个人都被社会牢牢牵制成为权力机制的一环，这种权力机制不是以强权的形式，而是以知识、技术甚至消费社会的诱惑为基础的，因而就更为隐蔽。进入城市之后，农民工除了身体和力气一无所有，甚至出卖力气也成为一种奢求。当城市以金钱和物欲对他们形成诱惑和压迫的时候，他们自然难以抵御，因此形成了他们自甘堕落的表象。也就是说，在他们貌似自由选择的假象下，是不得不如此的现实。就像托克维尔所说："在私人文化垄断下，事实上'暴政对肉体倒是没有什么压制的，而直接压制的是灵魂。统治者不再说：你要像我一样思考问题，不然的话你就得死去。他现在则说：你不用像我一样思考问题，你的生活，你的财产，你的一切都可以保存，但是从这一天开始，你在我们之中就是一个外人了'。"[1] 进入城市之后，农民工只能服从现代生活的规则，以乡村伦理指导城市生活的结果只能是更深的伤害，这也是进城农民伦理嬗变的重要原因。

乡村伦理注重人生的意义，城市伦理偏重于欲望的满足，似乎二者分别占有了人的灵魂和肉身。"在现代之后的季候中，灵魂与肉身有如两位互不相识的飘荡者。"[2] 灵魂失去肉身，无所依

---

① ［德］霍克海默、阿多诺：《启蒙辩证法》，洪佩郁、蔺月峰译，重庆出版社1990年版，第124页。

② 刘小枫：《沉重的肉身》，华夏出版社2007年版，第101页。

附；肉身没有灵魂，也就失去了生命，所谓的命运不过是身体的决断，"无论我的身体做何决断，命运都会附在我的身体上，只不过要么表现为幸福，要么表现为不幸"。"肉身已不再沉重，是身体在现代之后的时代的噩运。身体轻飘起来，灵魂就再也寻不到自己的栖身处。"① 刘小枫认为，《生命中不能承受之轻》中，托马斯承认自己的幸福来自对特丽莎的选择似乎说明，沉重的肉身或者说有灵魂的身体才是抵达幸福的途径。农民工在城市的挤压下艰难地生存，他们对金钱和利益的追求注重了肉身的需要却忽视了灵魂的意义，获取金钱和利益之后才发觉他们的灵魂早已破碎，肉身的欲望追求最终使灵魂飘浮于空中。《明惠的圣诞》中，明惠不甘忍受农村的贫穷来到城市，被李羊群包养后因无所事事陷入了精神的空虚。《深圳二奶村调查》表明，贫困的压迫和生存的艰难是打工妹变为"二奶"的主要原因，她们的精神空虚正是农民工失去灵魂的真实写照，这也从一个侧面呈现出农民工在城市生活的现实。乡村给了她们生存的道德优越感，也使她们承受着贫困的压迫，她们将希望寄托于城市甚至不惜为此放弃了乡村伦理，结果却在欲望的追逐中失去了自我。当乡村伦理的价值被消磨殆尽，她们陷入了精神的迷茫，只能在浑浑噩噩中享受着所谓的物质生活。一旦她们适应了自己选择的生活就很难做出改变，从而只能在物质生活的享受中消磨着人生，这种生活带来的心灵的痛苦、人生的破碎，也许只有她们自己能够体会。

---

① 刘小枫：《沉重的肉身》，华夏出版社 2007 年版，第 102 页。

总之，乡村伦理虽然具有道德的优势却始终与贫困、愚昧联系在一起，在传统农民貌似道德优越感的表象下是肉体的苦难。城市为摆脱贫困和愚昧提供了环境，也为个人的自由追求提供了基础，但物欲化的现实使城市伦理在肯定农民工欲望追求的同时也使农民工丧失了主体性，显示出现代文明的权力机制。进城农民在城市的诱惑和生活的逼迫下，不断僭越乡村伦理而向城市文明妥协。为了生活他们付出了巨大的代价，在他们获得欲望满足的同时也因为迷失了自我，成为没有灵魂的躯壳。从一定意义上说，农民进城接受城市伦理改造的过程也是其现代伦理的形成过程，以现代城市生活为基础的现代伦理对农民的个性意识的形成起了重要作用，但其理性规则和欲望追求也造成了人情冷淡、欲望泛滥等不良后果。面对乡村伦理必然衰亡的命运和现代伦理的冷漠和理性，知识分子陷入了困惑。接下来，如何吸取二者的长处建构理想的精神家园就成为农民现代伦理的核心内容。

第三节　重建伦理的故乡

　　农民进城和返乡是实现农民现代化的主要途径，如果说进城是以农民对现代文明的主动接受实现伦理意识的现代转型，那么返乡则是农民工以受过现代文明熏陶的思想和行为潜移默化地影响乡村，从而促进农民伦理意识的现代嬗变。对于农民来说，由于种种原因，他们中的大多数人注定了要返回家乡，在他们进城的同时也为返乡做好了准备，返乡不过是进城的结果。进城和返乡构成了农民流动的特征。有资料显示，"1995 年以来，大约三分之一来自中国内陆省份的'流动人口'已经从城市返回他们的家乡定居"①。问题是，返乡之后，他们再也不甘心在土地里刨挖，挣脱土地的束缚寻求另一种生活成为他们的目标。虽然他们在城市的时候渴盼着回家，但返乡之后他们并没有找到精神的皈依，反而产生了一种新的焦虑，故乡不再是他们精神的栖息地，而是充斥着贫困、愚昧与衰颓，现代文明成为他们追求的目标。明白了故乡不可逃离，改造故乡就成为他们的必然选择。这时，虽然他们的身份还是农民，但其思想已经显示出不同于留守农民的特质。城市不接受他们，他们不接受乡村：城市不接受他们是不能接受他们的农民身份，他们不接受农村是对农村愚昧、落后的排斥而不是地理上的逃遁。农民工与留守农民在思想上的差异明显地标示出农民工的思想与乡村伦理的罅隙。其实，无论是他们再一次逃离乡村，还是扎根土地改造乡村，都是对既有乡村伦理的排斥和拒绝，从中，既可以看到他们的思想与乡村固有伦理的差距，也可以看出他们迈向现代文明的步伐。

作为现实生活的反映，农民工的遭遇成为文学叙事的主要内容之一。但由于农民与知识分子之间的隔膜以及文学的审美特性，农民的现实与叙事中农民的命运形成了张力。相对于城乡差

---

① ［爱尔兰］墨菲：《农民工改变中国农村》，黄涛、王静译，浙江人民出版社2009 年版，第 2 页。

距，知识分子更为关注农民在进城和返乡过程中的灵魂挣扎，尤其是乡村伦理与现代文明的碰撞与冲突，因此，农民工返乡叙事不仅显示出农民伦理意识现代嬗变的艰难，也因寄予了知识分子的理想而具有了道德审美的意义。

一 返乡者的困惑

在现代文明的诱惑和城市生活压力的逼迫下，农民工一步步"异化"，乡村伦理作为一种潜意识被挤压到他们的内心深处。城市冷漠的环境、物欲化的现实使他们只能将精神诉求寄托于故乡，对故乡的回忆成为他们精神的慰藉。悖论的是，返乡后，他们同样面临着伦理的冲突，这不仅表现为他们与留守农民或者说乡村环境的冲突，也表现为由于空间的转移引发的思想观念的冲突。

进城之前，生存于乡村封闭的环境，他们对乡村的愚昧、落后司空见惯，也就不能加以理性地审视。进入城市之后，他们受到现代文明潜移默化的影响，返乡后也就能以较为客观理性的态度审视乡村。因为有了城市文明作为参照，乡村伦理的愚昧得以彰显，他们精神的皈依被证明为虚妄，破碎的心灵再也无法修复。正如罗伟章的《我们的路》所说，"因为见识了外面的世界，故乡的芜杂和贫困就像大江大河中峭立于水面的石头，又突兀又扎眼，还潜藏着某种危机。故乡的人，在我的印象中是那样纯朴，可现在看来，他们无不处于防御和进攻的双重态势……无论处于哪种态势，伤害的都是别人，同时也是自己。对那些不幸的人，他们在骨髓里是同情的，因为他们从中看到了自己的命运。遗憾的是，出于保护自己的目的，他们总是习惯于对不幸的人施放冷箭，使不幸者遭受更大的不幸"①。陈应松的《归来》中，喜旺从建筑工地的脚手架上掉下来摔死，喜旺媳妇得到了2.8万元钱的赔偿金，可亲戚朋友甚至村民并没有沉痛于喜旺的死，而是从中看到了私欲实现的机会。喜旺的父母和兄弟想着赔偿金，喜旺的三伯，甚至好久不联系的表嫂也来借钱，家里半夜还遭了贼；村长则觊觎着喜旺媳妇，喜旺还没下葬就意图不轨。金钱给喜旺媳妇带来的不是幸福，而是更深的伤痛。曾经以淳朴善良自诩的乡村伦理显示出残酷和冷漠，金钱和欲望褪去了乡村伦理朴素的外衣，使其袒露出丑陋的灵魂。

如果说《归来》以农民自己的表演呈现出乡村伦理的丑陋，那么《淋湿的翅膀》则以农民工的返乡将乡村伦理置于现代文明的烛照之下，更凸显出乡村伦理的残忍和自私。马新回到家乡，看到造纸厂对村庄造成的污染，带领村民打官司，在事情即将有了眉目也就是索赔即将有结果的时候，马新决定了放弃——赔偿款还没到位，村民已经因为即将到手的金钱而你争我斗，淳朴的乡村伦理在金钱的腐蚀下显示出丑陋。独眼婆多年不回家的儿子要回来看她，但不是因为亲情，而是为了独眼婆的赔偿款，独眼婆最终在儿子的催逼下死去。在金钱的蛊惑下，黄村的既有伦理遭遇了剧烈冲击，正如马新所说，如果钱真的到位了，黄村也就真乱套了。小如的哥嫂对小如的态度也与利益有关，得知小如有

---

① 罗伟章：《我们的路》，《长城》2005年第3期。

可能进厂子，一直虐待小如的嫂子马上转变了态度，对小如恭维有加，但小如被工厂辞退之后又恢复了原来的样子。乡情、亲情在利益的冲击下褪去了颜色，人与人之间的关系成为"理性算计"下的利益关系。

乡村伦理一方面以利益关系代替了人情，另一方面又以愚昧和保守显示出残酷。由于几千年的文化传统，封建礼教已经在人们的脑子里扎了根，随时做好了吞噬"叛逆者"的准备。招儿（《青铜》）、樱桃（刘继明的《送你一束红花草》）等为了家人在城市过着屈辱的生活，她们的卖身既是城市环境的逼迫，也是她们为了家庭做出的牺牲，但回乡之后她们却因为违背了乡村伦理而被判处"死刑"。她们用肉体换来金钱支援了家乡，可金钱也成为她们不洁的铁证。乡村伦理失去了宽容和仁厚，故乡再也不是她们梦中的田园、栖息的港湾。尤其是，伴随着乡村城市化进程，乡村环境遭遇破坏、人情渐趋淡薄，贫困和愚昧更以夸张的形式展示出来。"当我们在描述一个文明沉落的时候，我们可能去寻找一种精神的慰藉，但是我们却不能去掩盖另一种文明给人带来的肉体和精神的戕害。"① 其实，乡村伦理对肉体和精神的戕害同样存在，只不过处于现代社会，对现代化进程的反思遮蔽了对乡村伦理的清算。当返乡者以现代文明为标准重新审视乡村伦理的时候，乡村伦理愚昧、落后的一面暴露无遗。据此看，农民工在城市朝思暮想的故乡也不过是他们为了逃避现实而虚构的乡愁之所，与真实的乡村还有着相当的距离。

---

① 丁帆：《文明冲突下的寻找与逃逸》，《江海学刊》2005 年第 6 期。

现实与理想的差距使返乡者处于两难：物化的城市必须靠乡村赋予灵魂才有意义，而乡村在与城市对比中呈现出的凋敝、愚昧和落后又使他们对乡村彻底失望。他们陷入了伦理的困惑。相对于城市的冷漠和无情，他们对农村更为熟悉也更为了解，也就更容易适应。农业文明的潜在影响使他们对乡村伦理表现出眷恋，赋予乡村伦理理想化的意义成为他们的选择，乡村伦理的返魅也就成为必然。

二　乡村伦理的返魅

在国人的现代化想象中，现代文明代表着社会的发展方向，也是衡量一个社会进步的重要标尺。随着社会的发展，现代文明逐渐呈现出理性和物化的一面，妖魅化的城市也被祛魅后的物质现实代替，欲望成为城市的典型特征。对物欲和享受的追求成为现代人证明自己存在价值的符码。在人们追求欲望的过程中，欲望逐渐丧失了工具功能而成为目的，其结果就是欲望的循环。"如果我们仔细审察日常生活中的普遍欲望，就会发现它们至少有一个重要的特点，即它们通常是达到目的的手段而非目的的本身。"① 进入城市之后，农民工不仅受到现代文明的权力机制的制约，还因为背负着乡村伦理而成为伦理冲突的牺牲品。麦金太尔曾说其《伦理学简史》强调的是"相互对立的道德哲学如何表述了不同类型的道德概念和道德判断的合理要求，并且这些不同类

---

① ［美］马斯洛：《动机与人格》，许金声、程朝翔译，华夏出版社 1987 年版，第 25 页。

型的道德概念和判断本身又是如何植根于不同的实际的和可能的社会秩序形式中，并表达了这些社会秩序"①。乡村伦理与城市伦理的冲突正是根源于乡村秩序与城市秩序冲突的现实，如果说城市伦理代表着工业社会的秩序，那么乡村伦理则代表着农业社会的秩序。按照功利主义道德学家的观点，工业社会的秩序是"个人意志和利益的总和"②，而"农业是一种非常艰苦的但却是人们所喜爱的和可以培育强烈的道德优越感的职业"③。也就是说，基于产生和应用的土壤，乡村伦理和城市伦理已经被人为地做了道德优劣的划分，农业文明的悠久历史赋予乡村伦理道德上的优势，而在与现代文明的碰撞与冲突中不可避免地被取代的命运更使其具有了悲壮的色彩，从而更凸显出道德的优势。

　　财产的私有和基于地缘、血缘的"熟人社会"是小农意识产生的基础，也决定了"小农的意识结构并不是一个单层面的简单结构，而是一个十分复杂的双重背反结构。正是这种矛盾着的双重背反结构，是构筑小农'双重人格'的心理基础"④。在农民身上，既有勤劳善良、乐于助人的一面，也有功利性的一面。但在乡村伦理与现代文明的碰撞与冲突中，人们往往过分夸大了保守性的一面，其功利性的一面则被遮蔽，因此，市场经济背景下，农民对经济利益的追求也就很自然地被视为现代文明的结

---

　　①　［美］阿拉斯代尔·麦金太尔：《伦理学简史》，龚群译，商务印书馆 2003 年版，序言。

　　②　同上书，第 344 页。

　　③　［法］H. 孟德拉斯：《农民的终结》，李培林译，社会科学文献出版社 2005 年版，第 208 页。

　　④　袁银传：《小农意识与中国现代化》，武汉出版社 2008 年版，第 58—59 页。

果。特别是，在现代化进程中，对乡村伦理采取的简单的否定态度也在一定程度上延误了对乡村伦理弊端的清算，从而使乡村伦理的愚昧和落后成为一个抽象的所指，乡村伦理的人情和"善"在与现代文明的理性对照中表现出震撼人心的力量，其被历史淘汰也具有了一种悲剧性的效果。随着社会的发展，现代文明的弊端逐渐显露，乡村伦理在道德上的优越性使人们很自然地赋予其对物欲横流、人情冷漠的现代社会救赎的功能。对于知识分子来说，乡村伦理由于与土地之间的紧密联系还具有了一种"根"的意识，代表着生命起源的回归，也就在精神上具有了化解精神空虚的功能。"以市场经济为后盾的改革开放虽然保证了'文化大革命后'社会的稳定，凝聚了人心，但是，鉴于复杂的国情，它在某种程度上也导致了人们的精神生活的涣散和虚无感的滋生，市场经济提供的物质环境，并没有为富足起来的人们提供心灵抚慰的精神资源。"① 物欲横流的社会和人情淡漠的现实使知识分子很容易将乡村伦理视为理想的寄托，从而夸大了其人情的一面，也使乡村成为理想的所在。

在现代化进程中，城与乡分别被赋予了现代与传统的含义，乡村因发展的滞后被赋予了前现代的性质因而代表了传统，城市相应地代表着现代。进一步讲，中国的第三世界国家的现实使中国与发达国家相比也具有了乡与城的寓意。按照李泽厚的说法，现代社会形成的社会性道德只是公德，是一种公共理性，"它不

---

① 程光炜：《文学讲稿：八十年代作为方法》，北京大学出版社 2009 年版，第 333—334 页。

能解决好些人追求生活价值、人生意义、心灵拯救、精神安慰等安身立命或终极关怀的问题。宗教性道德虽然不是公共理性，甚至是反理性，却可以使人得到这方面的满足"①。城市代表的现代文明显然具有社会性道德的意义，乡村伦理由于对传统道德的继承而具有传统的内涵，传统伦理的"礼教"特征使乡村伦理具有了宗教性道德的意味，也有了弥补社会性道德不足的可能。"中国人所崇拜的'天地国亲师'的宗教性道德，可以使中国人在'权利优先于善'的社会生活和'公共理性'支配社会性公德的状态中，在日益机械、疏远、冷漠的陌生人的现代社会和散文世界中，在原子个人日益感触其孤独、迷失、压抑、生活猥琐、漫无意义中，尽可能地去争取存留人间的温情、温暖和温柔。"② 面对现代社会物欲化的现实，对宗教性道德的呼求成为时代的特征。在这种情况下，儒学的复兴不仅显示出现代社会的精神危机，也显示出宗教性道德的救赎意义。如果说现代社会的个人迷失需要宗教性道德来拯救，城市文明理性、物化的缺陷必须由乡村伦理的感性和人情来弥补。理性和情感是个体的心理形式和结构，构成了乡村伦理与现代文明共同的生理基础，也使这种弥补有了可能。

作为个体内在的自我制约，乡村伦理的返魅是一种道德的追求，而不是伦理规范的回归。道德作为人的内在规范，虽然具有与时俱进的特征，但其根本却是"个体内在的强制，即理性对各

---

① 李泽厚：《伦理学纲要》，人民日报出版社 2010 年版，第 123 页。
② 同上。

种个体欲求从饮食男女到各种'私利'的自觉地压倒或战胜，使行为自觉或不自觉地符合规范"①。它的发挥作用主要靠个人的自觉而不是外在的强制。按照麦尔文·黑尔的说法，道德只可以描述，不可以定义，"应当"——语句是道德成熟的标志。"要在道德上成熟起来……就是要学会使用'应当'——语句，并认识到'应当'——语句只有通过诉诸一种标准或一组原则才能得到检验，而我们正是通过我们自己的决定而接受并创造我们自己的这些标准和这些原则的。"② 也因此，道德作为个体的自我制约，是个人发自内心的价值认同，"应当"——语句也成为对个体认同的价值标准的自觉遵守。

道德是一种来源于实践的内在自觉，神圣的形式赋予其绝对权威的意味。"这种社会性的伦理道德语言之所以常常要以神圣的或神秘的言说和形式来宣讲出现，就是因为只有以这种形式的言说才拥有使渺小的个体所不能抵抗、不可争辩、无法阻挡的力量而被认同、服从和履行，使它成为个体自觉意识到人生意义、生活价值、安身立命、终极关怀之所在。"③ 处于传统社会，由于个体意识的普遍缺乏，这种内在的制约更为经济和有效。晚清以降，对现代化的焦虑和渴望或者说对独立自主民族国家的想象使有着现代眼光的知识分子开始反思传统文化，对具有神圣意味的传统伦理进行解构，同时，力图建构符合现代社会的新道德以达

---

① 李泽厚：《伦理学纲要》，人民日报出版社 2010 年版，第 20 页。
② ［英］麦尔文·黑尔：《道德语言》，万俊人译，商务印书馆 1999 年版，第 188—189 页。
③ 李泽厚：《伦理学纲要》，人民日报出版社 2010 年版，第 26 页。

到"新民"的目的。但因为对现代化的迫切渴求，他们对新道德的建构往往奉行了一种实用主义，从而使新道德具有了浓郁的实用主义色彩。正如张光芒所说，"实际上，由于五四启蒙主义对新道德自觉不自觉地采取了实用主义的理解和应用，个性解放与阶级解放、个人主义与民族主义之间那种词源学上的对立意义已被打乱，被重新整合为一种混沌的价值结构"①。也就是说，在知识分子的现代化追求中，他们本着实用主义的态度对传统道德的批判进行了取舍：一方面为了批判传统突出个人意识，另一方面又为了民族国家甚至集体的利益要求个人做出牺牲。进入新时期之后，现代化的焦虑更使人们为了突出经济的中心地位而将个性意识与经济发展共同纳入现代性的范畴，这不仅为个体欲望的满足创造了条件，也为个体欲望的实现找到了借口，从而使个人越来越失去内在的道德制约而在欲望的诱惑下随波逐流。现代文明是一种以承认个人欲求、重视理性为基础的社会规范，对个人的制约也主要以外在规范为主，因此，当新时期的现代化想象强调个性意识的时候，也往往为个体突破内在的道德约束提供了口实，由此也造成了社会的冷漠和个人欲望的膨胀。从这个意义上说，知识分子为挽救现代文明的欲望现实呼吁的乡村伦理也就可以被还原为他们对个体的内在自觉即道德的诉求。

应该说，由于乡村的前现代性质以及宗教性道德的神圣地位，知识分子以回归乡土的形式呼吁乡村伦理或者说重新唤起道

---

① 张光芒：《中国当代启蒙文学思潮论》，华东师范大学出版社 2006 年版，第 229 页。

德的神圣地位是一个合理的且行之有效的途径。但由于现代文明的冲击和影响，尤其是快速发展的乡村城市化进程，乡村已经失去了神圣的象征，以返乡为途径的道德吁求注定了只能是一次虚妄的精神之旅。真正唤起道德的神圣地位，建立基于共同人性的现代伦理注定是一个艰难的探索过程，知识分子对精神家园的重建便是这种探索的具体表现。

三　精神家园的重建

中国是典型的农业社会，农业文明的因子已经渗透到了中华儿女的血液。"中国文化可以说是乡愁文化，甚至离家就是思乡。"① 乡愁文化作为一种集体无意识支配着"地之子"的思想，他们即使进入城市也脱不了"土气"。对于农裔城籍作家来说，尽管乡村留给了他们痛苦的记忆，"但同时，他们曾受的乡村文化滋育成为他们真正接受和进入异质文化的深层障碍，他们与现代文明（以城市为代表）有着天然的隔阂与距离。对这些作家来说，乡村既是他们的背叛与仇恨之所，又是他们最终的精神慰藉和基本立场之所在，他们对乡村的'恨'不如说是他们爱到深处的无奈，他们对乡村的'背叛'也常在困惑与留恋的边缘逡巡"②。正是这种矛盾和游移的态度使他们对乡村的现状和未来表现出困惑，也影响他们对城市的态度。他们既渴望融入城市，又因为城乡差别带来的心理创伤而对城市有着莫名的恐惧和仇恨。

---

① 张法：《中国文化与悲剧意识》，中国人民大学出版社 1989 年版，第 78 页。
② 许志英、丁帆：《中国新时期小说主潮》（下），人民文学出版社 2002 年版，第 1254 页。

贾平凹曾经这样谈过自己的创作经历："我吃惊地发现，我虽然在城市里生活了几十年，平日还自诩有现代的意识，却仍有严重的农民意识，即内心深处厌恶城市，仇恨城市，我在作品里替我写的这些破烂人在厌恶城市，仇恨城市。我越写越写不下去了，到底是将十万字毁之一炬。"① 他们的仇视显然是一种情绪宣泄，从现实来说他们更依恋城市提供的物质生活，所谓理想的乡村不过是他们童年的记忆和虚构的精神慰藉之所，是城市喧嚣下的暂时宁静。"所谓的童年记忆并不是真的记忆，而是对类似经历进行加工润色的产物——这种润饰作用是后来各种心智力量的影响所致。"② 也因此，具有童年意味的乡村就成为他们建构乌托邦的理想所在，这一方面源于乡村带来的记忆尤其是农业文明的潜在影响，另一方面则因为他们与城市的隔阂。对城市物质生活的依赖和对乡村的精神向往弥补了乡村生活的物质贫困和城市生活的精神孤独的双重缺陷，满足了有着深厚农业文明烙印的"地之子"在城市生存的双重需求，故乡成为他们的情感慰藉。"与工业的狂热相对照，农民的明哲适度似乎是永恒的：城市和工业吸引着所有的能量，但乡村始终哺育着恬静美满、安全永恒的田园牧歌式梦幻。"③ 但现实却是，城市文明的影响无所不在，乡村伦理在现代文明烛照下凸显出愚昧和落后，尤其是乡村城市化不但没有改变乡村贫困落后的面貌，反而使农村承担了更多乡村城市

---

① 贾平凹：《高兴》，人民文学出版社 2008 年版，第 358 页。
② ［奥］西格蒙德·弗洛伊德：《日常生活的心理分析》，张登浩、高兴翔译，北京出版社 2010 年版，第 50 页。
③ ［法］H. 孟德拉斯：《农民的终结》，李培林译，社会科学文献出版社 2005 年版，第 4 页。

化的恶果，如环境污染、道德沦丧等，传统的愚昧、贫穷和落后与乡村城市化的负面影响会合在一起，使现代化进程中的乡村处处充满着丑陋和污浊。《高老庄》中，在现代文明侵蚀下，高老庄人表现出了贪欲和人性的"恶"，这里"有着争权夺利的镇政府，有着凶神恶煞的派出所，有着土匪一样的蔡老黑，有着被骂为妓女的苏红，有躺在街上的醉汉，有吵不完的架，有臭气熏天的尿窖子，有苍蝇乱飞的饭店……"① 理想的乡村在现代文明的镜像中成为"废村"。既如此，逃离乡村也就成为必然。子路逃离高老庄的经历似乎印证着知识分子对乡村梦想的绝望，作家的返乡也由此被证明只能是一种精神的诉求，而不是现实的选择。

对于知识分子来说，人文环境的破坏无异于理想的坍塌，他们特别需要建立一个理想的王国以安放破碎的灵魂，物欲化的城市显然无法满足他们的要求，到乡村寻求精神的家园便顺理成章。张炜厌弃了城市"非人化"的环境，渴望着融入野地，梦想在葡萄园中寻找灵魂的栖息地，可乡村城市化的快速发展和现代文明的弊端彻底打碎了他的梦。《九月寓言》中，在工业化侵袭下塌陷的小村似乎预示着知识分子理想的家园失去了依托；《刺猬歌》中，处处林立的"黄烟大垒"和物欲诱惑下亲人的背叛使理想无处可逃。于是，我们在张炜的作品中看到了追寻者的形象。《你在高原·西郊》中，"我"因为对庸俗现实不满产生了逃避现实、寻找历史和真实的冲动，结果却是失望和空虚。"我"只能回归庸俗的现实，接受现实的庸俗。可以说，张炜对理想家

① 贾平凹：《高老庄》，人民文学出版社 2008 年版，第 269—270 页。

园的建构正是建立在不断奔跑和追求的苦难者身上，正如电影《阿甘正传》中不断奔跑的阿甘。既然人生不能逃脱庸俗，那么奔跑既是对现实的逃避，也是对意义的追寻，更是借此逃脱追寻的一种手段，也正是这种奔跑者的存在，显示出知识分子对意义的不懈探索和西西弗斯式的悲壮。面对城市庸俗、物欲的现实，知识分子只能逃避。他们只有回归田园才能躲避现实的庸俗，平息内心的焦灼。但田园早已失去了往日的宁静，所谓回归田园不过是知识分子的臆想，或者如精神分析学所说是他们回归母体和子宫的死之惰性本能的体现。按照弗洛伊德的理论，生之本能即力比多的冲动本能和死之本能即渴望回归本能是人生存的动力或者说维持着人的生存，如果说死之本能是知识分子理想追求破灭的隐喻，那么生之本能则是知识分子对启蒙意识的执着——逃避或者寻找本身已经显示出知识分子的责任意识，当两个矛盾统一于创作这个白日梦的时候，也就呈现出返乡者对乡村的改造以及改造主体——返乡者身份的暧昧特征，从而使知识分子在寻求精神家园的同时宣告了精神家园的破灭。

田园梦的破灭使知识分子的精神失去了寄托，他们只能以白日梦的形式重建精神的家园。胡学文的《虹枝引》中，老婆提出离婚之后，为了讨个说法，在城市里捡垃圾的男人乔风踏上了回乡之路。但城市化建设使乡村支离破碎，乔风迷失了方向再也找不到故乡，曾经熟悉的故乡——一棵树成了幻想。自此，乔风踏上了漫长的追寻之路，但其历经周折得到的却是更深的绝望。这反而更坚定了乔风回乡的决心，他在自己认为最理想的地方栽上了一棵树，营建起心目中的故乡。这当然是作家的一厢情愿，更确切地说是知识分子的一种精神诉求，其象征意义远远大于实际意义，但也正是这种象征意义显示出作家构建精神家园的决心。"《虬枝引》的高妙，是从形而下的'找'直接升腾到形而上的'筑'，从一般意义上的'寻找'，直逼精神意义上的'家园'建构意识。"① 作者在谈到创作意图时也说，"老家只是一个象征，一个虚无的存在。却似乎必不可少……如果有一天老家不存在了，连虚无的也没了，那怎么办？"② 家乡的营建表现出知识分子失去精神依托之后的恐惧。《虬枝引》当然是一种理想化的表达，更多的时候，他们对精神家园的构建是以"庄稼"的形式表现出来的，只要看到诸如《城市里的麦子》《在天上种玉米》《遍地青菜》等名字就很容易感受到农业文明对知识分子的潜在影响，也再次证明了这不过是知识分子的一厢情愿。

也许，李敬泽的总结更为切合实际，"生命的意义与故乡、与儿时的生活世界无关，那意义在远离故乡的地方，在山外山、天外天"③。诸多作家笔下返乡者对乡村的逃离正是这种理想的表达，也印证了作家们对城市文明与农业文明的双重失望。他们的精神追求只能存在于不断的寻找之中，"在路上"成为他们感情的真实表达。利波维茨基认为，处于现代社会，"我们进入了意义的非神圣化和非实体化的无尽程序，这个程序确定了完全时尚的统治。于是，上帝死了，不是死在西方虚无主义的道德败坏和

---

① 景俊美：《坚守的力量——读胡学文小说新作三篇》，《文艺理论与批评》2009 年第 4 期。

② 胡学文：《创作谈：虚无的老家》，《北京文学》2009 年第 7 期。

③ 李敬泽：《重建伦理的故乡》，《延安文学》2007 年第 6 期。

对价值空虚的焦虑之手，而是死在意义的颠覆之中"①。从这个意义上说，精神家园的重建也是知识分子对意义的追寻。乡村作为人类发源的地方具有探索人类起源的意味，回归乡村蕴含着回归本源的意义。现代性的弊端使知识分子渴望着宁静的精神家园，寻求拯救的良方成为他们义不容辞的使命，以传统伦理弥补现代性弊端成为他们的梦想。就如南帆所说，"多数人文知识分子对于现代性的质疑并不是指向机械、自动化、速度和效率——并不是企图返回鸡犬之声相闻、老死不相往来的小国寡民状态；他们批判的是物质主义背后无尽的贪欲和权谋、历史进化论以及直线式的时间观念对于传统的毁弃，全球化对于本土文化的吞噬，科层组织对于自由的压抑，高科技制造的监控手段和巨大杀伤力，如此等等"②。陈应松的神农架系列、张炜的大自然崇拜等，都试图以乡村伦理的淳朴弥补现代文明的不足，乡土显示出存在的价值。"自打进城后，我特别珍惜那些乡村生活的积累，我愈来愈觉得乡村中弥漫着的许多珍贵。我说这话不是想表明一个乡土作家远离乡土后生活的枯竭，我的本意是说乡土中人许多可贵的善良。那是我们民族赖以长存的根本之本。"③也因此，重建伦理的家园就成为知识分子的必然选择和不懈追求，也是他们对现代化进程中的伦理希冀。如同乔风的寻找和重建，他们的追求仅仅是一个白日梦，但他们以知识分子的良知为我们构建的理想家园，

① ［法］吉尔·利波维茨基、［加］塞巴斯蒂安·夏尔：《超级现代时间》，谢强译，中国人民大学出版社 2005 年版，第 20 页。

② 南帆：《启蒙与大地崇拜：文学的乡村》，《文学评论》2005 年第 1 期。

③ 刘醒龙：《可能没说清楚的话》，《中篇小说选刊》1996 年第 2 期。

对物欲化现实的道德净化有着非凡的意义。

总之，现代文明的弊端使知识分子重新审视乡村伦理，以乡村伦理的淳朴弥补现代社会物欲横流、人情冷漠的弊端成为他们的精神诉求。结果却是，乡村伦理本身固有的缺憾以及乡村城市化影响下乡村伦理的变异使他们的建构只能停留在精神层面而缺乏现实的可能。由此，他们的诉求也就呈现出对现代文明与乡村伦理的双重审视与反思。

小 结

"文化大革命"结束之后，随着政治伦理从乡村隐退，乡村伦理逐渐复苏并随着时代的发展而不断嬗变，乡村经济的发展和现代文明的影响使乡村伦理逐渐渗入了更多的利益因素从而张扬了功利性的一面，当其与现代文明的欲望追求接榫，自然形成欲望的洪流。在乡村城市化进程中，现代文明不仅以现代生活方式为依托对乡村伦理形成剧烈冲击，还因为对土地和家园的蚕食使乡村伦理失去依托而逐渐溃败。失去乡村社会的环境，乡村伦理只能作为一种潜意识产生影响。现代文明代表着社会的发展方向，随着经济的发展特别是城乡交流的日益频繁，农民对现代文明的渴望逐渐异化为对欲望的追求，但城乡之间的巨大差距特别是贫困的压迫，使农民在追逐欲望的同时沦为欲望的工具，现代文明显示出残酷与无情。

　　面对现代文明的弊端知识分子选择了逃避，乡村伦理成为他们的精神寄托。但现实却是：乡村伦理在物欲的诱惑下发生了变异，现代文明向乡村的渗透更使乡村伦理表现出固有的丑陋和愚昧，也宣告了返乡的虚妄。乡村伦理蕴含的落后、愚昧、封闭，以及现代文明固有的缺陷使知识分子陷入了惶惑，他们只能按照自己的理想重建伦理的故乡。其实，所谓伦理的故乡不过是知识分子的精神诉求，是对现实不满的道德呼吁，也正是这种呼吁显示出知识分子意识深处的农本意识及其对理想家园的不懈追求。

第四章 科学意识：权力制约
下 的 现 代 化 选 择

　　科学技术是推动社会发展的重要力量，科技的发展和应用显示出人们的科技意识，但是，科技的应用从来不是一个孤立的现象，而是往往与社会的发展、思想的嬗变等结合在一起，显示出科技发展的复杂性。社会发展中，围绕科技的发展和应用形成的矛盾和冲突呈现出农民思想意识的嬗变，顺应了历史发展潮流、代表了社会发展方向的思想我们可以称之为科学意识。科学意识是以科技意识为基础的，但科技意识并不都是科学意识，只有科技意识的发展和应用顺应了社会发展，凸显出人文精神，才能被称为科学意识，即科学意识有其内在的道德维度。

　　现代化是以科技发展起步的，科技的广泛应用是现代化最根本的特征。新时期，国人对现代化的焦虑使科技被"妖魅化"，科技也因此被广泛应用于生产生活的方方面面。科技的应用促进了乡村工业和现代农业的发展，促使农村以自然经济为基础的传统生产方式逐渐向以现代机器为基础的现代生产方式转变。不过也应该看到，科技在促进生产力发展的同时也带来了环境的破坏和污染等问题，现代机器不断挤压、蚕食着人类的生存空间，使人成为"单向度的人"。科技的发展引发了乡村生产生活方式的改变，也促进了农民思想的嬗变。传统农民恪守着传统的手工生产方式，现代农民对现代机器生产情有独钟，传统农民与现代农民的不同生产方式显示出新旧思想的冲突，传统农民及其生产被赋予了保守的含义，现代农民及其生产方式则具有进步的内涵，现代生产方式最终取代传统生产方式占据了统治地位。一旦认识到科技带来的巨大利益，农民往往将科技视为牟取利益的工具，其家园也因为科技的滥用而面临着随时垮塌的危险。科技一方面显示出促进社会发展的推动作用，另一方面又破坏了人们的生存环境，造成人的物化。科技的两面性使人们重新思索科技应用中的道德因素，树立基于生态伦理的科学意识成为乡村经济发展的必然要求。

科技的发展和应用从来不是一个孤立的现象，而是嵌入社会肌体成为其有机构成部分。因为传统的影响，乡村科技始终受到乡村权力的影响和支配，从而使乡村经济发展始终掺杂着封建性因素，形成封建性与资本性混合的特征。传统思想的影响和乡村权力的顽强存在，使农民遭受着封建与资本的双重压迫，也使其科学意识具有了浓郁的封建性特征。

第一节　新时期科技叙事的道德维度

新时期的科技叙事从来不是一个孤立的现象，而是往往与政治、道德等纠结在一起。由于日常生活中的重要作用，道德往往成为衡量科技发展和应用的重要标准。

一　科技叙事的道德意识

在对现代性的阐释中，吉登斯提出了"脱域"和"再嵌入"的概念。按照他的说法，脱域"指的是社会关系从彼此互动的地域性关联中，从通过对不确定的时间的无限穿越而被重构的关联中'脱离出来'"。① 科技是从社会实践发生发展的，即它本身是社会关系的一部分，只有按照吉登斯的理论对其做"脱域"处理才能更好地论证其在现代化进程中的作用。但科技的发展又发生在特定的环境之中，只有将其脱域之后"再嵌入"，即"重新转移或重新构造已脱域的社会关系，以便使这些关系（不论是局部性的或暂时性的）与地域性的时—空条件相契合"，② 才能显示现

---

① ［英］安东尼·吉登斯：《现代性的后果》，田禾译，译林出版社 1990 年版，第 69 页。
② 同上。

代化进程中围绕科技发展和应用所形成的复杂关系。新时期关于科技的叙事正是一个脱域与再嵌入的过程，在重新构造的各种关系中，科技往往与经济、政治、道德等纠缠在一起，显示出科技发展和应用的复杂性。

进入新时期之后，随着国家工作重心向经济发展的转移，经济、技术成为社会发展的主题，文艺工作者的任务也相应地发生了变化。对他们来说，就是要努力适应不断发展变化的社会形势，"以笔为旗"，深刻反映乡村现代化进程中的矛盾和斗争。这一方面要彻底扫除妨碍实现四个现代化的旧思想、旧作风，另一方面又要深入群众反映人民的新变化，"使我们的文艺焕发新的光彩，达到艺术和科学相结合"①。科技由此成为叙事的主要内容。科技对现代化的决定性意义以及科技在现代社会中的广泛应用使其具有了现代文明的意味——对于封闭、落后的农村来说，科技就是现代文明的表现形式，科学意识也就是现代文明。但对于何为科学意识则因为时代的不同而有着差异。新时期之初，处于发展生产的焦虑，经济占据了社会发展的中心地位，被视为第一生产力的科技更是被视为助推经济发展的核心。但因为当时特定的背景，科技往往被赋予了道德的内涵，道德成为科技发展和应用的标准，即科技经由道德取得合法性地位而得到认可。作为衡量科技的"尺子"，道德也通过人情在一定程度上约束、保证着科技的正确发展和应用，呈现出科技叙事的伦理维度，科技道

① 周扬：《关于社会主义新时期的文学艺术问题》，孔范今、施战军主编：《中国新时期文学思潮研究资料》（上），山东文艺出版社 2006 年版，第 14 页。

德化成为科技叙事的典型特征。沈仁康的《葛家寨的喜悦》中，葛文富种地养殖都很内行，在集体制时期为集体做出了很大的贡献，但他并没有获得与付出相应的收益。葛文富将原因归于超支户，并由此与超支户马土根产生了隔阂。包产后，葛文富养鱼发财后萌生了买拖拉机的想法，但由于资金不足就想找人合伙。马土根也在包产后养蜂发了财，盖了砖房。马土根的成功引起了葛文富的羡慕，但因为有之前的隔阂，葛文富拒绝与马土根合伙。作为自私农民代表的徐长有父子听说葛文富的想法后，便主动接近葛文富，想与其合伙买拖拉机，但因为他们的自私而遭到葛文富父女的拒绝。农民想种甘蔗但缺少甘蔗种，徐长有父子瞅准时机贩来甘蔗种高价出卖。这对于缺乏经济意识的传统农民来说显然是不能接受的。马土根派儿子阿明借拖拉机拉来甘蔗种平价出卖，徐长有父子的买卖受到打击。尽管葛文富伤害过马土根，但在葛文富遇到困难的时候，马土根还是不计前嫌，以一个共产党员的良知帮助葛文富避免了鱼塘的损失，葛文富与马土根最终和好。作品中，无论是葛文富的种田养鱼，还是金女、阿明等人的科研小组，都显示出科技在农民生产生活中的重要作用，而科研小组为解决实际问题付出的努力更是得到了村民的认可。"葛家寨的科学事业近年来兴旺起来。起初四五个青年的小组读读科技书、做点小试验，如今成了全村年轻人的活动节目了。内容也改为交流农业新技术：养蜂养兔啦，亩产万斤蔗的栽培啦，水稻的施肥技术啦，等等。"① 寨子里发生了鸡瘟，有的人家几十只小鸡

---

① 沈仁康：《葛家寨的喜悦》，《人民文学》1982 年第 7 期。

都瘟死了，正好这时省报上登了一条消息，说离葛家寨六十里路的地方，有一位老农摸索到了防瘟治瘟的土药方子。科研小组让徐庆去学习经验回来传授，可徐庆为了做生意挣钱并没有去学习，反倒是阿明主动放弃家里的活计学习了技术，解了乡亲们的燃眉之急。在与阿明的对比中，徐庆的自私暴露无遗。阿明与徐庆都暗恋着金女，金女喜欢的却是阿明，拒绝徐庆的原因之一就是徐庆父子的自私，正如徐庆给金女送东西时金女对他的嘲笑："真心实意也能卖高价吧！啊？"[①] 葛文富老汉讨厌徐庆父子的原因也是他们的自私。作品对马土根、阿明的肯定与对徐长有、徐庆的否定显示出道德之于个人的意义，道德取代政治成为判定是非乃至个人品质的标准。在这一点上，这一时期的文学作品无疑接续了"十七年文学"和"文革文学"的传统，显示出"十七年"和"文化大革命"道德观念的潜在影响。

　　"十七年"和"文化大革命"时期，政治主导了一切。政治在向乡村渗透过程中迅速适应农民的习惯而与道德相融合，政治道德化成为时代的特征。"政治挂帅、突出政治于是便成了突出道德、道德挂帅，便成了突出大公无私的牺牲精神、奋斗精神，认为是它推动着社会的前进、生产的发展、人类的进步。"[②] 在强调阶级斗争尤其是"以阶级斗争为纲"的时代，阶级阵营的划分体现出强烈的道德意味。地主、富农等大都道德败坏，贫下中农则大多大公无私。当政治"下沉"到民间，政治标准悄然转化为

---

① 沈仁康：《葛家寨的喜悦》，《人民文学》1982 年第 7 期。
② 李泽厚：《中国现代思想史论》，天津社会科学院出版社 2003 年版，第 186 页。

道德标准。《创业史》中，作品对富农姚士杰的否定一是通过其对互助组的敌视，二是通过他与互助组成员栓栓的妻子素芬的奸情，当二者纠合在一起的时候，政治标准也就被置换为道德标准。这种道德上的否定更具有普遍性和感染力，正如张光芒所说，政治的伦理化"意味着人性的社会学层面的确立，社会人生的政治性因素业已转化为一种发自灵魂深处的情感诉求、一种由衷的宏大叙事情结、一种普遍性的'民间精神'"。① "文化大革命"结束之后，随着国家工作重心的转移，经济逐渐占据了支配地位，政治的影响日趋淡化，但政治化的道德——集体主义、大公无私等还在人们的生活中占据着重要地位，并成为评判个人价值的主要标准，或者说政治仍然以道德的形式发挥着作用。当时文艺界的领袖周扬认为，新时期文艺工作者应该一如既往地为新时期总任务服务，为四个现代化服务，将科技纳入叙事范畴，但科技叙事"并不是要我们去直接描写科学技术，而是要描写新时期人们思想感情的新变化、新风貌、新的生活和新的斗争"。② 据此看，《葛家寨的喜悦》写出了新时期人们的思想变化。但从后来农村社会发展的实际情况来看，代表了新思想或者说代表了思想变化的不是马土根，反倒是被作品否定的徐长有父子！徐长有父子身上体现出的商品意识和自私自利的思想正是商品经济影响下农民思想发展的必然结果。也正是沿着这个方向，科技的应用

---

① 张光芒：《中国当代启蒙文学思潮论》，华东师范大学出版社 2006 年版，第229—230 页。

② 周扬：《关于社会主义新时期的文学艺术问题》，孔范今、施战军主编：《中国新时期文学思潮研究资料》（上），山东文艺出版社 2006 年版，第 14 页。

逐渐挣脱了道德的束缚表现出旺盛的生命力，追求经济利益最大化成为科技的最终目标，而这也恰恰适应了现代经济社会的普遍伦理。处于现代社会，理性由于实用功能得到广泛认可并对道德形成剧烈冲击，工具理性最终"霸道地成为宰制人的工具，人们被手段降服"。① 至此，科技的发展沿着实用主义的单轨道走向了极端，并逐渐成为统治人们的工具。

二　科技叙事的理性思维

随着社会的发展特别是科技带来的巨大经济效益，农民逐渐对科技产生依赖，乡村伦理的崩溃更使科技的应用失去了约束力，经济利益成为科技追求的最终目标，科技沦为利益的工具。

周大新的《曲终人在》中，化工材料厂给伏牛县金坡村带来了巨大的危害，村民的生存受到严重威胁。他们的体力下降，生下的残疾娃娃多了，"不是缺胳膊少腿，就是脑子憨，娃娃的俩眼睛白眼球特多，嘴唇特厚，一看就明白傻得厉害"②。村民为了身体的健康去找上级反映污染问题，但乡、县、市收受了化工厂的贿赂对村民的告状置之不理，直到村民告到省里才由欧阳省长出面解决了问题。因为化工厂规模相对较小，欧阳省长还可以借助行政权力对其进行整顿，治理海富矿业集团的时候就没那么幸运了。海富矿业集团排出了大量的污水污染了潜龙河，也污染了两岸的土地，靠河近的土地中铬、铅、砷等贵金属严重超标，潜

---

① 汪民安等编著：《现代性基本读本》，河南大学出版社 2005 年版，第 18 页。
② 周大新：《曲终人在》，人民文学出版社 2015 年版，第 93 页。

龙河沿岸的几个县也成为癌症病例和畸形新生婴儿的高发区。尽管欧阳省长下了很大的决心，但海富集团欺上瞒下，拒不整改，并通过层层关系给欧阳省长施压，欧阳省长被迫妥协。海富集团之所以违抗省长的命令拒绝整改，当然是因为巨大的经济利益——海富集团关闭一天就要损失上千万元。受利益驱动，海富集团将农民的生命视为儿戏，其对 GDP 的拉动则为政府充当其保护伞提供了冠冕堂皇的借口。经济利益与权力的联姻使农民对危害其生命健康的科技无可奈何，他们由此对现代科技产生本能的排斥和敌视心理，"你们城里人可不是经常来坑俺们种地的嘛，今天卖给俺们假奶粉，让娃娃们吃了头变大；明天卖给俺们抹有啥子甲醛的衬衣，让俺们穿上后浑身痒得厉害；后天卖给俺们不合格的手扶拖拉机，犁不了三亩地就坏球了；再不就是来把俺们的土地便宜弄去，再转身倒卖了赚大钱"①。尽管他们有以偏概全之闲，但也反映出农民生活中的某些现实。关仁山的《日头》中，煤矿的开采使日头村的环境恶化，"工业把土地弄脏了，河水泡浑了，长出的东西都是脏的"，披霞山被翻烂，燕子河污染严重，人们的道德观念完全扭曲，甚至人命都成为权力和金钱交易的工具。尽管作品安排了村民上楼的"光明"结尾，可上楼并不能改变受污染的环境，他们仍然生活在污浊的环境之中。这就是乡村发展的现实。

在社会发展过程中，人们为了经济利益往往不择手段，科技也因此成为他们营利的工具。在金钱的诱惑下，道德的约束

---

① 周大新：《曲终人在》，人民文学出版社 2015 年版，第 92 页。

力已经荡然无存，经济利益成为最大的道德。市场经济鼓励营利，甚至可以说赢利是市场经济的根本，但市场经济又要求赢利必须具有正当性，即在法律和伦理许可的范围内，或者说科技的应用应该遵循一定的伦理。但受利益驱动，人们往往为了追求科技带来的经济利益而放弃了道德的约束，甚至为了个人利益而置人们的健康于不顾，从而使农民不得不承受着科技被滥用带来的伤痛。当污染司空见惯，人们的良知也就钝化，污染企业不是想着治理，而是想着通过钱权交易继续经营，主管部门也往往受利益驱动视而不见，甚至为虎作伥。当金钱成为通行证，这些企业更是疯狂地追求金钱——相对于购买治理污染的设备，钱权交易的代价要小得多。当今社会的环境污染已经成为普遍的现象，对科技发展的质疑也就成为叙事的主题，人性的贪婪成为科技叙事批判的对象，科技万能论也由此受到质疑。但科技本身是人类发展的重要尺度，科技的负面作用固然离不开社会的大环境，也与科技发展程度不高有关，就如科幻作家刘慈欣所说："我是一个疯狂的技术主义者，我个人坚信技术能解决一切问题。"① 而科技之所以显示出两面性，根本原因就是经济利益凌驾于科技之上。在整治海富集团的时候我们已经看到有了治污的设备，只不过因为成本较高而被海富集团舍弃。科技的发展为经济发展提供了保证，也使人面临着科技被滥用带来的威胁，而科技的负面作用往往是人为造成的。据此看来，科技的负面作用的根本原因是金钱凌驾于道德之上，

---

① 刘慈欣、江晓原：《为什么人类还值得拯救》，《新发现》2007 年第 11 期。

金钱超越道德成为科技的伦理，道德成为抽象的存在。

在新时期的科技叙事中，科技作为一种象征性的存在在社会发展中有着不可替代的作用，但不同时期的科技应用却有着不同的结果，从新时期之初的受制于道德到市场经济下的科技批判，显示出人们在不同时期对科技的认识差异。不过，二者又有着内在的一致，那就是都或隐或显地强调科技的应用应该在道德的框架之内，即应该受到道德的约束，强调的也是人在社会发展中的主体地位。可见，"人"始终是作家关注的中心，只不过时代不同侧重点有差异，新时期之初的文学更注重人的物质生活，满足了人们基本物质需要的市场经济背景下更注重人的自身。

三 科技发展中的道德思维反思

泰勒在《现代性之隐忧》中认为，现代社会存在三个隐忧，一是意义的丧失、道德视野的褪色，二是工具理性的猖獗，三是自由的丧失，这三个隐忧从一定意义上说都与科技的发展有关。泰勒认为，在科技、工业发展过程当中，工具理性逐渐占据了支配地位，自我实现蕴含于工具理性之中。在达成自我实现的过程中，科技发挥了重要作用，或者说正是借助于科技的发展，工具理性推动了自我实现；但同时，工具理性衍生出的个人主义也使人沦为理性的"奴隶"。"事实上，在许多方面，工具主义理性的支配性在人类潜在活动的各个方面都是明显的，其支配性的目的指的就是自我实现。建立在给定的科学发现之上的技术，常常提

供给我们，以达到心理的整合和心灵的平静。"① 个人在自我实现
的过程中越来越重视理性算计和个人价值，道德则由于限制了个
人的追求而受到批判和否定，并最终被个人的自我实现所代替。
"自我真实和自我完满（self-wholeness）越来越不再被视为道德
的手段，不再被认为是独立定义的，而被看作是自身就是有价值
的东西。"② 也就是说，在科技发展之初，工具理性是达成自我实
现的手段，道德保证着自我实现的合理性并对自我实现起着约束
作用。随着社会的发展，个性意识逐渐觉醒，个人价值逐渐获得
尊重，道德逐渐从个体的自我实现中剥离出来，当个人价值被提
至价值核心的时候，它也取代道德成为自我衡量的标准。从这一
意义上说，科技发展的过程也是一个个体逐渐剥离道德约束的过
程。《葛家寨的喜悦》的道德倾向性还比较明显，即肯定马土根
父子大公无私的精神，《鲁班的子孙》则出现了价值判断上的困
惑，困惑的也是道德在工具理性中的逊位。在后来的乡村工业化
过程中，更是出现了工具理性的膨胀和传统道德的沦丧。徐国方
的《毒气》可谓其中的典型。因为油井井喷导致毒气扩散，望台
村的整个村子都受了灾，很多人中毒死去，活着的人则因祸得福
获得了巨额赔偿。赔偿款点燃了村民们的欲望：为了多要赔偿
款，他们疯狂地抢死鸡、死鸭子甚至为此大打大骂；有了钱之
后，瘸子一天换一个姑娘，最后娶了个漂亮的黄花闺女，新娘子
的父母比他还小；其他男人也在城市女人的诱惑下迅速堕落；彭

---

① ［加］查尔斯·泰勒：《现代性之隐忧》，程炼译，中央编译出版社 2001 年
版，第 67 页。
② 同上书，第 73—74 页。

大拿和彭三宝为了护钱发了疯，如此等等。望台村村民在金钱的诱惑下失去了道德的制约，显示出内心的丑陋。在这起事件中，毒气泄漏是导火索，科技的发展和不正确使用不仅使人畜丧失了生命，随之而来的巨额赔偿也考量出了人心。在物质的诱惑下，人性深处的恶魔淋漓尽致地呈现出来，淳朴、善良的形象再也不存在。"现代社会在经济、科技、政治和公共道德方面都比传统社会进步，但人们的自我道德却不比前现代人高尚。原因是各种宗教信仰都受到了现代商业的侵蚀。物质主义的流行就是人们自我道德堕落的明证。"① 如果说毒气泄漏之前望台村村民还有着道德的约束，那么在毒气泄漏之后他们的欲望则僭越了道德占据了支配地位，人成为欲望的奴隶，人被彻底工具化。

张光芒在论述当代启蒙文学思潮的时候，对清末以来的新道德做了深入的论述。他认为，传统道德是一种形而上的精神诉求，是内化于灵魂深处的价值追求；"五四"以来的新道德是在批判传统道德的基础上产生的，实用主义是其鲜明特征。"实际上，封建道德主义在中国早已实现了它宗教化的功能，至今仍然充满着强大的力量（人们常说的传统惰性？），它是中国的民族宗教，其核心秘密即在于将形而下的命题上升为形而上的终极性命题，将非理性的、外在的东西凝固为理性的、内在的东西，使其信仰化、永恒化、绝对化。一旦完成这种逻辑置换，它就具备了自足自律性，产生了自动力。"② 新道德在反对

① 卢风：《科技、自由与自然》，中国环境科学出版社 2011 年版，第 63 页。
② 张光芒：《中国当代启蒙文学思潮论》，华东师范大学出版社 2006 年版，第 220—221 页。

旧道德的过程中更为重视道德的实用功能，其在提倡个人解放的同时试图对道德的形而上内容进行摧毁，以为个人的发展创造条件。也就是说，新道德自建构、产生之日起就有着强烈的实用目的。进入新时期之后，经济的发展以及农民逐渐显示出的个性意识又一次对既有的道德形成冲击，不过，这次冲击的不仅是封建传统道德，还包括"革命"时期形成的政治化道德。随着经济的发展，传统道德遭遇剧烈冲击并最终被工具理性取代，物质化成为现代社会的典型特征。"现代性对人生意义问题的回答是物质主义的，物质主义在当代又体现为经济主义、消费主义的意识形态，它已积淀于现代制度和大众心理。而物质主义、经济主义和消费主义又受到科学主义或'科技万能论'的有力支持。"① 现代社会物质化的现实使科技被广泛应用于各个行业，为了追求经济利益的"科技万能论"逐渐剥去了科技的道德外衣，科技显示出赤裸裸的理性，徐长有的理性算计最终取代道德约束占据了支配地位。

无论是泰勒还是张光芒，都对道德形而上的内容做了肯定，并认为正是道德或者说个体内在的价值信仰保证了科技朝着良性发展，即保证工具理性对人的自我实现的功能而不是使人为机器所控制。当工业发展使现代文明祛魅之后，只有重新唤起制约工具理性过度泛滥的道德才能使其"返魅"并朝着良性发展。"我们永远不可能回到这些自我中心模式吸引和诱惑人们之前的时代。像一切形式的个人主义和自由一样，真实性开辟了一个责任

---

① 卢风：《科技、自由与自然》，中国环境科学出版社 2011 年版，第 71 页。

化（responsibilization）的时代，如果我们可以使用这个术语的话。这个文化发展的事实，迫使人们更多地自负其责。正是在这种自由度增长的本性之中，人们可以更堕落，也可以更高尚。没有任何一种东西将担保出现一个系统的和不可逆转的蓬勃向上。"①《葛家寨的喜悦》中，科技发展中的道德力量保证着工具理性的良性发展，即一方面促进了经济的发展，另一方面又保证着科技的发展为人所用，或者说道德保证着科技为人类发展的服务功能。但在社会发展中尤其是在市场经济冲击下，由于缺乏了道德的限制，科技的发展和应用呈现出片面性，并最终导致了工具理性的泛滥、个人主义的猖獗。由此，重新思考《葛家寨的喜悦》等作品呈现出的道德对科技和个人发展的约束功能无疑有着重要的意义。

新时期，随着国家工作重心向经济的转移，科技在农民生产生活中的作用日益显著。知识分子本着为社会主义经济建设、为四个现代化服务的宗旨力图反映这一过程中农民生活、思想和感情的变化，为我们了解当时的社会现实提供了参考。科技叙事从新时期伊始的受制于政治，到后来的受制于道德，呈现出科技在"脱域"之后"再嵌入"过程中的变异。道德化的科技叙事显示出农民的科学意识，也为我们反思乡村经济发展中的道德因素乃至乡村现代化发展提供了借鉴。

---

① ［加］查尔斯·泰勒：《现代性之隐忧》，程炼译，中央编译出版社2001年版，第88—89页。

第二节　新时期农民科学意识的嬗变

新时期是在否定"文化大革命"的基础上确立自身合法地位的，当"文化大革命"被赋予封建、愚昧和落后等内涵的时候，现代、文明和先进自然成为新时期应该具有的内涵。新时期承接着"文化大革命"时期，当"文化大革命"被视为反面，新时期的起点也必然是贫困和落后，现代化内在的文明、先进等含义使其具有了不容置疑的合理性，并借此成为新时期的主要目标。在现代化进程中，农民新旧生产生活方式的冲突也就成为传统与现代的冲突，他们在这一冲突中的思想嬗变也是其现代意识的形成过程，当传统被赋予愚昧的含义，其现代意识便有了科学的内涵。

一　"卫生革命"的象征意义

"文化大革命"结束之后，政治在乡村逐渐隐退，农民的"人"的意识逐渐觉醒。由于封闭落后的环境以及根深蒂固的封建意识，农民普遍处于愚昧落后状态，当科学意识借助于科技应用向农村渗透的时候，自然与农民的传统思想发生冲突。农民的保守使其对科技表现出怀疑，这时，只有借助于乡村权威证明科技的实用和高效才能使他们接受科学、运用科技知识。乡村权威对科技的应用起到了极大的促进作用，但其所具有的封建意识又使农民对科学的接受呈现出复杂性，显示出农民科学意识形成的艰难。路遥的《人生》中，回乡知识青年高加林去村里的水井打水，看到井水很脏，就和刘巧珍一起到城里买回来漂白粉撒到井里。高加林这样做是因为他受过教育，知道漂白粉的消毒功能，或者说他是利用科学知识还水一个"清白"。即使这样普通的知识村民也不知道，于是上演了高加林、刘巧珍与村民们冲突的喜剧，高加林、刘巧珍成为村民取笑的对象。受过文化教育的巧玲出面解释，也在村民们的奚落中脸红脖子粗。最后，村长高明楼出面，问题得以解决：高明楼不仅以理服人肯定高加林为社员办了件好事，还亲身实践，喝了一瓢漂白过的井水，证明了井水的干净。对于村民们来说，高明楼的威信远远胜过了高加林的科学，借助高明楼的威信高加林的"卫生革命"得以成功。高明楼在这里显示出乡村权威的作用，颇有"长老"的意味。从本质上说，"长老"往往意味着传统，科学知识与长老统治是一对矛盾，吊诡的是，科学知识的灌输往往要依靠"长老"的权威才得以完成，科学知识与"长老"统治又有机地结合在一起，显示出二者关系的复杂。高加林的"卫生革命"一方面使我们看到了乡村权威在农民生活中的影响，另一方面也显示出农民对科学知识的理解和接受将是一个艰难的历程。

其实，农民对科学是持欢迎态度的，只不过他们认为科学太过遥远而可望而不可即，他们不相信科学就在身边，所以当真正面对科学的时候他们往往将其视为异端，这时，只有借助权威的

"鉴定"才能还原科学的本来面目。由于特定的生产生活环境，农民更重视科学的实用功能，他们对器物的接受更为容易，也更能唤起他们的热情，器物往往成为其科学意识的主要体现。贾平凹的《小月前本》中，门门从外地租来抽水机给村民浇地并从中赢利，村民开始表现出犹疑，当看到抽水机确实既节约人力又快速方便的时候，他们争着雇门门的抽水机浇地，就连思想极为守旧的王和尚也使用了抽水机。抽水机无疑是现代科技的象征，使用抽水机浇地显示出农民基于实用目的对现代科技的接受。在长期的生产生活中，农民养成了务实、谨慎的作风，也正是这种作风使他们对新生事物抱有一种观望的态度。他们除了相信"长老"就是相信实践，他们的知识也大多从实践中来。由于实践的东西更为可靠，所以，他们一旦接受了新的东西也就很难做出改变。高晓声的《极其简单的故事》中，陈产丙等农民对上级提倡的开沼气池持敌对态度，对于他们来说，煤块比沼气更为实在，也更为现实。他们不是不相信科学，只是沼气作为一种虚无缥缈的东西离他们的生活似乎还很遥远，而煤块却是实实在在的东西并经过了他们实践的检验。村长陈宝宝借助乡村权力强制农民开发、使用沼气，遭到了村民的集体抵制，陈产丙更是因此受到批斗。在乡村权力的威逼下，村民们最终接受了沼气。沼气不仅节约了资源，也给村民带来了实实在在的便利，一旦发现沼气的好处，他们便爱不释手。后来，上级禁止使用沼气的时候，他们又开始抵抗，甚至为了贪图沼气的便利采用了"拖"的办法，显示出农民的功利性和实用性。就如作品所说，"这就是社员们的劣根性了，他们看到了沼气的好处，爱上了，舍不得——这只顾个人利益的自私自利思想"①。对于农民来说，实用永远是第一位的，正是沼气带来的便利和效益使他们对沼气产生了迷信甚至不惜为此违背上级的意图。从对沼气的怀疑到迷信，显示出农民科学意识的觉醒，也显示出农民的实用心理。

二 科学意识的初步觉醒

新时期，国人对现代化的焦虑与渴望以及以西方为主要参考的现代化之路，使西方现代科学成为衡量社会进步的冥尺②。西方发达国家高度工业化的现实，使工业化成为现代化的主要内容，也由此，在新时期的中国，乡村工业化成为乡村现代化的主要途径，发展乡村工业成为乡村经济发展的必然趋势。农耕社会的现实特别是根深蒂固的传统思想使乡村工业的发展面临着重重阻力。其中，既有外部条件的制约比如资金短缺、政策的变化等，也有内部思想的限制比如个人知识储备的差异、思维方式的不同以及生产方式的改变引发的思想冲突等。在乡村工业发展过程中，不同的生产方式代表了不同的思想并被赋予了不同的内涵，传统生产生活方式是愚昧、落后的象征，现代生产生活方式特别是现代机器等科技设备的使用则具有现代文明的内涵。现代科技不仅在生产方式上具有引领未来生活发展的趋势，而且被赋予了进步的意义。

---

① 高晓声：《极其简单的故事》，《收获》1981 年第 2 期。
② 指把现代西方科学当作可普遍衡量一切文明（无论是东方文明，还是非洲文明）之野蛮或开化、进步或落后、高级或低级的统一的尺子。这里显示出的其实是一种欧洲中心主义，在此框架内，现代化也就是西化。参见卢风《科技、自由与自然》，中国环境科学出版社 2011 年版，序言。

伊始的《农人》中，潘砖灶对自己的老火青砖有着深厚的感情和无意识的迷信，儿女们对新技术的推崇遭到潘砖灶的否定。凭借自己的经验，潘砖灶不相信以科学技术烧出来的砖会有老火青砖那么结实、好用，可在事实面前他不得不改变了看法，承认了原始工艺的落后。机器生产出来的砖，"虽然不尽符合他心目中的砖的规格，但比起他的老火青砖来，确是平滑好看得多。最叫他惊异和难堪的是，在一架嵌着个大钟样的圆盘盘的机器前，他的老火青砖放上去后，压力才加至 75 公斤，便很不争气地断为两截了，而那没见过火的砂砖，压力升到 230 公斤，才刚刚出现一道裂痕。再试一回，依然如此"①。在事实面前，潘砖灶的思想受到了沉重打击，他不得不同意了儿女们办农场的想法。潘砖灶之所以不想丢掉原始的生产方式，是因为它不仅改变了潘砖灶的命运，也维护着他的尊严和权威，甚至在一定意义上说，原始的生产方式就是潘砖灶权威和荣誉的象征。以机器为代表的现代生产方式对潘砖灶原始生产方式的冲击不仅表现为现代科技在农村的推广和应用，也表现为现代意识与传统思想的直接交锋。潘砖灶的儿女对现代机器的推崇正是现代意识的体现，潘砖灶最终的妥协显示出现代生产方式取代传统生产方式的必然。

如果说《农人》表现的是传统生产方式和传统思想最终被现代生产方式和现代意识取代的必然，那么周克芹的《晚霞》则表现出乡村人情在生产方式变更中的影响以及农民对现代科技的复杂情感。传统农民老庄对儿子用机器生产煤块抱着一种复杂的态

① 伊始：《农人》，《花城》1986 年第 5 期。

度，他一方面看到儿子使用机器生产带来的生产效率和经济效益，另一方面又看到机器生产对传统生产方式——手工煤场的冲击。在老庄看来，机器生产影响到手工生产者的利益自然会引起他们的不满、妒忌甚至敌视，老庄对儿子的劝阻既是出于对手工生产者的同情，也是基于对儿子四面受敌的担心。老庄对机器的抵制与其说是因为陈旧的思想，还不如说是出于人情世故，尤其是看到机器生产将要使那么多人陷入不堪，老庄的内心升起了怜悯之情。他之所以对儿子的机械化生产抱有抵触情绪，根本的原因不是对科技的拒绝而是人情世故的哲学和道德上对弱者的同情。当认识到现代工业是乡村经济发展的必然，老庄也接受了儿子的机器化生产，对传统生产方式必然被淘汰的命运，只能对其投以无限的同情并做出无奈的告别。科技显示出进步和理性。如果说机器生产与手工生产的冲突是现代生产方式和传统生产方式的冲突，那么由生产方式的使用者乃至其关联者表现出来的思想矛盾又体现出传统思想和现代理性的冲突。老庄对儿子的反对、犹疑、困惑和最终认可表现出农民对现代科技从犹疑到逐步接受的过程，当老庄因为反对现代生产方式而被界定为愚昧的时候，其对机器的接受过程也就是传统农民在现代生产方式影响下逐渐脱离愚昧走向文明的过程，或者说是逐渐摆脱愚昧形成科学意识的过程。

在农民对现代生产方式的怀疑、观望到逐步接受过程中，传统农民基于自身的传统对现代生产方式总抱有一种观望和游移的态度，因为科技的使用意味着要承担一定的风险，他们的保守与其说是思想的陈旧，不如说是考虑得周到和全面。对于他们来说，没有十足的把握还不如保持现状，"一个表面看来是十分温和的技术变化，其间接结果却可能是非常具有革命性的，它的出现必然伴随着嘈杂之声和神话般的虚构，带来由于它的导入而加剧了的农业劳动者内心深处的焦虑以及社会的和政治的紧张局面"①。这种焦虑不仅是农民对自身地位的担忧，也显示出他们对传统生产方式的留恋和无奈告别。在生产生活方式的递变中，传统农民往往成为现代生产方式的阻力，但这并不能证明其落后，由于农村错综复杂的关系，他们也往往会以各种形式表现出对现代生产方式的理解和支持。《平凡的世界》中，孙少安烧砖窑挣了钱，村民田四、田五等要求来窑厂干活的请求使孙少安萌生了换先进机器扩大生产的想法。面对儿子的冒险及其表现出的乐观态度，孙玉厚感到莫名地恐惧和担忧——当儿子把全部的心血将赌注压在砖窑上的时候也就意味着他将要承担更大的风险。孙玉厚认为，既然现有的技术和规模已经满足了他们的生活需要，孙少安就没有必要再冒险去扩大规模了。这种"小富即安"的思想显然是传统农民的特征，但其表现形式不是不思进取而是对冒险的担忧，也因此，他对少安的冒险保持了沉默。当少安遭遇挫折时，孙玉厚并没有埋怨和责备，而是默默地给予支持，甚至拿出少平寄给自己的钱支持少安。也正是靠着亲人朋友的帮助，少安重整旗鼓开始了又一次尝试并最终取得了成功。在这里，传统人情表现出对现代生产方式的促进作用——尽管它是以对亲人关心

---

① ［法］H. 孟德拉斯：《农民的终结》，李培林译，社会科学文献出版社2005年版，第126页。

的形式表现出来的。社会转型时期，新旧思想、生产生活方式等发生剧烈的碰撞与冲突，现代思想、生产生活方式显示出旺盛的生命力，传统思想、生产生活方式依旧占据着大量的空间，现代与传统共同存在于农民的生活，从而使农民的思想呈现出复杂性和暧昧性，对现代生产生活方式和价值观念的认同和接受则标志着农民科学意识的初步觉醒。

三　生态意识的曙光

基于实用思想，农民一旦认识到科技的作用便会爱不释手，甚至对科技产生无意识的迷信，这种迷信使科技在农村的应用日益广泛。但由于科技的两面性，农民对科技的迷信和依赖也产生了负面影响。田东照的《风水墙》中，五爷凭着朴素的认识和以往的经验对上级的扶贫充满了希望，对他来说，刷标语预示着上级将有新的行动，预示着村民的命运又要发生变化。可令他失望的是，上级的扶贫仅仅停留于宣传，离农民的实际需要差得远。农民发展生产急需化肥，可由于化肥是紧缺物资，买化肥需要上下打点，村里没有钱去打点关系，村民也就买不到化肥。在这里，化肥已经被"神化"。农民对化肥的迷信在显示其科学意识的同时也说明了他们的思想已经被科学控制。实事求是地说，化肥农药等现代科技物资的使用确实提高了农业产量，促进了农民生活水平的提高，但也造成了环境污染、土地板结乃至农产品危害人类健康等负面影响。曾经被视为农业生产发展强大推动力的科技逐渐暴露出弊端。由于传统农民已经形成对科技的依赖，很难一下子认识到其中的危害，或者说即使认识到了危害也往往由于利益的驱使视而不见，从而导致了科技在农村和农业生产中的滥用。这不仅对他人是一个隐患，最终也会影响他们自身的经济收益和生产生活，甚至可以说，科技的滥用引发的将是整个人类的灾难。毒牛奶事件、瘦肉精事件等已经为科技的滥用敲响了警钟。在此情况下，探索新的发展道路就成为农业发展的必然趋势。

乡村发展不仅要解决经济问题，更要保护环境，乡村工业的良性发展和生态农业成为乡村发展的方向。相对于传统农民的急功近利，曾经受过现代文明熏陶的青年人表现出长远的眼光，对乡村经济发展的探索也就更具借鉴意义。关仁山的《天高地厚》中，荣汉俊经营的轧钢厂曾经红极一时，但随着社会发展轧钢厂逐渐成为夕阳产业，陷入深重的债务危机，环境污染更使其饱受诟病，轧钢厂不得不宣告破产。受过现代文明熏陶的年青一代对工业发展有着理性的认识，也就能够超越荣汉俊等人急功近利的思想而兼顾经济发展与环境保护的双重需要。梁炜的豆奶厂和鲍真的生态农业就是在这种背景下出现的。豆奶厂因为与农业结合紧密、原材料便利显示出蓬勃的生命力，成为蝙蝠乡未来的支柱产业；同时，因为没有污染而成为朝阳工业，显示出强大的发展后劲。如果说梁炜是乡村工业发展的改革者，那么鲍真则是生态农业的探索人。从城市返乡之后，鲍真承包了村上的土地建起了农业生态园，利用食物链之间的自然循环生产出绿色农产品，不但使农业生产保持一种良性循环，而且提高了产量，打开了市场。在普通农民面临"卖米难"问题的时候，鲍真生产的"红苹果"牌大米受到客户的青睐，为其带来巨大的经济效益。在市场经济的大环境中，鲍真、梁炜等人紧跟时代步伐，因地制宜，利用科学知识，主打环保品牌，体现出农民的生态意识和环保意识。

随着社会的发展，人们对科学的认识日趋理性，"科技万能论"受到了质疑，人们不但认识到科技的两面性，而且注意到了人类与自然的相互依赖与和谐共生，对科技负面作用的批判和正面作用的弘扬显示出人们对科技的理性认识。科技不再是征服自然的手段，而是与大自然和谐相处的工具。由于农村所处的地理环境，他们对大自然的依赖更为明显，对人与自然关系的理解也就更为深切。李志川的《红狐》中，地哑开始将红狐视为祸害，而红狐也将其视为敌人，但二者在征服对方的斗智斗勇中逐渐形成依赖，人与动物显示出情感的共鸣。在红狐遇到危险的时候，地哑将红狐藏了起来，而当地哑处于生死关头的时候，红狐也将其引导到安全地带。作品以地哑与红狐的相互依赖阐释着人与自然的和谐共生。当人类将自然视为工具而向其疯狂索取的时候，也遭到了大自然无情的惩罚。因为人们的乱砍滥伐，龟山成为秃岭，最终因为一场大雨暴发了山洪并引发了泥石流，人们为自己的行为付出了惨痛的代价。红狐凭借动物的敏感预知到了危险，将地哑引导到三樟树帮其躲过了灾难。"愚蠢的人们破坏了山林，大火又助纣为虐，加剧了山林植被的毁坏，人们刨根挖桩的恶劣行为只不过是在悲剧开演前的一场自戕的彩排而已。"① 对大自然

---

① 李志川：《红狐》，《清明》1994 年第 1 期。

的关注显示出知识分子的人文精神，也呈现出其对金钱腐蚀下道德滑坡的担忧，正如贾平凹《怀念狼》的寓言，当狼被杀完了，人也就变成了狼。从这个意义上说，农民的生态意识显示出的不仅是获取经济利益的理性思维，也是对人类生存状况的关注。

作为现代文明的表现，科学意识是在传统与现代的碰撞与冲突中显示出来的，是作为愚昧的对立面而出现的。因为社会语境的差异，不同时期的人们对科学的理解不同，科学也因此具有了不同的内涵。乡村发展过程中，科技思维、城市文明、生态意识等是农民的科学意识在不同语境下的具体呈现形式，显示出其对科学渐趋深入的认知。不过也应该看到，因为传统思想的根深蒂固，农民科学意识的形成面临着重重的阻力，封建思想、乡村权力等始终与农民的生产和生活纠缠在一起，从而使农民的科学意识呈现出含混和复杂。

第三节 科学意识的复杂性

现代社会是以工业革命为开端的，工业化也因此具有了现代化的含义，作为工业发展主要动力的科技也就理所当然地成为现代化的显著特征。科技不仅改变了农民的生产生活，促进了乡村的现代化进程，而且促进了农民思想的改变，使其树立起科学意识。但由于受传统文化的影响，农民的科学意识始终掺杂着封建的、政治的因素，同时，市场经济下金钱至上的观念也以各种形式对农民形成影响，从而使其科学意识显示出复杂性。

一 政治主导下的科技叙事

"文化大革命"结束之后，急于改变贫困、落后现状的现代化焦虑以及知识分子强烈的启蒙意识使科学成为现代文明的代称。正因为科学象征着现代文明，形成了科学的能指和所指之间的差异，科学所指的内容虚化，能指的范围被无限放大。新时期之初，在对"文化大革命"等极端政治的反动和批判中，这一时期的科技叙事呈现出政治性内涵。

因为科学技术对农业生产的重要作用，农民对科技的研发和应用表现出高度的热情，对知识分子尤其是科技工作者表现出由衷的崇敬。孙秀霞的《挚情》中，北京农科院的专家李东辉夫妇因为政治问题被下放到农村进行劳动改造，但在农村却被农民奉为上宾。在农民的支持下，他们种植试验田，购买新良种，制造细菌肥料厂，为当地农业发展做出了贡献。农民不仅没有因为政治原因歧视他们，还像亲人一样照顾他们，把自己舍不得吃的东西送给他们，显示出农民对知识分子的关心以及意识深处的科学崇拜。不过也应该看到，作品对科学实验的描写有着强烈的政治目的，对极"左"政策的揭露显示出强烈的政治意味，科技则成为政治的工具。平反后，李东辉夫妇回到城市，但经历磨难之后李东辉患了癌症，极"左"政治对他的伤害无法弥补，科技叙事具有了浓郁的政治意味。其实，赋予科技更多的政治意味以达到对极"左"政治揭露与批判的目的也是这一时期作品的一个基本主题。叶辛的《蹉跎岁月》《我们这一代年轻人》等作品关于科技的叙事也更多的是出于政治的需要。《蹉跎岁月》中，下乡知青程旭和贫下中农袁昌秀、德光大伯、袁明新一起研究稻种改良，也与他们一起受到韩家寨极"左"势力的迫害；《我们这一代年轻人》中，下乡知青柯碧舟帮助湖边寨搞科技研发，建了机房，却被政治敌人左定法等人利用，围绕科技的冲突也就被置换为两种势力的政治斗争。科技就这样成为政治斗争的工具。由于特定的历史原因，"右派"等极"左"政治批判的对象本应该由于政治原因接受贫下中农的再教育，但农民却出于有用的心理将其当成人才，表面上看，这是对极"左"政治的解构，但其解构过程却显示出鲜明的政治内涵，延续着"文化大革命"时期文学服务于政治的鲜明特征。不过也应该看到，由于征用了民间伦理，其政治内涵显示出复杂性，科学叙事也因为民间伦理的介入而形成对极端政治思维的否定。珊泉的《旷野的风》对此有着形象的描述："那是在下午分配插队点的时候。领人的是各队的支书。其中有一位颇有威望的老劳模叫福生，他多了一个心眼儿，他和诸位支书说：听说从城里遣送回来的'黑鬼'里往往有能人，当年某某队接受了两个'老右'，一个懂电，一个会架桥碹洞，干活勤快、听话，还不用加工分，所以这一回分配插队干部，不能捡到篮里就是菜。"① 可见，农民之所以对他们如此欢

① 珊泉：《旷野的风》，《花城》1985 年第 6 期。

迎，是因为他们懂科学，会技术，体现出了农民的科学意识。

强烈的政治意味使这一时期的科技叙事具有了理想化的特征，科技成为政治的工具。王梓夫的《幸福，你在哪里》中，赵春林的妻子孙玉荣脾气暴躁、性格泼辣，是一个典型的泼妇形象。赵春林与谷艳明在一起科学育秧遭到妻子的猜忌，孙玉荣为此与赵春林大打出手，最终导致家庭破裂。造成婚姻不幸的原因是什么呢？当然是由于孙玉荣的知识匮乏导致的其与赵春林之间的差异，但孙玉荣没文化的原因怨谁呢？"怨自己的媳妇孙玉荣吗？她狭隘、粗野、庸俗，可是这能怪她吗？这不就是因为没有文化，没有受过教育造成的吗？而她又何尝不想掌握文化，不想受到教育呢？她曾经向他说过，她八岁那年，是准备到学校读书的，可正赶上吃食堂，连肚子都顾不上，还顾得上念书？她十岁那年，又要去读书，可是母亲又生下了第四个闺女，需要她在家看孩子。她十三岁那年，也想到民校扫盲班里去学习，书本刚领下来，'文化大革命'开始了，民校成了造反司令部。唉！孙玉荣也是一个不幸的人呀！"① 孙玉荣的狭隘、粗野、庸俗等脾气秉性并非天生，而是后天养成，根本原因则是受"文化大革命"的影响，孙玉荣也因此成为不幸的人，作品批判的矛头最终指向了政治。另外，孙玉荣这个人物的塑造以及赵春林与谷艳明在一起科学育秧的故事安排，也带有浓重的人为构造的痕迹，显示出作品公式化、概念化的特征。"造成文艺作品公式化、概念化的原因是多方面的，其中有一个主要的原因，就是创作者忽略了文学

---

① 王梓夫：《幸福，你在哪里?》，《花城》1980 年第 5 期。

艺术自身的特征，而仅仅把文艺作为阶级斗争的一个简单的工具。"① 也就是说，正是文艺为政治服务导致了文艺创作的公式化、概念化；反过来说，作品概念化、公式化的特征也表现出文艺为政治服务的痕迹。在这种情况下，文艺为四个现代化建设服务、为科学技术服务也就很自然地落入了为政治服务的窠臼，并由此形成人为雕琢的痕迹，也使科技叙事具有了强烈的政治意味。

二 乡村权力网络中的科技叙事

随着"文化大革命"的结束和国家发展重心向经济的转移，国家行政权力逐渐从农村隐退，但乡村政权仍作为"国家政权末梢"的代表以各种方式对村民进行着治理，其表现形式更多地表现为对公共资源的占有和支配，而不再是权力的强制。村干部借助于"国家权力末梢"的身份牟取经济利益也成为市场经济背景下乡村权力的主要表现。"国家权力末梢"的身份使村民很容易将村干部与权力等同起来，村干部也借此完成了对村民的精神控制和经济掠夺，甚至在一定程度上影响着乡村的发展。关仁山的《伤心粮食》中，村干部王福成利用手中的权力成立了高利贷银行，获取了暴利，农民在实践中认识到高利贷银行的本质，高利贷银行很难再经营下去。传统农民将自己交给土地，他们的生产、生活延续着既有的习惯，体现出传统思维。习惯了计划经济

---

① 本刊评论员：《为文艺正名——驳"文艺是阶级斗争的工具"说》，孔范今、施战军主编：《中国新时期文学思潮研究资料》（上），山东文艺出版社 2006 年版，第30—31 页。

的农民适应不了市场经济的运行规则，在粮食丰收之后农民面临着卖粮难的问题。返乡农民工王立勤有着与传统农民不一样的眼光，为了给农民的粮食寻找出路，他创造性地成立了农业生产合作社，利用市场帮助农民解决实际问题。王立勤成立农业生产合作社的本意是了解市场，适应市场需求将农民组织起来解决他们的实际困难，结果却陷入了王福成编织的圈套，王福成利用权谋一步步将农业生产合作社置于自己的掌控之下。对于王福成来说，农业生产合作社只不过为其走向衰落的高利贷银行提供了转型的途径，是他以权谋利的新手段。王立勤对乡村农业发展的探索受到乡村权力的控制。在乡村权力网络的禁锢下，王立勤无能为力，只能以逃避宣告其对乡村农业发展探索的失败。王立勤的这次出走再也没有了对乡村的留恋，而是一把火烧了自己的家园，显示出对乡村未来发展的失望和出走的决绝。王立勤的农业生产合作社无疑是新事物，也是农民的科学意识在市场经济体制下的体现。但扎根的乡村权力始终影响着农村的发展，也操控着农民的思维。乡村权力是农村经济发展不得不面对的难题。

在处理与乡村权力关系过程中，具有先进意识的农民大多采取的是妥协的形式，关仁山《麦河》中的曹双羊和周大新《湖光山色》中的暖暖是其中的典型。曹双羊事业成功之后回到鹦鹉村搞土地流转，土地的集中使农业种植实现了机械化，解放了劳动力；同时，由于与工业的联系，农产品直接进入工厂转化为工业产品，在提高农产品价格的同时也为工业生产提供了充足的原料，从而依靠价格上的优势和环保理念在市场上取得了竞争优势。应该说，这是一种更为科学的经营理念，也更能凸显农民的现代意识。"农业不再仅仅是一种生产的艺术，也是对市场需求的一种适应。当农业劳动者不再把自己仅仅看作生产者，并开始考虑自己的生产销路时，他的整个世界都改变了。种地养家的农民和满足消费者需求的农业生产者具有完全不同的视野。"① 土地流转之后，农民成为领取工资的"工人"，尽管他们有着诸多的不适应，但在发展变化的环境中，他们的思想逐渐转变，并最终接受了"工人"的身份。曹双羊的尝试不仅使农业生产达到一个新的高度，也促进了乡村现代化的进程，促使农民的意识不断向现代转型。更为重要的是，曹双羊的生产和经营方式直接与国际接轨，将农业生产纳入全球化市场使农民获得了更多的利益。曹双羊对未来农业发展的尝试显示出现代农民不但认识到工业与农业之间的和谐共生，而且标志着他们突破了土地的限制具有了一种世界性的眼光。但曹双羊的事业并非一帆风顺，而是面临着重重困难。为了走出农村，曹双羊不惜默许自己的恋人桃儿和自己的同学、县委副书记的儿子赵蒙交往；后来更为了解决困难与曾经伤害了自己姐姐的陈元庆合作……曹双羊巧妙地利用各种关系，完成了现代农业的建构，但奋斗过程中的付出也成为其抹不去的伤痕。暖暖也有着与曹双羊类似的经历。暖暖回乡之后发展旅游事业，却受到村主任詹石磴的刁难，为了扩大旅游的规模，暖暖不得不拿肉体和詹石磴进行交易。暖暖和旷开田的事业之所以取得成功，与暖暖的付出或者说屈辱经历密不可分。

---

① ［法］H. 孟德拉斯：《农民的终结》，李培林译，社会科学文献出版社 2005 年版，第 158 页。

无论是曹双羊还是暖暖，都是表现出现代意识的农民，但他们在创业的时候，却有着不得不屈从于权力的历史，他们是通过与权力的媾和为自己的事业打下基础。看似矛盾的科学意识与乡村权力就这样奇异地结合在一起，在呈现农民现代意识的同时，也显示出其封建意识的根深蒂固。

三 乡村经济发展中的封建意识

暖暖事业成功之后，逐渐利用自身影响挑战村主任的权威，甚至鼓动旷开田竞选村主任以取代詹石磴的位置。结果却是，旷开田当了村主任之后与商人薛传薪经营楚王庄的旅游，楚王庄的风气逐渐恶化，而旷开田也在这一过程中逐渐蜕变为又一个詹石磴。从詹石磴到旷开田，变化的是村主任的人，不变的是对权力的渴望和滥用，而这也恰恰暴露出农民意识的局限或者说农民的封建意识。在一定意义上说，正是根深蒂固的封建意识阻碍了农民科学意识的形成，也影响了农村的良性发展。

在乡村经济发展过程中，村干部做出了巨大贡献，村民也由此对其顶礼膜拜。从这个意义上说，村干部探索乡村经济发展的过程也是他们逐渐被村民"神圣化"的过程。当他们借助于经济实力树立起威信的时候，新时期乡村的"卡里斯玛"典型也就诞生了。《平凡的世界》中，孙少安雇用贫困的村民做工，在村民中树立起了威信，甚至可以说，孙少安在一定意义上已经控制了他们的命运。经营企业成功之后，孙少安陷入了精神上的困惑，在此情况下，进一步扩大经营，带领村民共同致富必然成为他的奋斗目标。为了实现这个目标，乡村权力必然成为他觊觎的对象。尽管作品没有向我们展示最终的结果，但通过孙少安表现出的能力和他在村民中的威信，不难想象最终的结局。其实，在孙少安身上已经体现出对权力的有意追求，只不过因为他刚刚创业，他的很多思想还没有充分体现，所以我们看到的只是一个正在成长的乡村改革者的形象。孙少安身上带有"十七年文学"和"文革文学"英雄人物的影子，他在村民中的威信是靠自己的能力和经济上的成功获得的，村民也是发自内心地拥护他。在双水村的政坛上，当田福堂退位之后，取而代之的必然是孙少安，而当孙少安获取权力之后，必然成长为双水村的"卡里斯玛"典型。如果说在孙少安身上一切都还是影子，是萌芽，那么到了李佩甫的《羊的门》等作品，呼天成等则显示出新时期农村"卡里斯玛"典型的真真切切的存在。

呼天成在计划经济时期树立起自己的权威，成为呼家堡的"土皇帝"，"文化大革命"结束之后，他又带领村民发展乡村工业，进行经济改革，探索出独特的经济发展之路，使呼家堡村民的生活水平和经济收入大大提高，为呼家堡的发展做出了巨大贡献。但同时，他又借助于宗法伦理确立起自己在呼家堡的统治地位，利用村民对自己的崇拜逐步将自己"神化"，成为村民顶礼膜拜的"皇帝"。对于那些敢于反抗自己的人，则从各个方面进行打压和控制，以恩威并施的方式构建起独立的乡村王国。"呼天成一步步成为说一不二的'呼伯'，成为呼家堡数十年的当家人，成为这个小小城堡中的权力精英，在很大程度上就是他成功利用了宗法伦理，并获取了那种超越人伦的道德境界。"① 但显然，在市场经济语境下，宗法伦理本身是无法达到这一目的的，只有将宗法伦理与经济利益有机结合才能形成牢不可破的统治，才能在现代社会发展中始终保持甚至进一步稳固原有的社会结构，才能保证呼天成的统治地位。"呼家堡虽然深深地扎根在那块'绵羊地'，以宗法伦理牢牢地维系着社群结构，但它又以开放的经济眼光，始终与社会的物质发展保持着紧密的同构关系。"② 呼天成以开放的经济眼光使呼家堡与急遽发展变化的时代保持着密切的联系，并借此巩固了自己的地位。呼家堡成为呼天成经营的"独立王国"，所有的村民从精神到肉体都受到呼天成的控制，甚至当呼天成想听狗叫时，村民通过学狗叫的方式取悦于呼天成，显示出意识深处的奴性意识。农民意识的现代化是农民现代化的主要内容之一，农民意识现代转型的过程是一个农民不断剔除封建意识、逐步树立现代观念的过程。但呼天成在带领呼家堡走向新生活的过程中，不但没有使村民因为经济的发展树立起现代意识，反而因为其在呼家堡的绝对权威唤醒了村民意识深处的奴性意识，阻碍了农民的现代化进程，这不能不说是一个遗憾。

呼天成显然是政治精英向经济精英转型的典型，在他身上融合了政治与经济的双重优势。作为呼家堡的当家人，呼天成建立权威正是依靠官方赋予他的政治身份，借助于政治身份他一步步

---

① 洪治纲：《"人场"背后的叩问与思考》，《名作欣赏》2010 年第 9 期。
② 同上。

将呼家堡置于自己的掌控之下。这时的呼天成不仅是国家权力在呼家堡的代表，而且具有了超常的权威，成为具有官方身份和乡村权威的政治精英。"在计划经济时代，中国农村政治精英的权力是国家权力在乡村社会的派生，他们主要是国家权力的'代理人'。改革开放后，随着国家权力从乡村社会逐渐退出，乡村社会精英的权力来源发生了变化，融合了传统乡村权威与官方身份。"① 在乡村经济改革中，乡村政治精英逐渐向经济精英转型，政治上的优势使他们更容易发展经济，经济上的成功又巩固了他们的政治地位，经济与政治的有机结合使他们将整个村子牢牢控制在自己手里。呼天成之外，《村子》中的田广荣、《天高地厚》中的荣汉俊、蒋子龙《农民帝国》中的郭存先等也都是借助乡村权力发展经济并最终构建起独立的乡村王国，从而使乡村工业发展打上了浓厚的封建烙印。

呼天成、旷开田等村干部一方面是带领村民致富的典型、改革的先锋；另一方面其意识深处的封建意识和小农意识又使其始终局限于自然经济的运行系统，缺乏与时俱进的魄力和胸怀，其改革也就带有了浓厚的封建性，从而形成封建性与资本性合一的现代经营模式。"从楚文王赀到詹石磴和旷开田，中国乡村的专制或统治意识几乎没有发生本质性的变化。詹石磴和旷开田虽然是民众选举出来的村主任，但在缺乏民主和法制的乡村社会，民选也只能流于一种形式而难以实现真正的民主。在这样的环境里

---

① 胡杨：《精英与资本》，中国社会科学出版社 2009 年版，第 176 页。

面，无论是谁，都会被塑造成詹石磴或旷开田。"① 在乡村经济发展过程中，对经济利益的推崇唤醒了农民意识深处的封建意识，对权力的崇拜和恐惧成为必然的结果。农民的权力意识助长了乡村干部的专制意识，或者说成为滋生专制意识的温床，乡村干部获取权力之后不是自觉地担负起为民谋福的使命，而是更多地将其作为树立个人权威、满足个人欲望的工具。从这个意义上说，乡村权力不但制约了农民科学意识的形成，而且因为唤起了农民意识深处的封建意识进一步巩固了乡村权力，阻碍了农民现代意识的形成。封建专制意识的影响和农民对经济利益尤其是个人欲望的疯狂追求，使乡村工业发展呈现出封建性与资本性诡异结合的特征，显示出乡村现代化进程的复杂。

四　第三世界国家寓言视角下的农村现代化之路

中国古代的乡村统治一直以宗族和家族为主，国家政权"是由儒家思想交织在一起的行为规范与权威象征的集合体"。② 杜赞奇使用"权力的文化网络"指称农村中这种复杂的关系，并认为，其中"文化"一词的象征性价值赋予文化网络"一种受人尊敬的权威，它反过来又激发人们的社会责任感、荣誉感——它与物质利益既相区别又相联系——从而促使人们在文化网络中追求领导地位"。③ 国家对农村的统治职能主要是通过税收等手段从农

---

① 孟繁华：《乡村中国的艰难蜕变》，《名作欣赏》2009年第2期。
② 杜赞奇：《文化、权力与国家》，王福明译，江苏人民出版社2008年版，第21—22页。
③ 同上书，第9页。

村榨取财富以稳固自己的统治，这基本上是通过乡村的宗族首领来实现的。这样，就形成国家政权和宗族首领互相借势的特征：一方面，宗族首领通过国家政权稳固自己的权威和地位；另一方面，宗族首领在帮助国家完成榨取的同时也使国家权力进一步象征化。由于宗族首领在村民心目中的威望，特别是他们作为乡村与国家政权沟通的媒介，也具有了和国家政权直接对话的能力。在这种情况下，国家权力被严重地虚化，宗族首领在乡村日常生活中占据了支配地位。虽然国家权力一直试图向农村渗透和扩张，但正如杜赞奇所说，国家权力扩张的特点限制了其对乡村的统治。"国家财政收入的增加和地方上无政府状态是同时发生的，换句话说，即国家对乡村社会的控制能力低于其对乡村社会的榨取能力，国家政权的现代化在中国只是部分地得到实现。"① 共产党领导的土改运动按照农村人口平均分配土地，实现了农民"耕者有其田"的目标。在这一过程中，他们发动农民摧毁了旧有的村社结构，建立起全新的基层组织和社会关系，对农村的土地、财产等进行重新分配，推动了农村的全面变革。前现代的土地制度与现代性诉求之间的矛盾决定了"土改"终被替代的命运，合作化运动的出现具有一定的必然性。虽然合作化运动存在着诸多弊端，人们对合作化的认识也存在着很大的分歧，但它毕竟发挥了重大作用并对乡村秩序产生了根本性的影响。借助于合作化运动，国家在农村建立起完善的基础政权体系，农民被完全纳入国

_____

① 杜赞奇：《文化、权力与国家》，王福明译，江苏人民出版社 2008 年版，第53 页。

家权力的规范之内，乡村社会结构发生根本转型。人民公社时期，国家权力对乡村的统治达到顶峰，而对农村主要生产资料——土地的支配更是形成了对农民的完全控制。"文化大革命"结束之后，伴随着家庭联产承包责任制的推行，人民公社最终解体，乡村权力逐渐从农村隐退。

进入新时期之后，伴随着农村管理体制的变革，生产队的职能逐渐弱化，乡村权力统一收到行政村。"除了部分乡企发达，村级经济活跃的富裕地区外，广大纯农区乡村的'行政村'权力基本上是单纯的'国家政权末梢'。"① 包产制将土地和生产资料等交给家庭自由支配，更大大地削弱了行政村的权力，这也使乡村干部不得不调整自己在乡村社会的角色。随着乡村公共事务的减少，村干部的职能相应地调整为对公共资产的控制。在农村改革中，经济的地位日益重要，村干部也往往凭借其政治资源逐渐完成从政治精英向经济精英的转型，并借此进一步巩固了他们的政治权力，从而形成经济政治合一的统治模式。当他们由此在村民中树立起威信的时候，他们也就成为新时期农村的"卡里斯玛"典型并逐渐异化为"土皇帝"。他们对乡村统治的基础是其村干部的身份，更确切地说是其身份具有的权力，这种权力不但影响了农民现代意识的形成，也使乡村现代化的发展呈现出复杂的态势。

詹姆逊认为，由于浓厚的封建性因素，发展中国家的经济发

---

① 秦晖：《农民中国：历史反思与现实选择》，河南人民出版社 2003 年版，第 29 页。

展带有了封建性与资本性混合的特征，或者说走的是另一条资本发展的道路。在这一过程中，乡村权力的重心逐渐向资本经营转移，从而使经济发展呈现出权力与资本结合的特征，被统治者也被迫遭受着资本与权力的双重压迫。按照詹姆逊的说法，第三世界国家的文本都可以看作"民族国家的寓言"。对于中国来说，城乡之间的巨大差异以及乡村城市化的发展模式，使乡村现代化之路具有了第三世界国家之内流传的关于第三世界寓言的性质，这就更增加了农村发展的困难。特别是，由于农业文明的深远影响以及封建意识的根深蒂固，农民对"权力"有着莫名的崇拜和恐惧，虽然不断推进的民主改革和日渐浓郁的现代文明使村民的法律意识、民主意识逐步增强，但由于封建意识的影响特别是当其化约为生活习惯的时候，必然使农民的思想和行为呈现出新旧交杂的特征，不仅制约了其现代意识的形成，也延宕了乡村的现代化进程。在诸多关于民主选举的作品中，竞选者利用宗族家族势力获益的现象屡见不鲜。社会学研究表明，"在江南等宗族势力较强的地区，宗族精英的活动已经远远越出了宗族范围，开始直接参与到社区权力竞争上来。宗族精英们往往利用血缘纽带关系形成利益团伙，采取非正常手段控制村民选举，获取自治权"①。选举过程中的人为因素使权力很容易陷入人情纠葛之中，导致村干部不能按现代规律办事。"如果一个国家的人们缺乏一种能赋予这些制度以真实生命力的广泛的现代心理基础，如果执行和运用着这些现代制度的人，自身还没有从心理、思想、态度

---

① 胡杨：《精英与资本》，中国社会科学出版社 2009 年版，第 18 页。

和行为方式上都经历一个向现代化的转变，失败和畸形发展的结局是不可避免的。"① 能做村干部的大部分是乡村精英，他们本来就在群众中有着较高的威信，当了村干部之后，他们更是借助于国家权力进一步巩固个人的权威，从而树立起其牢不可破的统治。著名社会学家曹锦清教授认为，"就中国的农业、农村、农民社会及与地方政府关系而言，历史的继承性远远超出它们的表面变化。这是每个急于现代化的人们必须加以正视的基本现实。正是在这块构成我们当代社会基础的乡村社会内，我们看到古老的生产方式及其同样的社会关系与政治关系，它们已经经历了近半个世纪的上层意识形态与政治制度的激烈变化而依然保持它的巨大的历史惯性。变化是有的，但很少触及本质变化"②。随着时代的发展，村干部的职能发生了变化，但传统思想的影响以及对公共资源的控制使其依然具有乡村传统权威与官方身份的双重影响，呈现出浓厚的传统特征。

在乡村经济发展过程中，现代文明借助于物质的外壳不断向农村渗透，受其影响，农村的传统文化不断变异，显示出由传统向现代嬗变的特征。当现代文明赋予农民对物质财富的渴求合法性的时候，它也借此确立了在农村的统治地位，并借助于物质的外壳形成对村民的符号殖民。就如有社会学者认为的那样，在乡村文化由"传统"向"现代"转变的过程中"呈现了一种合法化传递与接受，并内化成为客观的文化价值，我们可以称之为一

---

① ［美］英格尔斯：《人的现代化》，殷陆君译，四川人民出版社1985年版，第4页。

② 曹锦清：《黄河边的中国》，上海文艺出版社2000年版，第243页。

种‘潜运行符号暴力’或者‘辐射化’的符号暴力”。① 其直接结果表现在两方面，“农民本土意识与乡村文化的削弱；制度化的权力体系通过符号互动实现对于资源的占有并减损政策的效果。”② 市场经济向农村的渗透在促进乡村经济发展的同时，也为村干部追求更多的利益提供了便利。市场经济的残酷性超越了传统的人情伦理显示出残忍和冰冷，农民对欲望的追求也僭越了乡村伦理显示出贪婪。尤其是，在乡村现代化进程中，农民的封建意识不仅没有得到及时的清理，反而由于封建意识对欲望的肯定在许多方面以各种方式得以强化，如封建迷信的抬头、乡村权力的泛滥等，从而使乡村现代化显示出资本性与封建性混合的特征。“我们从一开始就必须注意到一个重要的区别，即所有第三世界的文化都不能被看作是人类学所称的独立或自主的文化。相反，这些文化在许多显著的地方处于同第一世界文化帝国主义进行的生死搏斗之中——这种文化搏斗的本身反映了这些地区的经济受到资本的不同阶段或有时被委婉地称为现代化的渗透。这说明对第三世界文化的研究必须包括从外部对我们自己重新进行估价（也许我们没有完全意识到这一点），我们是在世界资本主义总体制度里的旧文化基础上强有力地工作着的努力的一部分。”③ 乡村现代化进程中，现代文明与封建意识的接榫使乡村经济发展的探索者树立起绝对的权威，当他们将村民赋予的权力作为个人

---

① 李小云：《文化符号视角下的新农村建设》，李小云等：《乡村文化与新农村建设》，社会科学文献出版社 2008 年版，第 31 页。

② 同上书，第 36 页。

③ ［美］詹明信：《晚期资本主义的文化逻辑》，陈清侨译，生活·读书·新知三联书店 2003 年版，第 521—522 页。

牟取利益的工具甚至控制了村民思想的时候，也就使乡村现代化带有了更多的封建色彩。

乡村经济的发展为农民科学意识的形成提供了条件，但乡村权力的影响和农民思想深处的封建意识又使乡村经济发展呈现出浓厚的封建性。在乡村现代化进程中，村干部往往因为经济与政治的双重优势成为新时期乡村的"卡里斯玛"典型，形成对村民从精神到肉体、从政治到经济的全面控制和压迫，从而使乡村现代化显示出封建性与资本性混合与胶着的特征，其结果就是，不但阻碍了农民科学意识的形成，也使乡村现代化发展显示出悖谬。

第四节　扶贫叙事的理性反思

中国是典型的农业国家，农民占据了人口的绝大多数。由于地域差别和城乡差别，农村的经济发展呈现出严重的不平衡。在绝大多数农民走向或正在走向现代化的同时，在部分地区尤其是边远地区还有不少农民处于绝对的贫困状态。据有关资料，"在今天的中国农村有6432万贫困人口，其中有2365万还没有解决温饱，处于绝对贫困。他们年收入在683元以下，过着食不饱肚，衣不保暖的生活；他们中85%分布在生产条件恶劣的中西部；他们中那些老、弱、病、孤和其他遭灾难的人群更是困苦得难以形容"①。在这种情况下，"扶贫"成为贫困地区的农民实现现代化的有效措施，也自然地成为叙事的内容之一。

扶贫就是通过思想启蒙和现代科技的推广对农民的思想和生产生活方式进行改造，从而使其树立科学意识，推动他们的现代化进程。在具体的扶贫过程中，基于不同的生存语境以及对问题的不同理解，扶贫者与贫困户往往存在着隔膜甚至抵牾。绝大部分扶贫者真心实意地想帮助困难户脱困脱贫，困难户却对扶贫者充满不信任甚至敌视，扶贫陷入"越扶越贫"的悖论，并因此形成扶贫者与贫困户的双重焦虑。扶贫叙事往往将扶贫失败的原因归结为农民的愚昧，提出教育农民的问题。细读作品不难发现，扶贫悖论固然反映出农民思想的愚昧，但也与扶贫方式乃至扶贫者的功利思想密不可分，而乡村权力对扶贫的干预更使扶贫呈现出复杂的态势。扶贫叙事通过权力、功利等思想对扶贫的干扰表现出农民科学意识形成的艰难，也显示出扶贫者与农民的隔膜以及知识分子的话语霸权。

一　扶贫的悖谬

诸多扶贫叙事不约而同地将扶贫失败的原因归结于农民的素质，农民的懒惰、愚昧是主要因素，愚昧更是阻碍了扶贫工作的顺利进行。细读本文不难发现，农民对扶贫的抵制有着充足的理由，他们比扶贫者更了解自己的土地，更了解自己所处的现实，因此，也就能以更为科学的态度对待扶贫。韦晓光的《摘贫帽》

① 于建嵘：《底层立场》，上海三联书店 2011 年版，第 108 页。

中，地区农经委、财政局、土管局、报社等组成的扶贫工作队进
驻斋田乡，东瓜村是斋田乡最穷的一个村子，自然成为他们扶贫
的重点。他们去东瓜村调查研究看到了农民的贫穷，也看到了农
民的懒惰和愚昧：周宝一家五口住在牛栏背上，一家人只知道埋
头睡觉，不思进取，一年有三四个月缺粮；严良松家的八个儿子
一个当了倒插门女婿，其余七个只知道晒太阳，那时，狗精已经
在村上开了砖窑厂，他们完全有能力去做工挣钱，可他们宁肯受
穷也不愿做工出力。懒惰成为他们贫穷的主要原因。尽管如此，
扶贫工作队还是尽最大努力帮助农民脱贫。为发展生产，上级部
门指派了种 1000 亩早稻的任务，管副主任费尽周折搞到了早稻
种子。他满以为农民会按照要求认真耕种，但事实却是农民"就
让它茅草样长在那里，不侍弄，不施化肥。那毛黄黄的早稻落在
田里，就是摆样子给上头看"①。烂稻草甚至直接将早稻种子炒着
当爆米花吃了。管副主任辛辛苦苦搞来的种子就这样打了水漂。
后来，扶贫工作队引进了獭狸养殖项目，在他们的努力下，村民
们养殖獭狸获得成功。但在出售獭狸时却出现了问题：因为獭狸
滞销，扶贫工作队托关系找人来收购，但农民却等着高价出售，
扶贫工作队进行劝说却被怀疑从中谋利，獭狸收购受到农民的集
体抵制，当错过最佳时机导致獭狸无人收购的时候，农民又将失
误归咎于政府，甚至有了围攻乡政府的冲动之举。不难看出，农
民的懒惰和愚昧是造成他们贫困的主要原因。正如作家所说：
"不是自然条件，不是没有好政策，而是农民陈旧的思想、落后

---

① 韦晓光：《摘贫帽》，《上海文学》1996 年第 8 期。

的文化，还有许多丑陋的东西。是他们自己身上落后的东西，妨碍了他们奔小康的实现！扶贫，关键还是文化扶贫、精神扶贫呀！"① "严重的问题在于教育农民。这，就是我写《摘贫帽》的题旨所在。"② 除了《摘贫帽》，陈应松的《火烧云》、谢志斌的《扶贫》等也都写到扶贫工作队与困难户之间的隔膜以及农民的懒惰和愚昧。愚昧、懒惰成为农民贫困的主要原因，教育农民成为扶贫的主要任务。

事实果真如此吗？或者说真的是因为农民的愚昧和懒惰才造成了他们的贫困，才导致了扶贫的失败？答案当然是否定的。细读作品不难发现，农民对扶贫抱有一种抵触情绪，但根本原因不是农民的愚昧，而是扶贫者的失误！在扶贫过程中，扶贫者往往抱着急功近利的心理照搬外地经验，以先在的自我判断取代农村农民的现实，结果给农民造成了损失，使他们产生了抵触情绪。谢志斌的《扶贫》中，庄建敏等人的扶贫工作组在银盆乡发动农民种烤烟，其依据就是邻县种烤烟取得了成功。在种烟过程中，由于环境差异导致烤烟大面积减产甚至绝收，烤烟丰收时又因为烤烟价格下降引起农民的公愤，最终形成农民围攻政府的恶性事件，扶贫工作队迫于压力落荒而逃。《摘贫帽》中，扶贫工作队发动农民种早稻，农民却消极怠工，其原因正如作品所说，"农民心里算过账，早稻绝收了，种单季，比丰收了还合算。……早稻开镰的日子，白赤赤的烈日下，管副主任蹲在田地里，看着农

---

① 韦晓光：《摘贫帽与教育农民》，《中篇小说选刊》1996 年第 5 期。
② 同上。

民把长得茅草样的早稻，一把火烧了的景象，再也抑制不住感情，泪水模糊了他的双眼"①。农民之所以对早稻不管不问，是因为他们在长期的生产实践中明白，这种不切实际的做法只能是失败的结局。事实也证明，种植早稻不符合斋田乡的实际，早稻最后全部绝收。管副主任的泪水正是对其扶贫的绝好讽刺。"每一隅土地都是独特的，要想耕种一块土地，首先要对这块土地有深刻的了解，这仍然是现代科学无法取消的一种束缚。经正规的传统塑造出的农民自然会倾向于高估这种'独特性'，他们更加相信自己的知识，而不是技术专家提供的准确数据。"② 对农民来说，经验往往比科技更值得信赖，他们凭着本能只相信经过实践证明了的科技，对于与经验相冲突的事情总是抱着怀疑的态度，经历了扶贫运动的打击之后，他们更坚定了这种信念，由此也造成了他们愚昧、落后的表象。

农民对扶贫的抵触使政府想尽各种方法强迫农民接受扶贫的措施，对农民愚昧的先在判断更使政府的强制措施披上了合理的外衣。面对借助行政力量实行的扶贫措施，农民只能接受，也就是说，当上级部门依靠种种手段强迫他们按照所谓科学的方法致富时，他们因为失去了反抗的权利只能消极地应付。对于习惯了和土地打交道的农民来说，他们的理想和追求更为务实，只有实实在在的好处才会真正提高他们的积极性，也正因为农民对实际效果的追求造成了他们迂腐甚至愚昧的表象。细读本文不难发

---

① 韦晓光：《摘贫帽》，《上海文学》1996 年第 8 期。
② ［法］H. 孟德拉斯：《农民的终结》，李培林译，社会科学文献出版社 2005 年版，第 51 页。

现，种早稻、种烤烟等扶贫措施由于脱离了农民的实际，使农民蒙受了巨大的损失，这才是农民抵制扶贫的真实原因。作品由农民对扶贫措施的抵制得出农民愚昧以及扶贫首先要教育农民的结论，农民的真实情况却被有意识地遮蔽，这不能不说是叙事的悖论，也显示出扶贫的谬误。

二　权力制约下的扶贫陷阱

扶贫的初衷是为了帮助贫困农民摆脱贫困过上小康生活，但当进入操作阶段，由于种种原因，扶贫往往成为一种任务。扶贫者更多的时候不是出于自愿而是迫于权力的压迫才去扶贫的，他们的扶贫具有了强迫的意味，显示出功利性色彩。《扶贫》中的庄建敏、《火烧云》中的龙义海等接受扶贫任务的时候都对扶贫抱有抵触情绪，只是迫于上级的压力才不得不下去扶贫。扶贫者的功利思想使扶贫成为形象工程。历经多次扶贫，农民明白这样一个事实：所谓的扶贫不过是上级的形象工程，他们不过是扶贫者和相关部门追求政绩的工具。谢志斌的《扶贫》中，无论是在云安县还是云安县下属的银盆乡，所谓的扶贫已经成为上级的例行公事。庄建敏所去的银盆乡早已成为诸多扶贫工作队的光顾对象，扶贫工作队每次总会带来项目，总会要农民配合，"扶贫运动"使农民疲于应付，他们也由此成为运动的参与者而不再是自由行动的主体，或者说丧失了主体性。也正是这种扶贫现象迫使农民想出了应付的办法，他们专门拿出一座山应付扶贫，这座山成为"运动衫（山）"。这时，扶贫已经背离了初衷，异化为一种运动并成为农民的负担。这就形成了一种奇怪的逻辑：因为农民贫穷所以需要帮扶，帮扶者为了完成扶贫任务才要搞形象工程，扶贫的形象工程耽误了农民真正的致富，使其产生了抵触情绪，造成了贫困农民愚昧的表象；也正因为农民的愚昧和贫困才需要对他们进行教育和帮扶。扶贫陷入了怪圈。不可否认，扶贫者是接受上级的指派下乡扶贫的，即扶贫是他们的任务，但真正来到"民间"，耳濡目染农民贫困的现实，还是唤醒了他们意识深处的良知和知识分子悲天悯人的意识，也就愿意真心实意地为农民脱贫做出努力。就如同钱理群所说，"知识分子来到民间（农民中），总会有这样的惊喜、感动，以致内疚"①。《摘贫帽》中的扶贫工作队、《火烧云》中的龙义海等人的扶贫尽管不是出于感情诉求而是为了应付上级的任务，农民贫困的现实还是唤醒了他们内心的良知，他们也真心实意地想帮助农民脱贫。但他们的责任意识却与他们的工作部门发生了抵牾。对于部门来说，扶贫不过是为了完成上级的任务，他们更为重视扶贫的形象意义，也就更看重扶贫的成绩，扶贫的过程不是他们考虑的问题，部门的思维显示出强烈的功利性。如果说扶贫者由于下沉到"民间"其功利性思想有所缓解，那么他们所在的部门则完全是在追求政绩。扶贫者由此陷入矛盾：他们一方面想真心实意地为农民做点实事，帮助他们实现奔小康的梦想；另一方面又要为了完成上级的任务必须急于求成。这种矛盾心理决定了他们不

---

① 钱理群：《1948：天地玄黄》，山东教育出版社1998年版，第5页。

能根据农民的实际情况进行实质性的扶贫——急功近利的思想往往使他们来不及深入了解情况就仓促地做出决策，从而使扶贫脱离了农民的实际成为盲目的运动，农民成为运动的牺牲品。多次运动之后，农民终于疲倦，对扶贫产生了抵触情绪。《摘贫帽》中，养獭狸本身是致富的途径，可农民开始很是反感，在巨大的经济利益——"1条獭狸＝10头猪"的诱惑下他们持观望态度，看到乡政府工作人员的家属亲戚朋友带头养獭狸他们才放下心来。他们的这种犹疑心态典型地表现出农民对扶贫运动的不信任。报社记者小彭以"三不养"概括其心态，"一是要我养，你政府要拿钱，你不拿钱我不养；二是你要我养，你政府要收，你不收我不养；三是你要我养，我亏了，你政府要赔，你不赔我不养"。不难看出，他们不是不想脱贫，而是因为在历次运动中遭受的损失使其对扶贫产生了恐惧甚至抵制情绪，由此也造成了他们愚昧的表象。

除了急功近利的思想，乡村权力的压迫是造成农民贫困的另一个原因。乡村权力的滥用不仅延误了农民致富的进程，也阻碍了农民脱贫的脚步。就在国家对贫困地区、贫困户进行帮扶的同时，乡村权力却以种种形式对农民形成新的压迫甚至将其禁锢于封闭的权力空间。谢志斌的《扶贫》中，贫困、落后的银盆乡却有着不错的舞厅，整个舞场的情调和做派除了些许僵硬之外一点也不比大城市里的保守。承包舞厅的正是乡长，而承包费每月只有50块钱！云安县政府铺张浪费，"县庆"极度奢侈，在拿到那么多的赞助之后还要农民集资。"干什么事不找下边要啊?！有人统计过，县里有名目的收费有100多种，没有名目的多达1000余种呢。"① 于是我们看到，一方面是农民的愚昧和贫穷，另一方面则是为了摆脱贫困使农民承受了更重的负担，使他们更加贫困。扶贫成为农民的沉重负担。

王梓夫的《破译桃花冲》为我们展示出乡村的另一种现实。三年前"我"在桃花冲认领了 8 个孩子作为希望工程的帮扶对象，却在中途被村长冯土地换给了他的关系户，胡老师的代课教师的职位也被村长的准女婿取代，他则成为普通农民。"我"与司徒县长来调查此事，经过曲折的过程，事情得以解决。但解决的结果却令人吃惊：与其说是解决事情，不如说是一次更为妥协的交换：恢复 5 个希望工程的孩子，司徒拿出了 6 个希望工程的指标；恢复胡老师代课身份的条件是冯土地的准女婿田大山去县里的师范进修，两年后回村将成为正式教师。"冯土地在这笔交易中不但没吃亏，还占了便宜。"② 其原因正如司徒县长所说："地方复杂啊，正像毛主席他老人家说，针插不进，水泼不进，盘根错节啊！像冯土地这样的人，在桃花冲当了几十年的干部，'文化大革命'都没把他搬倒，成了精了。你要是成心跟他作对，闹翻了，你奈何不了他，他上下左右的一活动，就有可能把你鼓捣走。"③ 越是贫困地区，农民的封建意识越是浓厚，权力越是盘根错节。乡村权力的存在使农民更加愚昧，也延误了他们脱贫的进程，由此形成一个循环：权力阻碍了农民的脱贫或者说现代化进程，农民的贫困又助长了权力的滥用。乡村权力一方面限制了

---

① 谢志斌：《扶贫》，《清明》1996 年第 1 期。
② 王梓夫：《破译桃花冲》，《北京文学》1995 年第 9 期。
③ 同上。

现代文明的传播，另一方面又使农民陷入贫困不能自拔，乡村权力成为阻碍农民脱贫的绊脚石。何申的《奔小康的王老祥》中，王老祥做着奔小康的梦，可村长康万财却把自己的花费当成村里的开支，将负担转嫁到农民身上。更为可悲的是，欠款正是村民以前领取扶贫款的时候他们的手戳被村长利用的结果。王老祥奔小康的梦想因为还"欠款"彻底破灭。扶贫不仅没有解决农民的贫困问题，反倒因为扶贫过程中权力的滥用导致村民更加贫困。在这一过程中，村长、乡长甚至城市等都对农民形成了压迫，扶贫陷入了权力的陷阱。

三　扶贫叙事反思

诸多扶贫叙事在探讨农民贫穷、愚昧和落后的根源时，都写到了贫困地区的权力对农民的压迫，农民愚昧、贫困的原因之一就是根深蒂固的权力意识。无论是《扶贫》中云安县领导班子之间的权力角逐，还是银盆乡乡长的以权谋私，乃至《破译桃花冲》中村长冯土地牢不可破的地位及其"土皇帝"作风，都显示出权力赤裸裸的存在及其给农民造成的巨大损失。处于封闭的环境，农民确实有着愚昧、落后的一面，乡村权力的滥用则强化了他们的愚昧思想，压制了其现代意识的形成。《扶贫》呈现出的近亲结婚现象乃至乡村习惯的延续，都显示出农民的愚昧思想，如果说其原因在于乡村风俗的延续，那么，《奔小康的王老祥》中王老祥小康梦的破灭、《火烧云》中寒巴猴子告状遭遇的勒索和失败等则完全是乡村权力滥用的结果。封建权力意识应该对农民的愚昧承担很大一部分责任，也应该成为首要的批判对象，扶贫叙事却对此做了有意识的遮蔽而无限放大了农民的愚昧，或者说并没有深入挖掘愚昧的根源。这不能不令人遗憾。

进入新时期之后，农民因为秉承着国民性的品格又一次成为愚昧、落后的象征，只有通过启蒙才能塑造他们现代性的灵魂又一次成为知识分子的共识。高晓声笔下的陈奂生正是当代阿Q的典型，"陈奂生那种麻木的看客心态及自恋自慰、自我满足的阿Q形象，经一些有见地的批评家指出之后，很快得到了广泛的认同，成为这一形象的经典评价，高晓声的小说也被指认为'鲁迅风'，这在有着'小五四'之称的80年代显然是一个无上光荣的称号。不仅如此，陈奂生形象塑造中的'国民性批判'意识，为新时期以来农村题材小说提供了一个思路"[1]。也正是沿着这个思路，形成了对农民启蒙的思潮，农民也因此被定格为愚昧和落后。扶贫叙事中，外来者与封闭地区的农民（贫困乡、村和困难户的最主要的特征就是封闭）的直接对话，可以说是现代文明与封建传统的一次正面接触与冲突。阿Q尽管有着这样那样的缺点，毕竟还有着革命性的自觉诉求，显示出人生的活力，新时期扶贫叙事中的贫困农民连阿Q那种最起码的革命本能也消失殆尽，他们呈现出的只是对生活和人生的应付。谢志斌的《扶贫》中，在庄建敏等人考察的村子，成年村民有条件就给自己准备好棺材，他们把这看得和建房一样重要，宁肯不吃不喝也要准备

---

① 赵黎波：《高晓声论——"他"的时代已经过去?》，《文艺争鸣》2009年第8期。

好，有条件的二十几岁就做好了。这不是个别现象，而是一种风气。也就是说，村民刚刚步入成年就准备了死亡。对他们来说，人生不过是生死的轮回，至于人生的意义和奋斗、追求等现代性话语是与他们无关的。阿Q被杀头几十年后，他的子孙连他那点通过革命改变生活的简单追求也完完全全地放弃，他们只是以生物性的本能存在显示出作为一个"人"本身的存在。在这种情况下搞现代化无异于天方夜谭，因此，对农民进行启蒙也就成为必然。

有论者认为，"高晓声80年代中期之后的国民性批判正是相当典型的现代版的'刻舟求剑'……由此把陈奂生变成了作家的复制品，在越来越丰富的'表演'中越来越脱离现实"①。高晓声的创作也代表了一部分作家的创作现实。就在高晓声等人对国民性批判的同时，我们也在贾平凹的《高兴》、莫言的《愤怒的蒜薹》等诸多作家笔下看到农民的力量以及他们对现代文明的主动追求，从而对所谓的启蒙话语形成了解构，即使在扶贫叙事内部也可以看出农民对现代文明的向往和追求。《摘贫帽》中，狗精回乡之后办起了砖窑厂，不仅自己挣了钱，也给村民带来了挣钱的门路，村民因为狗精的气魄和能力对其钦佩至极，狗精的威望甚至超越了村长和上级干部。狗精对扶贫的理解和认识以及为扶贫做的努力体现出农民的现代意识。《奔小康的王老祥》中，村民因为不甘心不明不白地还钱，委托王老祥去县城打官司也体现出农民朦胧的现代意识。据此看，扶贫叙事得出农民愚昧需要

---

① 刘旭：《高晓声的小说及其"国民性话语"》，《文学评论》2008年第3期。

启蒙的结论就成为一种话语权力，不过这里的权力不是强权，而是知识的霸权。"哲学家，甚至知识分子们总是努力划出一条不可逾越的界线，把象征着真理和自由的知识领域与权力运作的领域分隔开来，以此来确立和抬高自己的身份。可是我们惊讶地发现，在人文科学里，所有门类知识的发展都与权力的实施密不可分。"① 如果说现实中农民的愚昧与乡村权力不无关系，那么扶贫叙事对农民的想象则是一种知识的暴力，也正是这种权力的存在使农民与科学拉开了距离。

扶贫叙事通过扶贫悖论得出教育农民的结论尽管有着某种程度的合理性和真实性，但得出教育农民结论的更根本的原因却是扶贫叙事的话语霸权。农民的懒惰、愚昧显然是叙事者站在所谓现代的立场得出的结论，对于农民自身来说并不存在懒惰、愚昧的问题。实际上，这里体现出的是两种价值观念的冲突，即农民所处的乡村价值观念和知识者所处的现代价值观念的冲突。对于知识者来说，物质上的富裕、思想上的文明等是现代社会中"人"的基本要求，只有在此基础上才有"幸福"的可能。李泽厚认为，"幸福归根结底是个体的某种主观感受"②。贫困地区的农民对幸福的理解自有另一种含义，对他们来说，只要能解决温饱问题就够了，至于其他，似乎是他们世界之外的事情。这也决定了他们甘于现状的心态。列维－斯特劳斯认为，"史前考古知识的发展趋向于认为，各种文明的形式是铺展于空间而非如我们

① ［法］米歇尔·福柯：《权力的眼睛——福柯访谈录》，严锋译，上海人民出版社1997年版，第31页。

② 李泽厚：《伦理学纲要》，人民日报出版社2010年版，第175页。

以前乐于想象的那样是序列于时间的"①，即历史发展是一个复杂的而不是线性的过程，各种文明之间应该是平等的关系而不是有着高低之分，因此也就不能将一种文明的价值标准强加于他者之上。在扶贫叙事中有着一个先在的价值判断，即处于封闭环境中的农民都是贫困、愚昧和麻木的，需要从物质到精神进行全面的帮扶。这种认识构成了扶贫叙事的基础。扶贫叙事中，叙述者由于所处的地域优势以及心理优势形成话语霸权，农民则因为处于"被看""被言说"的位置处于"失语"状态，只能任由知识分子将先在的价值判断加诸他们身上，从而形成了知识分子对农民的话语压迫。正如有论者对《摘贫帽》的分析："作品完全以一种先在的理念——农民的精神愚昧——来看取乡土农村，这是一种纯粹的'他者'眼光，在作品中处于'被看'地位的农民是一个没有自己发言权来表达自己文化特性的沉默的群体，而任由作者编排他们的'精神愚昧'。"② 由于文化差异，"扶贫"失败是难免的，"但却并非源于所谓农民精神愚昧，而是由于'扶贫'本身的畸形设计"③。应该说，这种分析更切合扶贫叙事反映的现实。在知识分子对农民的想象中，农民作为"他者"所处的地位颇有第三世界国家寓言的性质，知识分子对农民的想象也因此具有后殖民的意味。扶贫叙事中的农民是知识分子按照自己的理解想象出来的"农民"，与现实中的农民有着很大的差距。也正是

---

① 卢风：《科技、自由与自然》，中国环境科学出版社 2011 年版，第 61 页。

② 许志英、丁帆：《中国新时期小说主潮》，人民文学出版社 2002 年版，第597 页。

③ 同上。

这种差距的存在，显示出知识分子的话语霸权。

扶贫叙事显示出扶贫的悖谬，也显示出农民科学意识的初步觉醒，随着城乡交流的日益频繁和现代传媒比如电视、网络等的普及，农民的思想必定会受其影响而嬗变。扶贫者虽然有着强烈的功利思想，但他们的扶贫还是为贫困地区的经济发展做出了贡献，也将现代文明意识带入了贫困地区，尤其是，乡村外来者进入贫困地区必定会发现其潜在的经济价值，从而为贫困地区的开发和经济发展创造条件。随着社会的发展，贫困地区农民的思想必定会发生改变并最终形成现代意识。据此看，扶贫不但是解决贫困地区经济发展的有效途径，而且对农民科学意识的形成具有重要意义。

小　结

在乡村经济发展过程中，科技因为在农业生产和农民生活中的重要作用而受到农民的青睐。科技的应用一方面促进了乡村经济的发展，提高了农民的生活水平；另一方面，科技的滥用也带来环境污染、生态破坏、道德失范等负面影响。在这种情况下，树立生态意识和环保意识，发展生态农业和生态工业就成为乡村经济发展的必然趋势。在此意义上说，农民对现代工业、农业的探索不仅使乡村经济朝着良性发展，也体现出农民的环保意识和生态意识。由于封建意识的影响，科技的应用往往受到乡村权力、传统思想等诸多因素的影响，但它毕竟冲击、改变了农民传统的生产和生活方式，促使其不断向现代转型，伴随着生产生活方式的改变，农民的思想也不断变化，当其不断祛除传统思想而呈现出越来越多的现代特征的时候，也就显示出农民思想的现代嬗变。

作为国家的一项重要举措，扶贫对贫困地区的农民脱贫具有重要意义。但扶贫过程中的功利性因素往往使扶贫成为形象工程，不仅延缓了农民真正的致富，也对农民造成了伤害，使其对扶贫产生了抵触情绪，从而形成越扶越贫的悖论。知识分子根据先在的价值判断将扶贫失败的根源归结为农民的愚昧和落后，并由此得出教育农民的问题。细读本文不难发现，扶贫者的功利思想、乡村权力的干涉乃至农民对扶贫运动的恐惧才是扶贫失败的真实原因，扶贫叙事得出教育农民的结论显示出现代文明与农业文明两种价值观念的冲突，也表现出知识分子意识深处的启蒙意识以及扶贫叙事的话语霸权。

第五章 消费观念：被重塑的
欲望追求

　　在农民的传统观念中，消费主要是为了进一步发展生产；同时，他们为了维持生存和繁衍也需要进行一定的消费，因为传统农民的消费具有生产的性质，因此可以称为"生产性消费"。在自然经济条件下，生产力水平的低下以及农民依土而生的现实，使勤俭成为传统农民消费的典型特征，生产性消费因此具有了勤俭的内涵。在长期的历史发展中，勤俭不仅是传统农民的消费准则，而且影响着他们的生产生活方式，以勤俭为特征的生产性消费也因此具有了道德的内涵，传统道德是其典型特征。进入新时期之后，随着经济的发展和物质生活水平的提高，农民的消费观念逐渐改变，注重自身的形象和生活的舒适成为他们追求的目标，这种为了外在形象进行的消费虽然还带有传统观念的特征，但为了个人生活和形象的目的又显示出现代价值观念的某些特征，成为传统价值观念向现代价值观念过渡的桥梁，我们可以称为"形象消费"。

相对于农村，城市的消费主要为了满足个人的欲望，这既是城市文明中个人价值的体现，也是因为城市作为一个欲望化的空间为人们提供了欲望消费的条件和可能，并利用一切手段刺激着他们的消费欲望，欲望化成为城市消费的主要特征，我们可以称为"欲望性消费"。城乡之间的巨大差异使城市成为现代的象征，乡村则代表着传统，从这一意义上说，以乡村城市化为特征的乡村现代化进程，也是农民由传统的生产性消费观念向现代的欲望性消费观念转变的过程，这既体现为乡村经济发展过程中农民传统消费观念内涵的嬗变，也体现为农民进城之后逐渐接受城市价值观念形成的欲望性消费。在由传统消费观念向现代消费观念转变的过程中，农民表现出强烈的个性意识，体现出鲜明的主体性，但又往往受欲望的诱惑和生存的逼迫而沦为消费的对象。农民消费观念的现代转型显示出消费社会的欲望景观，成为新时期叙事小说的主要内容之一，这既是农民消费观念转变的结果，也是消费社会支配下的欲望化书写。

本书认为，作为现代消费的体现，形象消费既有物质因素也有精神内涵，其精神内涵主要是通过物质体现出来的，或者说物质追求本身体现出精神内涵。欲望消费作为现代消费的体现突出的是物质和欲望，是市场经济背景下对物欲赤裸裸的追求。在形象消费和物欲消费的关系上认为，二者存在着你中有我、我中有你的复杂关系。作为现代消费的表现形式，形象消费注重消费的外在表现，欲望消费更注重个人的内在心理；形象消费主要是通过外在形象比如吃穿住行等外在形象达到生活的舒适和心理的满足，欲望消费主要是为了满足个人的欲望追求；形象消费兼有精神与物质追求的双重目的，而欲望消费突出的是个人享受和物质欲望，当形象消费逐渐剥离了精神内涵而以物欲追求赤裸裸地表现出来的时候，也就成为欲望消费。无论形象消费还是欲望消费，都体现出现代社会人们的本能以及他们的个性意识，在此意义上，二者又显示出一致性。

新时期小说中农民消费观念的嬗变实际上有两条线索：一条是在农村环境中，随着经济的发展和城乡交流的频繁，农民的消费观念逐渐变化，吃穿住行等虽然还是他们消费的主要内容，但形象性已经超越实用性，显示出形象消费的特征，而生产性消费蕴含的勤俭等道德内涵逐渐被个性追求、欲望观念等所取代；一条是进城之后，受城市环境影响，农民的消费观念逐渐向城市靠拢，显示出越来越多的欲望性特征。无论是形象消费的嬗变还是欲望性消费的凸显，都显示出农民消费观念在现代社会的转变，呈现出农民消费观念的现代转型。

第一节　农民传统消费观念的内涵嬗变

农业文明的悠久历史形成了农民与土地之间的密切联系，土地的稳定性决定了农民安土重迁的心理，并在此基础上形成了他们勤俭的消费观念。在农民的日常消费中，衣食住行等基本物质生活需求占据着重要地位，吃和住更是最基本的需要，勤俭持家不但保证了他们的基本生存需要，而且在长期的社会发展中被赋予了道德的内涵。随着经济的发展特别是商品意识向农村的渗透，农民传统消费观念的内涵逐渐发生了变化，他们为了生存需要的物质消费逐渐有了精神的意义，显示出形象消费的特征。

一　传统消费观念的现实表征

历史上，自给自足的自然经济一直在农村占据着支配地位。在自然经济条件下，土地是农民生产生活的主要来源，家庭手工业是有益补充，农民生产的产品主要满足家庭消费，真正进入流通成为商品的很少，在其生活中所占比重也不大，除非必要，他们一般不进行交换。自给自足的自然经济形成了农民的生产性消费观念。对于农民来说，无论是生产工具的改进还是劳作方式的改变都是为了积累更多的财富，以便为丰裕的物质生活打下基础。限于当时的历史条件，为了积累财富农民必须勤俭，勤俭成为农民价值观念的主要特征。"在土地生产方式下，人们认为手中握有的主要货币形态——谷物和谷物的替代品（纸币与金属货币）——总是随着其被使用而减少。故而形成一种习以为常的货币观念：钱谷是死的，用之则减少，唯有'收'和'守'方可保值。""既然钱谷、货币来之不易，用之则减少，那么在如何消费上就形成了反奢侈、倡节俭的农耕文化的消费观。"[①] 这种勤俭的价值观念化约到农民的日常生活，就形成了他们勤俭的传统，也

---

① 许建平：《货币观念的变异与农耕文学的转型》，《中国社会科学》2007 年第2 期。

决定了他们以生产为目的的消费观念。

新时期之初，由于物质的贫困和农业文明的影响，传统的消费观念在农村占据着支配地位，农民的消费呈现出明显的传统特征。对于农民来说，生存是最大的事情，房子作为基本的生存条件象征着安全和稳定，盖房也就成为他们最大的愿望。为了盖房，农民必须积累物资，为积累物资他们必须省吃俭用，盖房由此显示出传统农民勤俭的道德品质，表现出他们传统的消费观念。高晓声的《李顺大造屋》中，李顺大毕生的心愿就是盖三间房子，因为只有房子才能保证一家人的生存，但这简单的心愿却使李顺大一家受尽了磨难，付出了难以想象的代价。为了帮助李顺大造屋，李顺大的妹妹错过了婚姻的最佳年龄，只能嫁给一个和李顺大一样的贫困家庭。为了造屋，李顺大一家表现出惊人的勤俭精神：李顺大卖糖球挣钱，可是他的孩子竟然不知道糖球啥滋味；为了攒钱，一家人甚至从饭食上节省，"甚至还有这样的时候，例如连天大雨或大雪，无法劳动，完全'失业'了，他们就躺在床上不起来，一天三顿合并成两顿吃，把节约下来的一顿纳入当天的收入。烧菜粥放进几颗黄豆，就不再放油了，因为油本来就是从黄豆里榨出来的；烧螺蛳放一勺饭汤，就不用酒了，因为酒也无非是米做的……长年养鸡不吃蛋；清明买一斤肉上坟祭了父母，要留到端阳脚下开秧元才吃。"[①] 李顺大一家为了造屋不惜损害身体，其盖房的资金主要来自对苦难的主动承受和日常生活的俭省，这不仅延续了传统的节俭精神，也与当时提倡的艰

---

① 高晓声：《高晓声精选集》，北京燕山出版社 2006 年版，第 12 页。

苦奋斗的时代精神相契合，只不过李顺大将其巧妙地应用于积累财富以完成造屋的心愿——当时，为了集体利益而牺牲个人利益是一种受到肯定的价值观念，李顺大将这种价值观念移植到家庭生活，以对家庭成员的刻薄完成家庭这个小集体面临的共同任务。这是一种最原始的财富积累的方式，它不是靠对外索取而是依赖对个体本能欲望甚至合理需求的压抑来完成的，是通过压缩个体基本生存条件以实现更为远大的目标。正因为与艰苦奋斗的时代精神相契合，李顺大一家对个人欲望的压抑并没有引起村民的非议，李顺大节俭的典型性可想而知。特别需要指出的是，节俭并不是小气。小气的主要表现是在人情交往中的过度索取和对他人的刻薄，节俭主要体现为对个人的刻薄而无悖于人情礼往，不同的内涵和适用对象显示出二者的本质区别。在农民的传统观念中，小气的人往往为人们所轻视、所不齿，而节俭却是一种美德，这也从一个侧面显示出了节俭的道德内涵。

在家庭和个人关系上，李顺大以牺牲家庭成员的个人利益实现家庭的共同目标；在家庭与集体之间，也是牺牲家庭利益维护集体的利益，甚至为了集体放弃本应属于自己的利益。为了梦想中的共产主义生活，李顺大将省吃俭用积攒的财产无偿地献给了集体；集体解散之后，由于无力偿还个人的财产，组织出面做李顺大的工作，李顺大最终接受了组织的安抚，放弃了索要的权利，这也意味着李顺大盖房的意愿又一次成了泡影。由于没有房子，李顺大一家只好住在猪舍里。后来，为了获得盖房子的物资，李顺大拿出省吃俭用的钱买烟送礼，当营业员指点他怎么能买到盖房物资的时候，李顺大执意以烟表达谢意。不难看出，在日常生活中，无论是对集体还是对他人，李顺大的道德品质都是无可挑剔的。这一点还可以从李顺大对待祖先的态度上看出来：尽管李顺大一家为了造屋拼命节俭，但每年清明还是要买一斤肉祭奠李顺大已故的父母。如果考虑到当时社会的现实和李顺大的家庭情况，买一斤肉对于他来说无疑是极大的奢侈，这也显示出传统农民"孝悌"的伦理道德观念以及小农的社会文化心理。"以儒家为代表的中国传统文化是以伦理道德为核心的、政伦合一的文化。这种官方意识形态向小农灌输、熏陶的结果，就形成了小农浓厚的宗法血缘观念、家族观念、孝悌观念、尊祖先重传统的观念、人际关系的和谐观念以及讲面子不讲原则、注重价值判断而忽视科学事实的社会文化心理。"① 农民的价值观念深受儒家思想的影响，儒家的一整套行为处世规范化约到农民的日常生活就成为农民的人生哲学和生活习惯，小农意识是其鲜明特征。这也从一个方面说明了传统农民为什么在日常生活中如此节俭，而在盖房子、婚丧嫁娶等人生大事上又如此铺张。受土地稳定性的限制，农民的生活范围极为狭小，盖房、祭祖、结婚等人生大事几乎就是其生活的全部，寄托着他们人生的意义和个人甚至家庭家族的全部价值，也成为他们在乡邻面前展示自己的途径。他们对于乡邻的了解也主要是通过这些人生中的大事。房子成为家庭地位的象征，不仅代表着家庭的经济状况，还具有了道德的内涵。李顺大在如此贫困的条件下之所以能给儿子娶来媳妇，将盖房当作人生的目标也是重要的因素："闹腾了许多年，李顺大房

---

① 袁银传：《小农意识与中国现代化》，武汉出版社2008年版，第51页。

子没造成，造房的名气倒很大了。精诚所至，金石为开，不仅感动了营业员，而且还感动了上帝。这上帝不是别人，就是他未来的媳妇，名叫新来。"① 新来能嫁给李顺大的儿子，李顺大持之以恒的造屋精神是一个重要因素，这也显示出农民勤俭的道德品质和艰苦奋斗的时代精神。李顺大终生奋斗的目标是盖房子，陈奂生有了钱之后首先想到的是买帽子。无论房子还是帽子，都是农民基本的生存需要，只有满足基本的生存需要，他们才有条件追求更高的目标，这也决定了他们生产性的消费观念。

农民的生产性消费观念不仅表现为对基本生产生活资料的追求，也与他们的审美观念有着密切的联系。古代的审美标准是与人们的生存更确切地说是与物质联系在一起的，审美的物质内涵显示出生产性的特征。叶舒宪在《高唐神女与维纳斯》中认为，古代的地母神大都是丰乳肥臀的形象，象征着多产和富饶，体现出先民以"食"为主的审美意识"……可见中国文化中性感之美的标准是取法于功利目的，其实质不过是有利于男性从对方有效地'食'（采补）。"② 这种审美显然蕴含着先民基本生存的诉求，"由此看来，所谓'美色为艳'的女性美标准实际上是'羊大为美'的食美学标准的类比变相，其根源在于以性行为为吃食的神话观念。"③ 在古代社会尤其是原始社会，由于生产力水平的低下，生存成为先民的基本诉求，对食物的重视使他们的审美观念

---

① 高晓声：《高晓声精选集》，北京燕山出版社 2006 年版，第 10 页。
② 叶舒宪：《高唐神女与维纳斯：中西文化中的爱与美主题》，中国社会科学出版社 1997 年版，第 301 页。
③ 同上书，第 303 页。

具有了物质的特征。在社会发展过程中，虽然人们的物质生活条件逐渐改善，但这种以"食"为主的审美观念却作为一种潜意识一直影响着先民，甚至到新时期也有着深远的影响。莫言的《丰乳肥臀》中，母亲的形象就带有鲜明的"地母"的影子。王梓夫的《向土地下跪》中，康老犁之所以选中田小穗做妻子，就是因为田小穗腰圆屁股大，有着使不完的劲，而田小穗也恰如康老犁预料的那样能干而且能生育。可见，在农民传统的观念中，无论是土地还是女人都具有多产的特征，显示出农民以生产为目的的审美观念，也喻示着他们以生产为目的的消费观念。

生产性消费主要是为了满足生产和生活的需要，物质的匮乏是其产生的历史背景，也正因为物质的匮乏，在一定程度上压抑了农民的本能欲望，其消费观念也具有了压抑性的内涵。进入新时期之后，随着经济的发展和城乡交流的增加，农民有了更多可以支配的物质，传统的消费观念也逐渐发生变化。虽然他们的消费观念还受传统思想的影响局限于生产性消费观念的范畴，但已经显示出新的特征，呈现出生产性消费观念的现代嬗变。

二 传统消费观念的现代嬗变

进入新时期之后，处于乡村的社会环境，虽然吃穿住等基本生存需要仍然是农民消费的主要内容，但由于时代的发展，其内涵已经发生了明显的变化，蕴含了农民追求更高生活质量的愿望。同时，受城市消费观念的影响，特别是城市消费观念与农民传统观念中爱面子、讲排场等的思想相融合，农民的消费观念逐渐体现出形象消费的特征。

　　吃穿住行在农民的生活中占据着重要地位，住和穿更是农民满足基本生存需要的首要追求，也因此，房子和衣服就成为农民展示形象的主要表现。如果说房子代表着创业的理想，衣服则代表着个人的审美追求，显示出个性的存在。新时期农民消费观念的转变，主要体现在盖房和穿着打扮，新时期的叙事小说也是以此表现农民消费观念的嬗变。从柳青的《创业史》到高晓声的《李顺大造屋》，再到路遥的《平凡的世界》，方方的《奔跑的火光》等，房子始终在农民的生活中占据着重要地位。不过，由于时代不同，房子的内涵也各异，从农民消费维度看，新时期的房子显示出更多的精神性内涵。《李顺大造屋》中，李顺大造屋的目的是解决家人的生活问题，更确切地说是为了满足基本生存的需要，而《平凡的世界》中孙少安在有钱之后箍窑的追求则是为了生活得舒适，是为了追求更高质量的生活。此时，房子的精神意义已经超越了物质意义，甚至成为现代文明的一种象征。《奔跑的火光》中英芝梦寐以求的楼房是其看到城市楼房之后萌发的梦想，象征了一种城市文明。此时，房子已经由满足基本需要的物质保障转变为精神追求，成为接近现代文明的象征，体现出形象消费的特征。只不过，因为房子特定的功能——满足农民基本生存的需要，我们往往夸大了房子的物质属性而有意无意地忽略了其精神意义。

　　在农民满足基本生存需要之后，挖掘其精神意义也就成为新时期叙事小说的主要内容，他们的精神追求也由此成为现代文明的隐喻。张一弓的《黑娃照相》中，黑娃养兔子卖了钱之后到中岳庙会赶集，因为有了钱，历来不重视仪表的黑娃表现出爱美的天性，想象着像当上工人或者家庭富裕的小伙那样穿上帅气的衣服；其后又有了饱吃一顿的念头，但在权衡利弊之后，黑娃放弃了吃和穿，而是选择了照相。作为一种新潮的事物，照相显然是精神文明的象征，尤其是，因为当时农村条件普遍较差，照相成为有钱的象征，即照相本身具有了物质与精神的双重意义。黑娃照相显示出走向富裕的农民对精神的内在追求，而在照相这一消费过程中的穿戴等修饰性物品的辅助形成的帅气照片，更是显示出黑娃对自身形象的关注，具有了形象消费的内涵。不过也应该看到，虽然黑娃有了钱，毕竟还不富裕，他只是一个走在富裕路上的农民，因而其消费又显示出传统农民的特征。买衣服的时候，尽管黑娃盘算了很久，还是因为太贵以各种理由放弃了；想饱餐一顿的时候也是如此——尽管有了吃的想法和条件，他还是给自己找了各种理由没有付诸行动。"金钱真是罪孽啊！像是故意捉弄黑娃似的，它接连不断地引起黑娃的种种欲念，搞得他陀螺般地团团打转，然后又让他陷入金钱唤起的欲念而又无足够的金钱去实现的烦恼之中。"[①] 黑娃欲买还休的矛盾正是农民刚刚解决温饱之后的真实心理反映：他们一方面找到了一种精神的自信，并想通过消费证明生活的改变；另一方面又由于经济的限制和传统的消费心理而在经济核算中拒绝了消费的念头，显示出金钱对他们的限制。据此看，《黑娃照相》虽然表现出社会转型时期农民微妙的消费心理嬗变，但限于当时的社会语境与他们的经

---

① 张一弓：《黑娃照相》，《上海文学》1981 年第 7 期。

济条件，农民的消费观念并未发生根本转变，《黑娃照相》显示出的仅仅是农民消费观念转变的萌芽。

随着社会的发展和市场经济体制的确立，农民的生活水平有了极大的提高，思想观念有了极大的转变，传统的消费观念逐渐向现代消费观念转变，形象消费成为农民消费的特征。方方的《奔跑的火光》中，英芝高中毕业后回家当了农民，整天在家打牌玩乐，对衣服并未表现出特别的迷恋，但在答应了跟三伙去演出之后，立即向母亲要衣服打扮自己；演出发了钱之后，又到县城买了专门用来演出的衣服和内衣。有了新衣服，英芝更加自信，"觉得她这辈子都没有过这么好的感觉"。对英芝来说，演出不仅可以挣钱，还能获得一种精神上的满足，她的生活变得充实，她也在这种满足中体会着明星似的感觉。结婚后，因为家庭关系处理不好，英芝产生了自己挣钱盖房子的想法。为了盖房子，英芝将身体当作挣钱的工具，直至因此酿成悲剧。对英芝来说，房子不仅是现代文明的表现，还是自由的象征。英芝之所以坚持盖楼房，根本原因是为了摆脱公婆对自己的约束和管制，是为了个人的自由；房子的设计，英芝是以城里人的楼房为参照的，生活的舒适和方便是她考虑的首要目标。可见，在英芝的想象中，房子不仅为了生活得舒适，也是一种形象的展示，用于盖房的消费也因此具有了形象消费的内涵。当然，受制于家庭因素，英芝盖楼房的目标具有更多现实生活逼迫的意味，特别是将英芝的经历放置于其所生活的社会语境更是遮蔽了英芝的形象消费，从这一点上说，邱华栋的《青烟》更具典型意义。云海市的农民制作假烟发财之后首先要做的事情就是改善自己的住房，豪华的房子成为他们成功的标志。魏小娥之所以嫁给林富贵就是因为林富贵制造假烟发财之后盖起了一套豪华的房子。林富贵的房子是上荔村的一个奇观，"也是大家议论和羡慕的对象，要是在城市里面，就被叫作顶级豪华别墅，即使是在上荔村，也是不多见的。四层楼房，每一层都安了蓝色幕墙玻璃，就像是县城的宾馆一样"①。其他村民有钱之后首要的任务也是盖豪华的房子，甚至产生了攀比心理。房子成为他们在村民面前展示身份的工具。对他们来说，房子不仅是基本生存的需要，也是个人身份的象征，显示出农民对形象消费的追求。形象消费不仅显示出农民消费观念的转变，而且表现出他们价值观念的嬗变，即随着时代发展，农民的消费蕴含的道德内涵已经发生了质的变化，物质取代精神成为基本内涵。

三 农民消费观念嬗变的道德内涵

在农民传统的消费观念中，生存永远是第一位的。由于物质的贫困，他们可以支配的钱财极少甚至很多时候入不敷出。在这种情况下，他们只能把有限的资源用于最紧要的地方。受传统伦理尤其是儒家伦理思想的影响，以"礼"为核心的价值观念支配着他们的思想和行为，并形成李泽厚所说的超具体时代、社会的"文化心理结构"。② 在这种超稳定的文化心理结构中，荣誉感占据着极端重要的位置。"荣誉感是儒家完全了解的、高度紧张的

---

① 邱华栋：《青烟》，文化艺术出版社 2004 年版，第 4 页。
② 李泽厚：《中国现代思想史论》，天津社会科学院出版社 2003 年版，第 317 页。

生活的最强烈的动机。"① 这一方面表现为他们对祖先的崇敬和对个人品质尤其是"君子理想"的推崇；另一方面则表现为世俗生活中超越别人的优越感。物质作为肯定个人品质的具体表现并被赋予了极高的地位，即物质是对个人德行的报答，具有道德的内涵。儒家思想虽然重视财富和功利，其目的却是个人修养，财富仅仅是手段，对普通农民来说，世俗生活更为重要。物质在农民日常生活中的重要性刺激了他们的物欲追求，当财产与个人品质相关联的时候，更赋予他们的物质追求合理性和正当性。对于农民来说，财产不仅是个人地位的象征，也寓意着高尚的品质，传统农民的消费既是生存的需要，也寓意着精神的诉求。随着社会的发展尤其是以经济为标准的乡村秩序的建立，农民的精神追求逐渐被物质欲望代替。在金钱的冲击下，曾经引以为豪的勤俭观念土崩瓦解，农民对土地和道德的恪守逐渐演变为对欲望的疯狂追逐。"社会化的小商品经济阶段是土地生产方式转向手工业生产方式，由生活必需品在自给自足不能完全满足后靠部分商品交换获得，转向在城市完全依靠通过市场交换获得的阶段。'一切产品、活动、关系可以同第三者，同物的东西相交换，而这第三者又可以无差别地同一切相交换'，获取货币已成为人们致富的欲望本身。"② 在市场经济影响下，道德的影响日益式微，农民的消费观念逐渐变化，房子和衣服已经由基本的生存需要演变为一

---

① ［德］马克斯·韦伯：《儒教与道教》，洪天富译，江苏人民出版社 2003 年版，第 166 页。

② 许建平：《货币观念的变异与农耕文学的转型》，《中国社会科学》2007 年第 2 期。

种形象展示，其象征意义已经超越了实用价值。农民消费的重心不再是商品的使用价值，而是通过商品的象征意义达到展示自我的目的，或者说是在追求一种形象消费，物质逐渐取代精神占据了支配地位。处于市场经济的语境，金钱和物质不仅意味着优裕的生活条件，也蕴含着对个人能力的肯定，具有一种内在的精神价值。农民为满足欲望而进行的消费在满足生活需要的同时，也使其获得了心理的满足，但因为不同的语境，农民对物质的追求有着不同的内涵。如果说《哦，香雪》中香雪、凤娇们的铅笔盒、发卡等象征着现代文明，突出的是精神意义，那么方方的《奔跑的火光》中，英芝对个人幸福的追求——拥有属于自己的房子，则显示出物质的顽强存在。英芝为了盖一座属于自己的房子，不惜将身体作为交换的工具，这在将贞操视为生命的农村显然是一种疯狂的举动，但英芝为了房子就这么做了，物质成为她奋斗的目标。也就是说，到了英芝们的时代，农民精神的满足和个体欲望的实现是以物质为基础的，物质成为他们消费的主要内容，在农民为了盖房、穿着打扮等进行的消费中，对物欲的追求逐渐超越了精神的满足，显示出形象消费向欲望消费的过渡，同时，传统观念中的勤俭、孝悌等内在的道德约束和人情等外在伦理规范也逐渐失去了约束作用，农民的消费观念呈现出与城市趋同的倾向。晓苏的《穿牛仔裤的表嫂》中，表嫂原本是一个淳朴、善良、重情重义的农村妇女，可打工回来之后变得理性、功利，在她身上，曾经引以为豪的情谊蜕变为对金钱的追逐，她对麻将馆的热衷也取代了"我"对米花糖的梦想。如果说米花糖代表着传统，象征着农民传统的消费观念，那么麻将则是奢侈的象征，也在一定意义上表现出农民的现代消费观念。对金钱和欲望的追求成为表嫂思想转变的主要原因，也正是农民对金钱和欲望的追逐显示出在市场经济影响下农民消费观念的转变。无论房子也好衣服也罢，都是农民日常生活中不可或缺的物质，对房子和衣服等生活必需品的消费反映出其生活方式和价值观念的变化，并由此形成他们的商业文化人生价值观。"商业文化人生价值观的上述四项内涵（轻迁徙、好巧智、乐冒险、重利轻德和个体平等自由意识）的共同本质是不安于现状、意在打破某种束缚的乐变性。这种乐变性来自于金钱的交换、流通的本能，来自于钱'好动不喜静'、在流通中增值的货币观念。奢侈消费观就是这种货币观影响、渗入人的价值观的结果。"① 商业文化价值观是商品经济发展的结果，商业价值观的形成标志着农民已经从消费特征到价值观念的全面转变，也意味着其现代消费观念的形成。

在经济利益冲击下，农民传统的道德观念以及勤俭的美德逐渐变异，商品经济的发展使金钱的作用日益突出，金钱逐渐取代道德成为乡村生活的准则。"金钱携带着一种道德品质。它的存在体现了拥有者的美德，就如同它体现了它所能够买的物质商品一样。"② 也正因此，在诸多关于打工者返乡作品中我们看到金钱对人性的腐蚀和对农民传统道德的冲击。晓苏的《幸福的曲跛子》中，"我"外出卖身挣钱之后在家乡盖起了楼房，引起了村

---

① 许建平：《货币观念的变异与农耕文学的转型》，《中国社会科学》2007 年第 2 期。

② ［英］阿兰·德波顿：《身份的焦虑》，陈广兴、南治国译，上海译文出版社 2007 年版，第 180 页。

民的羡慕，也为"我"在村上赢得了地位，当"我"再次外出时，村民纷纷要求跟"我"一起外出打工——他们不知道"我"为了挣钱付出的代价，"我"最终选择了毛娟。曲跛子不放心毛娟自己在外打工，也追到了"我"和毛娟打工的城市。当曲跛子知道"我"挣钱的门路以后，为了不让自己的老婆走上"我"的道路，故意制造了车祸，以一条腿的代价换来十万块钱盖起了房子。虽然"我"和曲跛子都盖起了楼房，但象征着荣誉的楼房遮掩不住他们内心的伤痛，无论是"我"还是曲跛子，在表面的荣光背后却是肉体的和心灵的累累伤痕。生活于传统的乡村社会，无论是舆论还是他们自己，都秉承着传统的伦理规范，对不劳而获有着本能的鄙视。虽然他们以不正当手段获取利益盖起了楼房，但是他们也为此承受着巨大的心理压力。"我"得了病，躲在家里拉起厚厚的窗帘不敢见人；曲跛子和妻子毛娟也受着良心的折磨。金钱既改善了农民的生活，也诱使他们付出了惨重的代价。《青铜》《水在瓶中》等作品也都对金钱对道德的冲击进行了淋漓尽致地展示。在金钱的冲击下，乡村伦理土崩瓦解，勤俭的道德观念逐渐蜕变为对欲望和享受的疯狂追逐，市场经济不仅为农民的欲望追逐提供了条件，也为其欲望性消费提供了可能。《花落水流红》中，小簸箕在外打工挣钱之后盖起了漂亮的楼房，引起了村民的羡慕。尽管开始的时候大家对小簸箕一家很不齿，但在楼房的诱惑下他们逐渐改变了看法，甚至复制小簸箕成功的道路，楼房再也不是满足人们生存需要的避风港，而是成为身份的象征。农民通过盖房表现出对形象消费的追求，其象征意义远远超过了实用意义。尤其是，在农民的消费观念嬗变中，农民的进城和返乡的影响不可低估，农民工返乡之后，受城市文明的熏陶，其伦理观念和消费心理都发生了质变化，并影响着乡村的伦理观念和消费心理。新时期小说叙事中，农民消费观念的现代嬗变即形象消费的凸显主要通过返乡农民工的消费体现出来，随着城乡交流的日益频繁和农村的经济发展，农民的穿着打扮乃至日常消费体现出形象消费的特征，形象消费无疑是现代消费观念的具体体现，农民对形象消费的追求呈现出其消费观念的现代内涵，显示出农民传统消费观念的嬗变。

四 农民传统消费观念嬗变的原因

在农民消费观念的转变中，乡村经济的发展和现代文明的影响起了决定性的作用。

包产提高了农民的生产积极性，促进了农村经济的发展，经济在乡村生活中的地位日益重要。随着计划经济向商品经济的转变，传统价值观念遭遇剧烈冲击，经济逐渐取代政治、伦理、文化等要素在乡村生活中占据了支配地位，并逐渐积淀出一个以经济为基础的乡村秩序。"传统的瓦解导致经济更加摆脱了传统政治的、伦理的和文化的阻碍。它积淀出了一个新秩序，一个首先按经济标准来界定的新秩序。"① 在市场经济条件下，经济支配着人们的生活，成为乡村社会个人地位的主要参考标准，就如同德波顿所说，在现代社会"……社会身份完全取决于个人成就——

---

① ［英］齐格蒙特·鲍曼：《流动的现代性》，欧阳景根译，上海三联书店2002年版，第6页。

主要指经济方面的成就。社会身份现在很少取决于恒定不变的世袭头衔，而往往取决于一个人在发展迅速、变幻莫测的经济体系中的表现"①。在现代社会中，经济不仅保障着人们的生活，还代表着个人在市场经济中的能力，具有了物质与精神的双重内涵。《腊月·正月》中，王才因为办企业改善了家庭经济状况赢得了村民的尊重，韩玄子则在经济大潮中逐渐失去了文化精英的优势而被取代，经济超越文化成为衡量个人价值的标准。

经济的支配性地位冲击、改造、颠覆了传统的乡村秩序，也影响着乡村的价值观念。在传统乡村秩序向现代乡村秩序的转变中，传统的价值观念逐渐瓦解，新的价值观念逐渐确立，以节衣缩食等压抑个人欲望甚至天性积累财富的方法再也得不到农民的推崇，反而成为"无能"的象征。邱华栋的《青烟》中，云海市宗族势力活跃，族长有着极高的威信，农民制作假烟发财之后，原有的宗族秩序受到冲击。上荔村村民叶水根原本是贫困的农民，搞水产养殖、种植果树都以失败告终，心仪的女人魏小娥也因为他的贫穷嫁给了村上的富户林富贵。在贫穷的逼迫下，叶水根开始制作假烟，并靠着自己的聪明挣了钱，成为云海市的著名企业家。有了钱之后，叶水根和族长叶明山一起组织叶氏家族的制假者成立"大公家"，构建造假行贿的关系网。在叶氏家族中，叶明山是族长，有着很高的权威，在叶水根贫穷的时候叶明山甚至看不起他，但有了钱之后叶水根在宗族中的地位发生了明显的

---

① ［英］阿兰·德波顿：《身份的焦虑》，陈广兴、南治国译，上海译文出版社2007年版，第87页。

变化，叶明山对他的态度也发生了彻底的改变——叶明山不仅要依赖叶水根构建的关系网，而且遇到重要问题的时候要向叶水根请示，叶水根逐渐取代叶明山成为"大公家"的实际掌权者。叶明山和"大公家"成为叶水根的棋子。在林富贵因为造假烟入狱之后，叶水根靠着雄厚的财力娶回了魏小娥。由叶水根的成长经历不难发现经济在乡村生活中的重要地位及其对乡村社会秩序的影响。在农民的日常生活中，金钱的地位日益重要，金钱不仅脱离了道德的约束还影响农民的价值观念，农民传统的勤俭、守成的道德观念不断遭遇冲击。许建平的《货币观念的变异与农耕文学的转型》以货币为例，对农耕文化向商业文化的转型做了深刻的论述。文章认为，在土地生产方式下形成农民收、守方可保值的货币观，并由此形成他们节俭的消费观念。随着经济的发展，货币在人们生活中的作用日渐突出，货币的流动性及其在流动过程中的增值性使农民逐渐走出土地追求更为舒适的生活，并由此形成崇尚奢侈的消费观念，农民对欲望的追逐也逐渐取代了勤俭的道德要求。进入新时期之后，金钱的交换价值及其欲望本质使其在农民生活中的作用日益明显，不仅在农民的消费活动中占据了支配地位，也成为他们追求的目标。

随着城乡之间交流的日益频繁，现代价值观念以不可遏制之势向乡村渗透，形成对乡村价值观念的剧烈冲击，乡村价值观念逐渐掺杂了现代价值观因素，也影响了农民的消费观念。徐宝琦的《二嫫》中，二嫫的丈夫刘七品在计划经济时期是村长，有着很高的权威。但随着计划经济的解体，七品很快在时代发展中落伍，不仅不能劳作，还丧失了性功能，其威信也日渐下降。他们的邻居吴瞎子和曹桂清则趁着改革的春风发了财，吴瞎子买车跑运输成为村里的首富。吴瞎子的成功引起了二嫫的羡慕，二嫫与曹桂清的矛盾更刺激了她的攀比心理，买一台全县最大的彩电成为二嫫的心愿。为了实现这个目标，二嫫拼命挣钱，其卖篓子、钉花箱、卖鸡蛋乃至卖血等挣钱的努力，显示出对物质的疯狂追求。在二嫫追求金钱的过程中，瞎子的影响不容小觑。在瞎子的诱导下，二嫫不仅有了初步的经济意识，还与瞎子有了暧昧关系。瞎子由于经常在城乡之间流动，其思想受到了城市价值观念的影响，具有了现代价值观念的某些特征，二嫫受瞎子影响的思想变化，无疑是城市价值观念对乡村价值观念影响和改造的具体表现。经过艰苦的奋斗，二嫫终于买了全县城最大的彩电。彩电在这里不妨看作城市价值观念的寓言，寓意着农民对城市价值观念的不懈追求，二嫫为了买彩电付出的代价以及所受的磨难，又显示出农民追求现代生活的艰难。

城市价值观念对乡村的影响最初表现为农民对城市生活方式的追求和模仿。由于城乡之间先进与落后、现代与前现代的内在含义，农民对城市生活方式的追求具有了精神的意义，成为他们走向和接近现代文明的象征。铁凝的《哦，香雪》中，香雪、凤娇们在铁路修通之后对象征着现代文明的普通话、铅笔盒和发卡等的渴望显示出处于封闭落后环境中的农民对现代文明的向往，发卡、铅笔盒等物质不过是现代精神文明的物质体现，其象征意义远远大于实际意义。毋庸置疑，这一时期的文学呈现出来的精神追求的核心是现代文明。在与传统道德的对比中，现代文明被赋予了道德上的优越性，农民对象征着现代文明的物质的追求也因此具有了合理的意义，并由于与农民传统观念中对物质追求的内在一致而有着广大的市场。农民工的进城和返乡使城市价值观念与乡村价值观念直接交锋，城市价值观念通过各种方式影响、改造着农民传统的价值观念。《明惠的圣诞》中，桃子打工回来穿着性感、打扮新潮，引起村人的羡慕。一直看不起桃子的明惠和徐二翠也开始羡慕桃子。在桃子的影响下，明惠外出打工。《穿牛仔裤的表嫂》中，表嫂打工回来也穿上了性感的牛仔裤。桃子和表嫂的打扮显示出她们观念的变化。在现代文明冲击下，乡村传统观念不断瓦解，不但为农民的个人自由提供了条件，也为他们现代消费观念的形成提供了基础。"传统价值观念的瓦解不应被消极地视为导致人们共同生活其中的团体或组织——礼俗社会表现出的浪漫的一面——的消解，而应被看作在对教条权威、对偏见和父权统治的专制体系进行合理地批判。对每一位家庭成员而言，能够拥有独立的收入、能够享有与市场中其他消费者同样的平等地位都为自身提供了切实的自由，无论这种自由多么有限和受到怎样的控制。"① 在现代文明影响下，农民对传统价值观念的反叛具有了追求自由的意味，农民为满足个人需要的物质追求也就有了合理性，为个人欲望而进行的消费也就理所当然。农民价值观念的改变使个人逐渐从"大家"中凸显出来，身体的展示和个人欲望的追求也就成为现代消费的主要内容。

进入新时期之后，随着乡村经济的发展和现代文明的影响，

---

① ［英］迈克·费瑟斯通：《消费文化中的身体》，汪国安、陈永国：《后身体：文化、权力和生命政治学》，吉林人民出版社 2003 年版，第 329—330 页。

农民的消费观念逐渐转变，呈现出越来越强烈的欲望特征，显示出现代的消费观念。但由于传统因素的存在，在农民貌似现代的消费意识中往往因为带有更多传统的因子而呈现出复杂的色彩。传统因素限制了农民现代消费观念的形成，农民现代消费观念的真正体现，是他们进城之后。

第二节 进城农民现代消费观念的凸显

在城乡二元对立中，城市被赋予了现代的含义，城市消费具有了现代的意味。农民进城之后，其消费观念的转变也就成为传统消费观念向现代消费观念转变的具体表现，他们受城市价值观念影响的消费也就有了现代的性质。但是，由于农业文明的影响特别是农民工与乡村的密切联系，其消费观念带有了浓重的传统意味，从而形成带有浓厚传统意味的现代消费观念。

一 现代城市的消费诱惑

在传统社会中，农业占据着支配地位，城市的发展要依赖于农村。农村是一个生产性的空间，人们生产的东西主要为了满足自身需要，他们一般很少进行交换，即使交换，也往往需要在集市或城市进行。随着社会的发展，工业逐渐取代农业在社会中占据了支配地位，甚至农业的发展要依赖于工业的发展和科技的进步，城市成为经济、政治、文化的中心，并取代乡村在社会生活中占据了支配地位，从而形成了农村对城市的依赖。城市不仅生产、汇集了大量的物质，而且聚集了大量的人口，成为生产和消费的主要场域。生产和消费的双重需要使城市成为交换的场所、消费的空间，消费对于城市具有了重要意义，甚至可以说正是消费活动维持着城市的生命力，证明着其存在的价值。鲍德里亚认为，现代社会是一个消费社会，消费支配着现代人的生活，"消费是用某种编码及某种与此编码相适应的竞争性合作的无意识纪律来驯化他们；这不是通过取消便利，而是相反让他们进入游戏规则。这样，消费才能只身取代一切意识形态，并同时只身担负起整个社会的一体化，就像原始社会的等级或宗教礼仪所做到的那样。"① 在现代生活中，消费的含义不再是单纯的物品消耗，而是由于对社会发展的推动作用显示出生产性功能。现代社会是物质丰盛的产物，有了物质的丰盛才能称为现代社会，或者说现代社会本身就蕴含着物质丰盛的内容。"富裕的人们不再像过去那样受到人的包围，而是受到物（Objects）的包围。"② 在现代社会中，消费活动不仅为社会提供了大量的就业机会，也为人们的生活提供了方便。城市为了维持自身的生存、发展和繁荣，以各种方式吸引、刺激着人们的消费。在消费社会中，商品"总是要想方设法打开指示性的道路，诱导商品网中的购物冲动，并根据自

---

① ［法］鲍德里亚：《消费社会》，刘成富、全志刚译，南京大学出版社 2000 年版，第 90 页。

② 同上书，第 1 页。

身的逻辑，进行诱导、提高，直至最大限度的投资，达到潜在的经济极限"。① 消费既是现代社会中人们生存的基本需要，又由于商品的营利性显示出诱惑性。城市在以过度丰盛的物质给人们的生活提供便利的同时，也以各种方式刺激、诱惑着大众消费。消费的诱惑无处不在：大小商场、超市中物质的陈列、促销的方式，各种广告的宣传乃至广告中暧昧的诱惑性的内容，无不刺激着、诱惑着都市中的人群；即使在家里，城市居民也面临着电视、网络、报纸、新媒体等大众传媒的诱惑。此外，无处不在的小广告、推销者乃至花样繁多的商品推介活动更是赋予商品文化、身份、品位等的意义，刺激着人们购买的欲望，人们陷入消费诱惑的重重包围之中。

尽管人们消费的目的是满足个体的欲望，但在具体消费过程中，又往往因为对欲望的追求不自觉地陷入了消费的陷阱。在现代社会，消费不仅是一种购物活动，而且蕴含了象征价值和情感价值等多重因素，在消费过程中，消费者在满足生活需要的同时也满足了心理的诉求，甚至就连购物过程本身也变成了一种极富意义的休闲活动和审美过程。就如 Langman 所说："日常生活已经被改造为消费资本主义的延伸，而且人也被改变成消费者或观看者，其中商品化了的意义以及已嵌入符号系统的象征价值、情感价值，都已被内在化为现实的表征。"② 在人们购买商品的过程

---

① ［法］鲍德里亚：《消费社会》，刘成富、全志刚译，南京大学出版社 2000 年版，第 3 页。

② 罗岗、王中忱编著：《消费文化读本》，中国社会科学出版社 2003 年版，第 152 页。

中，商品已经具有了象征意义和情感价值，也就是说，商品成为其蕴含意义的现实表征。因此，人们的消费活动也就超越了单纯的生活需要而具有了社会意义，并作为一种符号具有标识个人身份的内涵。在这种情况下，人们的消费注重的就不再是商品的使用价值而是商品的象征价值。消费的象征意义使人们陷入了消费的陷阱，其消费的欲望已经超越了商品本身对个人起着支配作用。"消费控制了当代人的全部生活，这是鲍德里亚对消费社会最重要的初始定义。"① 尽管人们的消费是为了满足个人的欲望，即物是手段，人是目的，但在具体的消费过程中，他们又为了欲望展开了疯狂的追求，最终在追求的过程中迷失了自我成为欲望的奴隶，他们自己也被消费"异化"。"从消费的角度看，资本主义造成的最严重的异化是人的需要的异化。在现代社会，这种需要被掏空成为一种抽象的需要。由于需要的满足依赖于商品的获得，因而唯一真正的需要是对金钱的需要，是对财富的抽象形式的需要。"② 对财富的抽象形式的需要也就是形象消费，在这种消费形式中，消费的象征意义远远大于实际意义，或者按照鲍德里亚的说法是一种符号消费。人们通过消费追求的也不过是虚假的满足，个人的欲望追求陷入了虚假循环的怪圈。

　　现代城市的消费欲望诱惑着大众的享乐需求，大众也通过消费满足着自己的欲望想象。欲望的诱惑和个人享乐的追求相融合构成了消费社会的欲望景观。在农民眼里，城市是一个物质丰盛

---

　　① ［法］鲍德里亚：《消费社会》，刘成富、全志刚译，南京大学出版社 2000 年版，序言。
　　② 罗岗、王中忱编著：《消费文化读本》，中国社会科学出版社 2003 年版，序言。

的地方，充满着无限的机遇，也为个人成功提供了更多的可能，进城成为乡下人的梦想。农民进入城市，首先面对的就是欲望的诱惑，他们也往往在对欲望的追逐中不自觉地落入消费的圈套。

二 进城农民的欲望性消费

农民进入城市之后，受城市消费环境的影响，消费观念逐渐变化。在生产性消费中，节俭是美德。进入城市之后，由于缺少了乡村环境的制约，以节俭为标志的传统消费观念受到冲击，奢侈和享受被赋予了积极意义。在城市欲望消费的诱惑下，他们的消费观念迅速向城市靠拢，表现出现代消费的特征。农民因为进城的消费观念转变，类似于西方发达资本主义国家对消费认识的历史变化。"在过去，'消费'一词一直被定义为'浪费''挥霍'，被理解为一种经济损失或一种政治、道德价值的沦丧。从18世纪后期开始，'消费'开始作为一个技术性的、中性的术语被人们使用。例如当亚当·斯密说'消费是所有生产的唯一归宿和目的'，就是在这种意义上使用这一概念。随着观念的转变，人们逐渐把消费看作是社会发展的一种必要和重要的条件。"① 社会的发展使人们的消费观念发生了颠覆性的改变，消费对生产的拉动作用使其显示出积极意义。在现代社会中，消费不仅是社会发展的必要条件，而且对人的解放有重要意义。消费在个人日常生活中的重要地位使其具有了政治的意义，自由主义思想家就赋予消费者的权利个人自由的意义。"自由主义思想家认为，消费

---

① 罗岗、王中忱编著：《消费文化读本》，中国社会科学出版社2003年版，序言。

者的权利正是个人自由的集中表现，因此个人的消费权利是至高
无上的。任何人都有权实现自己的需求和欲望，这种个人的需求
和欲望不应被外部的权威剥夺或压抑。"① 消费者的权利是公民权
利的重要一维，作为名义上代表了部分人群的消费者，其实际含
义已经超越了字面含义，甚至说大众都被包含在消费者之列也
不为过。虽然在现实生活中每个人都要为了生存进行消费，从
而使每个人都具有了消费者的含义，但由于他们所处的不同环
境以及经济、文化、教育等方面的差异，其消费观念往往有着
较大的差距，历史上城乡二元隔离体制造成的城乡之间的巨大
差异更使城市和乡村的消费方式和消费观念有着极大的差别。
由于乡村社会环境的制约和自身经济条件的限制，农民没有条
件追求享乐，为了生存，他们必须压抑个人的消费欲望。乡村
伦理的束缚使节俭在他们的消费中占据着重要地位，或者说在
他们的消费中，节俭是道德的基本要求。进入城市之后，由于
少了乡村伦理的制约，农民有了欲望消费的条件；城市为了刺
激消费的欲望而赋予欲望积极的意义更使农民的追求获得了合
理性，也为其追求提供了可能性。《八月十五月儿圆》中，早
年的李春和非常贫困，后来做了煤老板，在城市里买了房子，
过上了所谓城市人的生活。为了显示自己的身份，李春和养了
情人，家里的装饰也是象征着身份的豪华与富贵，甚至将安装
几台电视当作新潮的象征。八月十五回老家时，李春和带着与
情人生的儿子更像是一种炫耀，以车、女人和儿子显示自己的

---

① 罗岗、王中忱编著：《消费文化读本》，中国社会科学出版社 2003 年版，序言。

成功。李春和认为养女人是自身价值的体现，否则就是落伍。李春和观念的变化显然受到了城市的影响，他感受到的更多的是欲望的诱惑，追求的也是欲望的满足，城市人尤其是所谓上等人的生活方式使其思想发生了变异，李春和不自觉地将其移植到自己的生活，表现出欲望消费的特征。

在现代城市中，个性自由的追求使身体成为审美的对象，身体逐渐显示出存在的意义和价值。"在当代文化中，女人和男人不是被要求去选择，而是要组合这两种选择。而把服装和消费商品当作沟通工具，当作'阶级身份的象征'来看待，就要求穿戴者、使用者有得体的行为和举止，以便进一步地将社会中现实分类归入到人们内心的范畴中去。"[1] 受城市审美观念影响，进城农民不得不重视身体的修饰。注重身体的修饰，从外观上改造自己成为进城农民的首要追求，这在打工妹身上体现得尤为明显。贾平凹的长篇小说《废都》中，保姆柳月来自陕北的贫困农村，第一个月发了工资买了一身漂亮的衣服，以对身体的修饰表现出个人的欲望性追求。"谁能想到她出落的这般快！初来时，穿一身粗布衣裳，见人就低了眉眼，不肯说话。有一天，那家人上了班，她开了衣柜，把女主人的衣服一件一件穿了在大立镜前照，正好被隔壁的人看见，说了句'你像陈冲'，她说是吗？却呜呜地哭，谁也不晓得她为什么哭？头一个月发了保姆费，主人说，你给你爹寄些吧，黄土圪塄上的日子苦焦；她没有，全买了衣服。

---

① ［英］费瑟斯通：《消费文化与后现代主义》，刘精明译，译林出版社 2000 年版，第 39 页。

人是衣裳马是鞍，她一下子光彩了，满院子的人都说像陈冲，自此一日比一日活泛，整个儿性格都变了。"① 柳月从陕北农村来到城市之后，受城市价值观念尤其是消费观念的影响，买了新衣服满足了个人的形象追求，表现出强烈的个性意识。此外，《明惠的圣诞》中的桃子、《九月还乡》中的九月等，也都是通过包装凸显出身体的"美"，显示出与传统农民不同的审美标准。一旦有了审美的借口，她们对身体的修饰更加肆无忌惮，以身体为中心的形象消费也就成为其消费的主要内容。大卫·勒布雷东在《人类身体史和现代性》中对身体从古代到现代的演变进行了详细的梳理和研究，他认为，随着社会的发展，身体已经由生命的载体变得越来越具有审美意义。在欲望性的消费语境中，审美不仅影响着消费，也由于体现出个体价值而得到普遍的推崇和效仿，从而更刺激了个体的消费欲望，最终形成以个体欲望为核心的消费景观。身体的审美意义使农民工开始关注个人的形象，一方面，广告、影视等大众传媒影响着他们的审美标准；另一方面，他们又以个性的彰显迎合了传媒的诱导，从而使以审美为追求的消费自然地异化为对欲望的追逐。

进城之前，农民对城市的想象充满了理想化色彩，城市是他们想象的空间。进城之后，作为城市的他者，他们与城市有着天然的隔膜，尤其是因为不能走进城市人的普通生活，他们对城市的印象呈现出以局部代替整体的片面。他们看到的只是城市光怪陆离的表面，感受到的更多的是城市欲望的诱惑，丰富多彩的城

---

① 贾平凹：《废都》，《十月》1993 年第 4 期。

市成为欲望化的都市，这既刺激着他们的欲望，也为他们满足欲望提供了可能，对欲望的追求成为必然的结果，甚至成为其"进入"城市的象征。效仿城市生活成为农民进城后的典型表现，也在一定程度上夸张了他们消费的欲望。吴君的《亲爱的深圳》中，张曼丽从贫困的农村来到深圳之后，从各个方面对自己进行包装，努力使自己像一个城里人。为了在城市生存，张曼丽不惜隐瞒自己的出身甚至刻意斩断与农村、亲人的联系，最终，她当上了经理，实现了做一个"城市人"的梦想。她住豪华的房子、进出高档消费场所，甚至为了个人的欲望诱惑乡下来的李水库。在张曼丽的消费观念中，欲望是主要目的，其消费已经超越了实际的需要显示出象征的意味，或者说体现出形象消费的内涵。费瑟斯通认为，在资本主义语境中人们的消费逐渐发生变化，对形象的消费已经超越了内容成为消费的主要形式。"大量存在的视觉形象主宰了消费文化中人们对身体的理解。千真万确，消费文化的内在逻辑取决于培养永不满足的对形象消费的需求。"[1] 毋庸讳言，这种形象消费是以自我为中心的，即有着个性自由的成分，但在其消费过程中，对欲望的追求已经远远超出了个性内涵而显示出物化的特征。"消费文化使人产生错觉，以为主体和客体、个人与他消费的物之间已经融合无间，这种认同实际上表明，个人已经完全被物化了。"[2] 进城之后，铺天盖地的广告、琳

---

① ［英］迈克·费瑟斯通：《消费文化中的身体》，汪国安、陈永国：《后身体：文化、权力和生命政治学》，吉林人民出版社2003年版，第333页。

② 罗岗、王中忱编著：《消费文化读本》，中国社会科学出版社2003年版，第18页。

琅满目的商品、浮夸的装饰等使农民陷入重重包围之中，但真正诱惑他们的并不是商品本身，而是伴随着商品的欲望诱惑，比如广告中的美女，商品营销展示出的整体效果等，也就是说，真正吸引他们的是所谓的商品美学①，商品本身的实用价值被重重包裹的浮夸取代，他们对商品——物的追求被悄然置换为欲望化的想象，而他们也在这种欲望化的想象中成为商品的一部分。此时，他们不仅混淆了物我的界限，而且他们的消费在重重诱惑之下呈现出鲜明的物质性，显示出现代消费的特征。

三　现代消费观念的传统因素

进入城市之后，尽管农民的消费观念表现出现代性的内涵，但由于农业文明的影响以及他们与乡村千丝万缕的联系，他们的消费观念还带有传统的影子，形成现代与传统混合的特征。

城乡之间的差距决定了进城农民半工半农、亦工亦农的特殊身份，也凸显出其消费观念的传统因素，经济上的贫困更是限制了其消费方式的现代转变，节俭成为农民工在城市生活的典型特征。贾平凹的《高兴》中，刘高兴和五富在城市以捡垃圾为生，每天能挣十五六块钱，相对于在清风镇一天最多挣五块钱的工人来说，他们已经是高收入者了。但他们吃的穿的依然很差：他们的用具、衣服大多是捡来的，甚至很多吃的也是别人当垃圾扔掉

---

① 所谓"商品美学"，指商品的外观设计、包装、广告等在商品生产中占据了越来越重要的位置，甚至在商品构成中起着支配性的作用，直接制约着商品的生产、销售和消费等各个环节。参见罗岗、王中忱《消费文化读本》，中国社会科学出版社2003年版，第8页。

的。对他们来说，挣钱才是最重要的，他们在城市的欲望性消费是为了适应城市环境不得已而为之，或者说在他们自觉改变的同时也带有被城市改造的意味。这也反映出问题的另一方面，那就是绝大多数农民工进城的主要目的是挣钱，是让家人过上更好的生活，他们的根依然在农村，回归故乡是他们的必然选择，也因此，他们与农村的联系更为密切，思想也更为传统。城市的生活虽然改变了他们的消费观念，使他们的消费呈现出某些欲望性特征，即体现出现代消费观念，但积累财富仍然是他们的主要目标，他们的消费也因此体现出生产性消费的特征。

进城之后，虽然生活环境发生了变化，但农民工仍旧与农村保持着密切的联系，乡村始终是他们的牵挂。《平凡的世界》中，孙少平受过一定的文化教育，进入城市之后思想发生了很大的变化，对个人形象的重视体现出现代消费的特征，比如，每次见田晓霞的时候总要换身像样的衣服。但他念念不忘的却是在家乡盖几间像样的房子，让父亲穿上新棉袄在村里走几趟。让父亲赢得村人的羡慕是孙少平的理想。

> 窑洞的好坏，这是农村中贫富的首要标志，它直接关系一个人的生活尊严。你并不知道，我第一次带你去我们家吃饭的时候，心里有多么的自卑和难受——而这主要是因为我那个破烂不堪的家所引起的。在农村箍几孔新窑洞，在你们这样的家庭出身的人看来，这并没有什么。但对我来说，这却是实现一个梦想，创造一个历史，建立一座纪念碑！这里面包含着哲学、心理学、人生观，也具有我能体会到的那种

激动人心的诗情。当我的巴特农神庙建立起来的时候，我从
这遥远的地方也能感受到它的辉煌。瞧吧，我父亲在双水村
这个乱纷纷的"共和国"里，将会是怎样一副自豪体面的神
态……我甚至要让他晚年活得像旧社会的地主一样，穿一件
黑缎棉袄，拿一根玛瑙嘴的长烟袋，在双水村"闲话中心"
大声地说着闲话，唾沫星子溅别人一脸！①

　　孙少平受过现代文明的熏陶，再次进城后又受到城市价值观
念的影响，其思想具有了现代性的内涵。但由于农业文明的潜在
影响，房子和衣服仍然是他追求的目标。只不过这里的房子以满
足基本生存需要的形式表现出了形象消费的特征，显示出农民消
费观念的转变。对于孙少平来说，窑洞和衣服是一家人地位和荣
誉的象征，这既体现出形象消费的内涵，具有了现代消费意识，
又满足了其要面子的心理，显示出传统思想的影响，从而呈现出
传统与现代混合的特征。尽管受到城市价值观念的熏陶，但返乡
之后，农民工仍旧将盖房当作目标，房子成为他们成功的标志。
在诸多妓女返乡的故事中，妓女返乡之后的首要任务就是盖房
子。尽管她们在城市接受了城市价值观念，其消费观念也具有典
型的现代特征，但回乡后还是表现出了对乡村价值的认同，显示
出根深蒂固的传统思想。尤凤伟的《泥鳅》中，国瑞在城市落入
了三公子设计的圈套，成为通缉的罪犯，最终在回乡拜祖的时候
被公安局抓获。国瑞在生死存亡关头念念不忘的是祖先，显示出

---

①　路遥：《平凡的世界》（第三部），人民文学出版社 2004 年版，第 73 页。

农业文明的深远影响。不过也应该看到，他们毕竟接受了现代文明的熏陶，具有了城市消费观念的特质，节俭已经不是他们内在的道德约束，追求个性自由成为他们的主要目标，而这也恰恰接续了传统消费观念蕴含的精神追求，显示出农民由传统消费观念向现代消费观念的过渡特征。

在农民的传统生活中，土地占据着支配地位，土地的不动产性质不仅限制了农民的自由流动，也孕育了他们勤俭的美德。受时代影响和生产力发展水平的限制，有限的土地往往无法满足农民更高的生活追求，在这种情况下，他们没有机会也没有条件追求更舒适的生活。为了满足基本的生活需要，他们必须勤奋和节俭，奢侈不仅会破坏他们既有的财富，还可能使他们陷入更为贫困的状态，尤其是靠天吃饭的现实更使他们不得不时时提防着意外的发生，奢侈也就自然而然地成为其道德否定的内容。因此，他们的消费只能局限于吃穿住等基本生活的需要。他们不是不追求享受，而是贫困的现实使他们不敢也没有条件去追求享受。对于那些有钱人比如大地主来说，由于不必担心生活问题，也就有条件追求享乐，其锦衣玉食、妻妾成群等奢侈性的消费也往往容易得到别人的认可，而这也因为符合儒家的伦理观念而有着广泛的市场。"除了渴望摆脱无教养的野蛮之外，儒教徒不企求任何'救赎'。他期待着此世的长寿、健康与财富以及死后的声名不朽，并把这些视为对德行的报答。"① 孙少平对田晓霞阐述的关于

---

① ［德］马克斯·韦伯：《儒教与道教》，洪天富译，江苏人民出版社 2003 年版，第 182 页。

房子的理论就显示出生存条件之于农民消费的限制以及农民对有钱人的享乐型生活的向往。也就是说，虽然经济条件限制了普通农民追求更舒适的生活，但并不能打消他们对享乐的本能追求。一旦有了条件，他们的享乐思想就会马上抬头，其消费也会体现出欲望性特征。《城市陷阱》中，刘二进城之后生活一直比较贫困，但有了钱之后立即买了好吃的东西和房东分享，这既是人际交往的需要，也表现出其消费观念的改变。欲望性消费由于对个体生命的重视显示出现代性特征，更确切地说，个体欲望的满足和对身体的重视正是现代社会的产物。农民进入城市，当他们不再为生存而忧虑的时候，城市价值观念尤其是消费观必然影响他们的生活和心理，使其从审美标准、消费意识等方面全面向城市靠拢，从而表现出他们强烈的个性意识，显示出其思想意识的现代转型。农民工返乡之后，受现代文明熏陶，他们的言行举止必然体现出城市文明的特征，也成为留守农民效仿的对象，促使他们形成趋向城市的消费观念，并由此推动城乡一体化的进程。

进城之后，受现代审美意识、城市价值观念乃至都市生活方式的影响，农民的审美标准、价值观念乃至生活方式都发生了显著的变化。当他们逐渐重视个体欲望、展示个人价值的时候，他们的消费观念也就表现出欲望性的特征，显示出现代的特质。由于自身条件的限制，他们在追逐欲望和推崇形象消费时又不得不付出惨重的代价，从而在满足欲望的同时沦为欲望的消费对象。

第三节 消费社会的农民欲望追求

现代社会是消费社会，消费控制了当代人的生活，大规模的消费不仅改变了人们的日常生活和生产方式，还改变了人们的思想观念，显示出与传统社会的区别。"这种改变不仅是社会经济结构和经济形势的转变，同时也是一种整体性的文化转变。"① 这种颠覆性的转变为人们的生活提供了便利，也为其展示个性创造了条件，甚至成为现代社会的典型特征，但另一方面，消费社会也是"物"的社会，消费者的消费行为往往为商业文化所左右，而人也在对消费文化的认同中物化。对农民来说，因为物质的贫乏，必然会对物产生强烈的渴望，而物的商品美学更对其产生极大的诱惑，也成为他们对城市甚至现代文明的想象。物的满足是以金钱为基础的，对金钱的追逐也就成为农民的必然选择。为了获取金钱，他们付出了惨重的代价，甚至自身也成为商品。这样，原本为满足个体欲望的现代消费就将农民异化为欲望消费的对象，农民的消费陷入误区。这不能不说是一个悖论。但我们也不能就此否定消费社会的意义，消费社会不

---

① 罗岗、王中忱编著：《消费文化读本》，中国社会科学出版社 2003 年版，第 2 页。

仅使农民的消费观念发生了变化，也刺激了其思想的嬗变，问题是，习惯了传统生活方式和为生存而挣扎的他们在优裕的物质生活面前却迷失了奋斗的方向，陷入了精神的迷茫。农民的生存状态迎合了知识分子悲天悯人的意识，其在消费社会中的命运沉浮和欲望化追求更为作家的文学创作提供了无限想象的空间，农民也由此成为叙事的主要内容。当作家以欲望化叙事迎合大众心理的时候，农民的欲望追求及其命运沉浮也就自然地成为欲望化写作的景观。

一 现代消费观念的意义

物质的进步对现代消费观念的形成具有决定性的意义，丰盛的物质是现代消费的基础。现代社会以丰裕的物质诱惑着大众的消费，培养他们的奢侈思想，甚至将消费视为推动社会发展的重要力量。虽然消费文化首先发生在西方发达资本主义国家，但因为全球化的浪潮和西方文化的支配地位，"即使我们今天置身于世界上最偏僻的角落，也能呼吸到它的气息，蒙受到它的影响"[1]。进入新时期之后，随着农村经济改革和商品经济的发展，农民的生活逐渐改善，绝大多数的农民不仅解决了温饱问题，还有了一定的积蓄，在一些经济发达的农村甚至呈现出城乡一体化的趋势。经济的发展不仅为农民的消费提供了基础，也为其消费观念的转变准备了条件。无论是周克芹的《山月不知心里事》中容儿的新衣服，还是路遥的《平凡的世界》中孙少安箍起的新

---

① 罗岗、王中忱编著：《消费文化读本》，中国社会科学出版社 2003 年版，前言。

窑，乃至蒋子龙《农民帝国》中郭家店、李佩甫《羊的门》中呼家堡等作品中所描述的农民现代化的吃穿住行等，都显示出富裕起来的农民消费的变化。另外，第三产业的蓬勃发展尤其是城市的诱惑也不断刺激着农民的消费欲望，诱惑着他们对消费文化的认同和接受。诸多小说中，乡村开办的度假村中村民消费方式和思想观念的变化以及进城农民对城市的认同、对城市生活方式的追逐，都在显示消费文化对农民消费观念和思想的重塑作用。现代消费方式已经渗入农民的生活，现代消费观念也改造着农民的思想，促进农民的现代转变。

现代社会肯定了个体的欲望，为农民追求个性自由创造了条件，而消费文化也恰恰肯定了个人的消费欲望，并以个人欲望消费显示出个性的自由。《奔跑的火光》中，英芝中学毕业之后稀里糊涂地嫁给了贵清，由于公婆对贵清的宠爱特别是他们思想的男权意识，英芝并没有得到想要的生活，和公婆一起生活的英芝感到巨大的压力。不受公婆管束的生活成为英芝的渴望，盖一座属于自己的房子成为自由的象征，而摆脱大家庭的束缚更显示出追求自由的个性，也体现出英芝朦胧的现代意识。在房子的设计上，英芝完全按照城市楼房的标准，城乡对比中城市被赋予的现代含义与农村的传统内涵，更使英芝对房子的追求显示出现代内涵。不过也应该看到，虽然英芝接受过教育，受过城市文明的熏陶，但生活于愚昧、落后的农村，其思想有着鲜明的传统烙印，对公婆的怨恨、对挨打的逃避乃至对贵清的妥协，都显示出传统思想的存在。乡村环境既给英芝展示自我提供了条件，也限制了她对自由的追求。进入城市之后，由于少了乡村伦理的制约，农民工有了追求个性自由的条件，城市伦理对个性自由的推崇更为其追求提供了合理性和正当性。吴玄的《发廊》中，进入城市之后，方圆的思想逐渐发生了变化，发现、展示、美化自己的身体成为其自我价值的表现，也成为她展示个人主义的标志。"就在人发现自己作为个体存在的同时，他发现了自己的脸，自己的独特之处和自己所拥有的身体。西方个人主义的诞生与脸部地位的提升不谋而合。"① 她不仅隆高了鼻子，眼睛也由单眼皮变成了双眼皮，外表的巨大变化甚至连她母亲也差点认不出来了。在城市文明的熏陶下，方圆脱尽了乡气，成长为都市里的时髦女郎。第二年返乡之后，曾经借口年龄小而暂时不结婚的方圆，忽然带回来了男朋友并公然同居。这在封闭、落后的农村绝对是爆炸性的新闻，方圆也因此成为村民关注的焦点。但方圆毫不在乎，坦然地面对一切，母亲也在方圆的坚持下退掉了包办的婚姻。从外表形象到行为处世，方圆显示出强烈的自我的存在，其为凸显个性意识的消费无疑也具有了现代消费的特征。

　　农民的个性自由不仅表现为对现代性的追求，也表现为对传统的反叛。相对于传统社会泯灭自我的规训，现代社会对人的重视及肉身的张扬无疑具有划时代的意义，身体的解放由是成为个性自由的标志，甚至在一定程度上说身体解放的程度也就是人的解放的程度。赵毅衡认为中国现代文学中的身体具有现代性的意义："中国现代性成为中国人如何控制自己的身体这个复杂能指

---

　　① ［法］大卫·勒布雷东：《人类身体史和现代性》，王圆圆译，上海文艺出版社 2010 年版，第 11 页。

的方式。到今天，中国的现代经济所取得的成就，都在满足人的身体的形而下需求上……身体的舒适与享受，肉身本身的延续，成为现代化在中国人生活中引发的最大变化。"① 身体既标志着人的解放，也因为时代赋予的审美性而有了美学的内涵。对于传统农民来说，实用性永远是第一位的，审美不过是实用的附属物。农民进城之后，受城市文明的影响，他们逐渐"发现"了个人的身体，并以对身体的修饰表现出个体的存在，显示出个性意识。贾平凹的《极花》中，蝴蝶进城之后，受城市的影响，开始追求穿着打扮，甚至背着母亲买了漂亮的衣服和鞋子，以自我修饰显示出身体的存在。《明惠的圣诞》中的桃子、《穿牛仔裤的表嫂》中的表嫂等诸多进城女性也都通过穿着打扮凸显出身体的美，显示出其作为女性的存在。如果对比她们进城之前的穿着打扮，她们的改变无疑具有城市文明的影子。显然，她们的装束是以突出身体为目的的：表嫂的牛仔裤显示出身体的曲线；桃子返乡之后的打扮也凸显出身体。另外，九月、柳月、樱桃等返乡者也都以身体的展示表现出现代的"美"，显示出进城农民审美观念的变化。身体的展示无疑要表现出一种"美"，为追求这种"美"而修饰身体产生的消费，无疑是一种现代消费。相对于传统的隐匿身体的观念，她们对身体的凸显无疑具有反传统的意义，身体不仅成为反叛传统的标志，也是个性自由的表现。身体的凸显呈现出消费社会农民思想的现代嬗变。

---

① 李自芬：《现代性体验与身份认同》，巴蜀书社 2009 年版，序言。

二　欲望消费的悖谬

消费是一种通过交换行为满足人们的物质和精神需求以实现个人存在价值的行为，也是个人身份的标识。不同的人群有着相对来说较为稳定的消费，不同的消费显示出消费者所处的不同群体，消费由此成为突出个人的符号。"人们从来不消费物的本身（使用价值）——人们总是把物（从广义的角度）用来当作能够突出你的符号，或让你加入视为理想的团体，或参考一个地位更高的团体来摆脱本团体。"① 也因此，消费成为一种符号，一种文化呈现方式，以消费为纽带形成一种社会关系，就如马·图恩所说："消费的含义是指建立人与客体之间、人们与个人举止之间的新的行为关系。"② 消费是一种社会关系，人们通过消费建立起来的这种关系对个人具有重要意义，它不仅标志着团体对个人的认同，也意味着价值观念的趋同。消费社会中，人们既以对相同商品的购买和相似的审美追求显示出个体的趋同，也以不同的消费将"他者"排除在外，消费成为地位和身份的有序编码。③ 消费是通过交换来完成的，在交换过程中，金钱由于显示出一般等价物的功能而成为财富的象征，从而被人们疯狂地追求。在对金钱的追逐中，人不自觉地沦为金钱的奴隶；同时，由于金钱的交

① ［法］鲍德里亚：《消费社会》，刘成富、全志钢译，南京大学出版社 2000 年版，第 48 页。
② ［德］彼得·科夫洛夫斯基：《后现代文化》，毛怡红译，中央编译出版社 1999 年版，第 111 页。
③ ［法］鲍德里亚：《消费社会》，刘成富、全志钢译，南京大学出版社 2000 年版，代译序。

换功能，人又与物发生了联系，从而使人沦为物的奴隶。"消费者的具体消费行为不可避免地受到各种社会和文化因素，包括他所属的社会阶层的趣味、流行的时尚、广告与传媒等的支配和左右，使他常常在不知不觉中就已经沦为各种社会控制力量的俘虏，在这种情形下，与其说'我买故我在'，还不如说'我买故我不在'更加确切一些。"① 在消费文化诱惑下，消费者被商品及其衍生的各种社会力量所控制，他们也因此沦落为商品生产、销售、消费的一环，或者说原本有着鲜活生命的个体因为消费文化的诱惑被纳入商品网络并在这一过程中丧失了自我而物化。"正如马克思在'商品拜物教'中所揭示的，商品的神秘性就在于，它把人们劳动的社会性质反映为劳动产品的物的性质，使人与人之间的关系采取了物与物之间关系的歪曲形式，因而使这种关系物化了。"② 当人与人之间的关系表现为物的关系的时候，对物的追逐也就成为个体存在的标志。农民进城之后，琳琅满目的商品、无所不在的消费以及消费文化氛围无时无刻不在刺激着他们的消费欲求，而渴望融入城市的心理更使其消费获得合理性，他们渴望通过消费改变自身的外在形象实现成为城市人的愿望，即他们注重的是外在的形象，但形象的商品化往往使其滑入欲望消费的陷阱，他们的欲望性消费也因此陷入误区。

城乡之间的巨大差异使大多数农民工被排斥在欲望消费之外。确切地说，他们不是在城市没有消费，而是由于经济条件的

---

① 罗岗、王中忱编著：《消费文化读本》，中国社会科学出版社 2003 年版，第 13 页。

② 同上书，第 17 页。

限制不能满足自己的消费欲望。欲望的实现是以金钱为基础的，这使为了改善经济条件而进城的农民显示出尴尬：他们不但不能享受欲望性消费带来的快感，反而为了金钱不得不沦为消费的对象。当他们为了金钱不得不接受城市安排给自己的角色的时候，他们也就成为欲望的客体。同时，尽管农民工被排斥于城市欲望消费之外，但耳濡目染，他们的消费意识和审美意识还是具有了现代性的特征，现代性对身体的重视特别是赋予身体"美"的意义则为他们的身体展示提供了可能。对他们来说，身体是其在城市生存的唯一资本，也为他们获取金钱提供了条件。也就是说，借助于金钱这个媒介，农民工的身体具有了商品的属性，也使他们的身体被消费成为可能。打工妹由于性别的欲望特征更容易成为消费的对象。"在消费文化中，人们宣称身体是快乐的载体：它悦人心意而又充满欲望，真真切切的身体越是接近年轻、健康、美丽、结实的理想化形象，它就越具有交换价值。消费文化容许毫无羞耻感地表现身体。"① 按照桑巴特的说法，个人奢侈是从感官快乐中生发的，而感官快乐就是性快乐。② 身体的欲望化特征使农民工的身体在凸显美的同时，也成为他人欲望的对象，当身体在消费语境中表现出交换价值的时候，他们出卖身体也就成为可能。有人曾做过统计，"至少有三分之一的农民工题材小说涉及酒店、歌舞厅、发廊等娱乐休闲场所的描写，其中绝大多数作品以来自乡村的年轻女性为主要描写对象，这些作品在揭示

---

① ［英］迈克·费瑟斯通：《消费文化中的身体》，汪国安、陈永国：《后身体：文化、权力和生命政治学》，吉林人民出版社2003年版，第331—332页。

② 汪民安等编著：《现代性基本读本》，河南大学出版社2005年版，第24页。

种种矛盾之际展示了城市的荒淫与堕落——展示灯红酒绿之后的糜烂，袒露莺歌燕舞掩盖的渊薮。"① 当然，在关于农民工的欲望性叙事中，她们大多是以堕落者的形式出现的，即她们在成为消费客体的同时也意味着道德的失守。由于农业文明的深远影响，故乡始终是农民工的精神家园，但当农民工为了满足个体消费欲望而出卖身体的时候，也就预示着他们因背弃乡村的传统即将失去精神的家园。张曼丽为了在城市立足断绝了与乡村亲人的联系，明惠给家里寄了两次钱之后再也不和家里联系，如此等等，都显示出乡村伦理对她们的无形压力以及她们对乡村环境的本能恐惧，也表现出欲望消费带给她们的潜在压迫。现代消费观念为农民的个性追求提供条件和可能的同时，激发了他们的个性意识和现代思想的形成，但往往又要他们付出尊严甚至生命的代价，从而又使其丧失了主体性。或者说，进入城市之后，农民工在欲望性消费中不过是这样一种命运：解放他们是为了毁灭他们，给他们追求个性自由提供可能是为了将其从乡村的束缚中解放出来纳入欲望消费系统。城市培育了他们的现代消费意识，却又使他们沦为欲望的客体，正是农民工在城市消费的真实写照。

在城乡二元隔离体制中，城市被赋予的现代意义使农民进城成为农民走向现代文明的象征。进入城市之后，由于脱离了乡村封闭的环境和乡村伦理的外在束缚，农民工有了形成现代意识的可能。但当他们真正进入城市，由于种种原因他们又被排斥在现

---

① 周水涛：《传递城乡蜕变的混响——论农民工题材小说矛盾揭示的深刻性》，《文艺争鸣》2010 年第 4 期。

代文明之外，甚至在城市文明的烛照下更凸显出他们的愚昧和落后。他们只是现代文明的看客而不是现代性的主体。正如有论者以深圳致丽玩具厂火灾中的打工妹为例所说："当小华和其他打工妹一样为不被时代抛弃，不至于成为时代的牺牲品而奋斗挣扎，而致力于自我发展的同时，在她们与'自我发展'的话语之间又存在着一种紧张。这种紧张来源于话语自身内在的矛盾。打工妹从内部体会这种紧张给予她们的痛苦和挫折，因为这种矛盾使她们不能把自己塑造成为'发展'所需要的现代性主体。"①进入城市之后，农民工逐渐表现出个性意识，在显示传统观念向现代观念转变的同时，也凸显出现代消费意识，但由于城乡之间的差异特别是现代消费社会的欲望景观，又使他们与现代性拉开了距离，从而形成了农民工现代性追求的悖论。

　　在现代消费社会中，农民主体性的丧失既表现为他们被排斥于现代性之外，又表现为他们获得物质满足之后的精神空虚，这一点对于传统农民尤甚。对于农民来说，由于历史上物质生活的贫困，物质成为他们追求的目标，但当他们梦寐以求的物质生活得到满足，他们反而失去了奋斗的动力、人生的目标。《平凡的世界》中，孙少安一家曾经长期过着贫苦的日子，经营窑厂成功之后，孙少安过上了优裕的物质生活，但也由此陷入了精神的苦闷——他不知道如何处理自己积累的财富。在朋友的蛊惑下，孙少安有了投资拍电影的想法，其目的就如他对孙少平所说，是为了"名"。"'乱扔？我想电视台赔不了钱！说不定还能赚点……

---

　　① 严海蓉：《素质、自我发展和阶级的幽灵》，《读书》2001 年第 3 期。

再说，还挂个名字……'少安这才道出了最深层次的心里话。当然，他也确实做好了白扔点钱的准备；因为他现在有赚钱的砖瓦厂，心里是踏实的。"① 孙少安的名利思想表现出农民追求的误区。孙少安在孙少平的开导下不再追求名利思想，而是投资教育，帮助村上修建小学。试想，如果不是少平的开导，少安会如何发展？按照马斯洛的需求层次理论，人的需求是分层次的，一旦一种需求得到满足，就会有另一种需求产生。在诸多关于农民企业家的叙事中，很大一部分农民经营企业成功之后欲望就会迅速膨胀，权力、美女成为他们渴求的目标，最终，他们一步步走向堕落，成为欲望的奴隶。由此不难想象孙少安的未来。获得物质满足之后，农民不再是物的主人，而是被物奴役，是在物欲化环境中的迷失。《青烟》中，贾婷进城之后靠着自己的美貌和才能取得了所谓的成功，但她在疯狂追求金钱和权力的同时也陷入了精神的空虚。贾婷正是农民在欲望化环境中生存的真实写照。欲望性消费是以物质为基础的，但农民在付出惨重代价获得物质满足之后却发觉自己已经被物化为没有灵魂的躯壳，也意味着他们失去了精神的家园，陷入了人生的茫然。

现代消费意识是现代社会的产物，对物欲的追逐和形象消费的推崇是现代消费的主要特征，欲望的袒露既是他们现代性的一个重要表现形式，也是他们人生追求的动力。"没有欲望就没有生命，没有人的欲望就没有人的生命；没有了人的生命，世上的一切都将失去对人而言的价值和意义。……欲望寻求满足的过

---

① 路遥：《平凡的世界》（第三部），人民文学出版社 2004 年版，第 387 页。

程，就是创造力产生的过程。于是，有了欲望，生命与社会就有了活力，欲望越强，活力越大。"① 消费是以欲望为基础的，对欲望的追逐是消费的表现形式，在此意义上说，欲望不仅促进了生产的发展，也使消费显示出价值。"消费的真相在于它并非一种享受功能，而是一种生产功能。"② 由此，农民的现代消费观念对促进乡村经济发展和农民个体价值的实现有着重要的意义，但同时，物质的"过剩"和个人对欲望的疯狂追逐，又使农民迷失了自我，陷入精神的迷茫，他们只能依靠对欲望的追逐暂时逃避精神的苦闷，而这更加剧了他们精神的空虚，从而使他们沦为不断追逐欲望的工具。农民对形象消费的需求使消费成为一种象征，当农民将象征消费作为追求目标的时候，他们也就与物一起成为消费社会的商品。

在乡村现代化进程中，农民传统消费观念向现代消费观念的转变体现出他们生活的进步和个性意识的觉醒，但由于自身条件的限制，他们不仅承受着都市社会欲望性消费的负面影响，还要为追求这种所谓的现代消费付出惨重的代价，从而不得不承受着追求欲望消费与作为欲望消费对象的双重挤压。

三　欲望叙事反思

新时期以来，随着商品经济的发展特别是社会主义市场经济体制的确立，人们的价值观念发生了巨大的变化。物欲化的

---

① 程文超：《欲望的重新叙述》，广西师范大学出版社 2005 年版，第 3 页。
② ［法］鲍德里亚：《消费社会》，刘成富、全志钢译，南京大学出版社 2008 年版，第 6 页。

现实几乎使一切事物都被赋予了价值的形式，也使交换成为可能，交换成为市场经济社会的典型特征。"1992 年后贯穿至今的社会规则是什么？我认为是'交换'。它遍布社会的各个领域，对中国人的历史观、人生观、地缘和血缘观产生了根本影响。"① 进入现代社会之后，个体价值得到了充分的肯定，欲望的追逐被赋予了合理的含义，个性意识成为衡量现代性的一个标尺。个体对"美"的追求使身体凸显在大众面前，身体在展示出"美"的同时也成为他人觊觎的对象。欲望化的社会和市场经济的现实，特别是金钱在交换中的神圣地位，为身体的商品化提供了可能。农民进城之后，处于欲望性消费的环境，更凸显出农民的贫困，获取物质利益成为他们的渴求。但他们除了身体之外一无所有，出卖身体也就成为他们唯一的出路，身体商品化的社会环境则为他们的出卖提供了可能。当农民工为了金钱或个人欲望而将身体作为交换工具的时候，他们的身体也就成了商品，出卖身体成为他们的必然命运。正如《发廊》所说："其实，她们出卖自己的身体，纯属个人行为，跟道德有什么关系。再说，像我的老家西地，什么资源也没有，除了出卖身体，还有什么可卖？"② 当然，将出卖身体仅仅理解为女性卖身显然存在着偏颇，所有的农民工为了金钱而将身体工具化的行为都应该看作他们对身体的出卖，只不过由于女性的欲望化特征更容易成为城市的欲望对象。诸多打工妹堕落的故事及

---

① 程光炜：《文学讲稿：八十年代作为方法》，北京大学出版社 2009 年版，第 291 页。

② 吴玄：《发廊》，《花城》2002 年第 5 期。

其辛酸血泪对此做了形象的说明。《血泪打工妹》《深圳二奶村调查》等报告文学显示出小说叙事中打工妹在城市的遭遇有着现实的基础而非完全是作家的臆测。城乡二元对立的现实使农民工成为"底层"中的底层，对他们的关注不仅使作家的创作获得了道德上的优越性，打工妹的辛酸命运也由于包含了欲望的成分更容易成为叙事的内容。"打工妹遭受的性别压迫，加上由于城乡分割而导致的压迫，进一步加大了她们与城市大众之间的距离。这既增强了城里人的优越感，又让打工妹受害者作为同情、娱乐和窥视的对象更增添了吸引力，进而使她们成为不断追逐利润的中国媒体最喜欢的素材。"① 也因此，文学中表现得更多的是打工妹在城市生活中对欲望的疯狂追逐以及由此带来的精神的空虚。其实，男性同样有着精神的煎熬，只不过由于他们对物欲的享受和放纵的生活遮蔽了精神的苦闷。陈玉龙的《别人的城市》（《江河文学》2005 年第 6 期）中，孙文华为了在城市生存出卖着自己的肉体，妻子李小娜绝望之下选择了离开，孙文华和李小娜被迫吞咽着爱情的苦果。《泥鳅》中，国瑞、蔡毅江进城之后逐渐堕落，只能以表面的"荣光"掩饰着内心的伤痛。如此等等，都显示出农民工生活的艰辛和精神的苦闷，诠释着他们在城市的悲苦命运。

作为社会生活的反映，农民工叙事是文学创作的一个重要内容，这一方面满足了知识分子所谓的精英立场、底层立场，以对

---

① ［澳］杰华：《都市里的农家女》，吴小英译，江苏人民出版社 2006 年版，第 57 页。

底层的关注显示其人文情怀；另一方面又因农民工尤其是打工妹具有的欲望性特征而吸引着大众的注意。"市场经济作为一个不可忽视的社会背景对文学的制约力量逐渐体现，并构成了文学的'实体性'内容。"① 市场经济的建立和一整套游戏规则尤其是物欲化的现实使文学日益边缘化，一直以良心导师自居的知识分子很难适应，他们对社会的不良现象既无可奈何又不得不接受。为了寻求心理的平衡，他们只有借助作品表达自己的精神苦闷并在幻想中延续着精神导师的角色，尤其是物欲化的现实使作家也难以摆脱物质的诱惑，他们往往要借助"媚俗"的写作以在市场经济中生存，欲望的展示正是市场经济下的一个卖点，欲望化叙事也就成为必然。

处于现代社会，身体的展示具有反映社会关系、表现个人解放的意义。"身体关系的组织模式都反映了事物关系的组织模式及社会关系的组织模式。"② 身体叙事在表达个人解放的同时，也对"底层"的艰难生存进行了揭示，表现出知识分子的良知和责任。应该说，此类作品在一定程度上表现出农民在社会转型期的命运及其在现代社会尴尬生存的现实，但当知识分子将其纳入叙事尤其是为了所谓的"卖点"而不惜加以夸大的时候，又明显地背离了知识分子的宗旨。"作家的天职在于使人的心灵变得高尚，使他的勇气、荣誉感、希望、自尊心、同情心、怜悯心和自我牺牲精神——这些情操正是昔日人类的光荣——复活起来，帮助他

① 洪子诚：《中国当代文学史》，北京大学出版社 1999 年版，第 388 页。
② ［法］波德里亚：《消费社会》，刘成富、全志刚译，南京大学出版社 2006 年版，第 99 页。

挺立起来。"① 在市场经济条件下，关于农民工的欲望化书写成为潮流，有些作家甚至在利益驱使下，为迎合市场而故意设置噱头，这其中也包括一些打工者。在不少反映农民工生活的作品中，我们看到了农民工对城市欲望生活的渴望以及为此走向堕落的命运，但作品往往停留于此，缺乏对人物思想及内心世界的深度剖析，也就缺乏打动人心的力量。正如有论者指出的："……因此，从良家妇女到娼妇流莺的转变，人物要克服的并不只是外在生活的重压，更艰难的还是道德观和价值观的嬗变，这是一种巨大的心理挣扎和对抗。只有写出了这种挣扎、撕裂和剧痛，小说在展示苦难的层面上才具备一种精神上的说服力。"② 欲望是人的一部分，对欲望的合理化书写具有展示人性的意义，但过分夸大欲望则使灵魂成为欲望的附庸，人也就退化到动物的状态。只有对人——包括灵魂和身体的全面展示，才能真正表现出人之为人的意义。同样，只有对农民工的心灵和欲望进行全面、深入的书写才能显示出农民走向现代化的历程及其思想意识的现代转型。接下来，农民如何展示和树立正确的消费观念就成为知识分子面临的主要问题。

---

① 刘保端等译：《美国作家论文学》，生活·读书·新知三联书店1984年版，第368页。

② 洪治纲：《底层写作与苦难焦虑症》，《文艺争鸣》2007年第10期。

小　结

乡村现代化进程中，农民消费观念的现代嬗变标志着他们生活的进步和个性的解放，休现出他们思想的现代嬗变，但欲望化追求及其代价又使其成为现代文明的他者，也影响了其现代思想的形成。现代意识应该是物质文明和精神文明的和谐发展，农民在获得物质富足之后的精神空虚显示出农民现代化进程的偏颇，这既是农业文明影响的结果，也是现代性内在的矛盾使然。市场经济背景下，欲望化写作成为一道景观，关于农民工的欲望叙事更是其中的主要内容，这一方面缘于农民工在城市的艰难生存环境以及城市欲望的诱惑和他们面临的生存压迫，另一方面则缘于知识分子所谓底层立场、精英立场的精神诉求。市场经济影响下，农民工所处的艰难环境和现代社会的欲望诱惑，使知识分子的写作不可避免地带有了商品的意味，也使关于农民工的欲望化叙事有了更多想象的可能。

结　　语

随着乡村经济的发展和乡村城市化的进行，农民不断调整自己以适应飞速发展的时代，其思想意识也必然发生相应的变化，从各个方面体现出向现代的转型。但由于农业文明的影响尤其是封建传统的根深蒂固，其思想意识不可避免地带有了更多传统的因素，显示出封建性与资本性混合的特征。作为一种审美意识形态，新时期的文学形象地呈现出农民思想的现代嬗变，也为乡村现代化发展提供了借鉴。

一　农民意识的现代嬗变

包产是新时期农村改革的起点。包产调动了农民的生产积极性，促进了乡村经济的发展，为乡村现代化创造了条件。由于城乡之间的人口流动和乡村经济的发展，特别是大众传媒如电视、网络等在农村的逐步普及，农民的伦理观念、消费观念、土地意识、科学意识等逐渐变化，突出个性、追求享乐成为他们的主导思想，欲望成为他们的普遍追求，其思想也相应地发生了变化，显示出现代性特征，但其思想深处的封建意识和嬗变过程中的精神困惑，又预示着其思想现代嬗变的艰难。

新时期小说叙事中农民意识的现代嬗变得益于两个因素：一是包产制，即由土地的集体所有转变为家庭经营。二是农民的进城和返乡。包产不仅使农民有了种地的自由，也使其从集体的约束下解放出来，从而为他们进行多种经营和自由流动创造了条件；鼓励乡村经济发展的政策更激励了他们的探索意识，走出土地探索多种经营成为具有先进眼光的农民的选择。禾禾、门门、孙少安、四妹子、黄秀川、庄海波等一系列走出土地的探索者使用现代机器取代传统手工生产，冲破传统伦理，寻求个人发展，体现出强烈的经济意识和个性意识，显示出不同于传统农民的特质，表现出农民在社会转型期的思想嬗变。在新旧生产方式的碰撞与冲突中，尽管他们面临着传统人情的压力，自身也经受着感情与理性的煎熬，但理性最终战胜了感情并逐渐在他们的思想中占据了支配地位。与重人情、讲秩序的传统相比，他们的这种变化显示出现代特征，呈现出农民的现代嬗变。在他们的影响下，传统农民的思想逐渐发生了变化，传统人情和乡村秩序受到了剧烈冲击，经济和理性逐渐在农村占据了支配地位。乡村经济发展一方面促进了农村生产方式的改变、生活水平的提高，另一方面也使传统人情遭遇了剧烈冲击，金钱逐渐取代人情占据了支配地位，农民的现代转型显示出两面性。

随着城乡交流的日益频繁，进城和返乡成为农民流动的常态。进城之后，受城市文明熏陶，农民的思想逐渐嬗变，显示出与城市居民趋同的特征。伴随着由农民向农民工的身份转变，他们的消费观念、伦理观念逐渐向城市靠拢，注重个人形象、追求个性自由成为他们的典型特征，但由于乡村传统的影响，他们往往面临着传统与现代、乡村与城市、感情与理性的内在冲突，他们的现代追求由此掺杂了更多的杂质，显示出传统向现代过渡的特征。返乡之后，受城市文明的影响，他们已经与乡村传统显示出明显的区别，改变乡村落后的面貌或者逃离乡村成为他们的选择，他们也因此成为现代文明的信使。在他们的影响下，留守农民的价值观念逐渐发生变化，注重理性和追求经济效益成为他们的追求，而返乡农民工在城市形成的生活习惯更是被当作城市文明的象征而影响、改变着乡村传统的生活方式，从而促进了乡村的现代转型和传统农民意识的现代嬗变。

在农民意识的嬗变过程中，他们对金钱和利益的追求与科学意识、民主意识的形成几乎是同时发生的。经济意识是市场经济的典型特征，但在社会发展过程中农民的经济意识往往异化为对金钱和利益的疯狂追逐；理性被视为现代的内涵，但当工具理性占据了支配地位，也出现了人情冷漠和道德滑坡等负面影响。特别是，因为物质的相对贫乏，农民缺乏满足欲望的条件，在此情形下，他们往往将身体作为获取利益的工具，而他们的身体也在这一过程中成为消费的对象，曾经约束他们的乡村伦理则被视为"封建"而遭到否定。问题是，在付出巨大的努力换取丰裕的物质之后，他们也往往失去了奋斗的方向，陷入精神的惶惑。这时，传统思想作为一种无意识开始复苏，寻求精神的家园成为他们的典型特征。

二 农民意识现代嬗变的艰难

现代性是一个混沌的概念。随着社会发展，诸多学者提出了"后现代"的概念，但也有不少学者认为现代性是一个未完成的工程。吉登斯就认为，现代性并没有随着后现代社会的来临让位于后现代性，而是表现出扩张和普及的趋势，呈现出全球化的特征。在全球化大背景下，西方发达国家的现代化模式成为后发展国家效仿的对象。由于国家和地区的差异，不同国家不同地区的发展有着不同的特征。中国、印度等具有深厚封建传统的国家与西方国家的发展道路明显不同，其发展带有浓厚的封建性因素，呈现出资本性和封建性混合的特征。但不能由此否定它们的现代化本质——它们走的不过是另一条现代化发展之路。目前，发展中国家的现代化探索已经得到学术界的普遍认同，也就是说，虽然不同国家选择的发展道路不同，但这些国家的发展过程已经显示出现代化的特征。中国是第三世界国家，农业文明的悠久历史以及"后发外生型"的现代化发展之路使其落后于西方发达国家，因此，学习西方发达国家的经验，探索适合中国国情的现代化发展之路就成为国家发展的主要任务。李欧梵认为中国的现代性是从 20 世纪初期开始的，"是一种知识性的理论附加于在其影响之下产生的对于民族国家的想象，然后变成都市文化和对于现代生活的想象。然而事实上这种现代性的建构并未完成，这是大家的共识。"[1] 不难看出，中国的现代化是一个正在进行的工程。

---

[1]　李欧梵：《未完成的现代性》，北京大学出版社 2005 年版，第 90—91 页。

由于中国地域辽阔，地区发展存在着巨大的差异，发达地区尤其是一些大城市的发展已经与世界接轨，但大多数地区尚处于现代发展阶段，甚至不少地区还处于前现代发展阶段，前现代、现代、后现代同处于发展中的中国，使中国的现代化发展呈现出复杂性和多样性。

　　长期的城乡二元隔离体制使乡村与城市分别具有了前现代与现代的寓意，城市成为现代的象征，乡村城市化成为乡村现代化的必由之路。由于封建传统的根深蒂固，乡村城市化进程带有了浓厚的封建性特征，但我们也不能由此否定其现代性。就像第三世界国家走的是另一条现代化之路，带有浓厚封建性的乡村城市化进程正是中国乡村的现代化之路，资本性与封建性混合是其鲜明特征。根深蒂固的封建传统以及城乡之间的巨大差异决定了乡村城市化是一个艰难的历程，也决定了农民由小农意识向现代意识的转变要经历一个长久的过程。随着经济的发展和乡村城市化的进程，成千上万的农民离开土地进入城市。进城之后，在城市文明的影响下，农民意识逐渐向现代转型，这一方面表现为他们对乡村价值观念的怀疑和否定，另一方面则表现为他们对欲望的追逐以及由此带来的精神空虚。农民进城面临的精神困惑与城市居民有着诸多的相似，尽管他们没有因为进城而自然地"市民化"，但其精神已经表现出现代性具有的颓废、空虚、失落乃至对欲望的疯狂追求。贾平凹的《白夜》中，邹云失去土地之后在城市开了饭店，过着衣食无忧的生活，但因为精神空虚做了金矿老板宁洪祥的情人并最终走向堕落。王安忆的《遍地枭雄》写的是一个失地农民的故事，失地农民韩燕来进城之后陷入精神的空虚，却在被劫持后获得了回归的感觉。受农业文明的潜在影响，农民工将乡村当作精神的寄托，怀乡成为他们的精神诉求。但此时的怀乡显然不是真的回归土地，而是一种乡愁，是他们缓解精神焦虑的良方，这既体现出现代文明的权力机制，也显示出现代性的内在矛盾。虽然乡村经济发展为农民现代意识的形成提供了条件，但乡村权力的存在尤其是封建意识的影响又使农民在乡村经济发展进程中丧失了主体性，从而使乡村经济的发展具有了詹姆逊所谓的"第三世界国家寓言"的性质，农民被迫承受着封建统治与资本统治的双重压迫，也决定了农民现代转型的艰难。

现代性的后果是全球化，全球化也就是一体化。人们对现代性的不同理解以及地区之间的差异决定了乡村现代化发展道路的不同，农业文明的影响更使乡村现代化发展显示出复杂性。从这个意义上说，到目前为止，乡村城市化仍然是一个未完成的工程，也决定了农民意识的现代转型是一个正在进行的工程。

三 乡村现代化叙事反思

乡村城市化是以对土地的大量占有为前提的。在乡村现代化进程中，农民不仅失去了赖以生存的土地，也失去了赖以栖息的家园。农民失去土地也就意味着失去了"根"。面对失土的严峻形势，夏天义、梁双牙等诸多守土者发出了只有土地才能保证人类生存需要的呼唤。在国人对现代化普遍焦虑的背景下，虽然他们的呼唤无异于螳臂当车，但他们的努力和呼号还是为乡村城市化敲响了警钟。土地为人们提供了基本的生存需要，失去土地人类也就失去了生存之本，就此意义上说，中国乡村现代化发展借鉴西方发达工业国家的现代化经验、片面追求城市化是否合理就被打上了一个大大的问号。西方国家的现代化是自然形成的，是在原有基础上的合理发展。中国"后发外生型"的现代化之路更多地是在借鉴西方发达国家的经验，由此也决定了其以乡村城市化、工业化为特征的乡村现代化之路。由于农业文明的悠久历史，乡村的发展已经自成体系，在这种情况下，将乡村城市化模式强加于乡村现代化的发展必定会打破乡村原有的发展进程，造成一种人为的嫁接，从而使乡村现代化之路带有了封建性与资本性混合的特征，农民也不得不遭受着封建统治与资本统治的双重压迫。特别是由于地域差别、城乡差别的存在，农民的现代化探索也要付出更大的代价，中国模仿西方工业发达国家进行现代化建设带来一系列问题。"正因为现代性问题如同现代化问题一样，存在着这样一个由西方而世界的普遍化过程，因此就不能把现代性问题在西方现代化过程中形成、提出和发展的历史（包括它的一些现代化标准），简单地套用于世界各国，尤其是一些被西方的强力将现代化楔入其历史进程的'后发外生'型的现代化国家。"① 乡村现代化进程中，现代性本身的悖论以及乡村经济发展带来的环境污染、生态破坏乃至人文精神失落等问题，使作为乡村现代化主体的农民在没有享受到现代文明的成果之前就先遭遇了现代文明带来的影响和危害，这更对以乡村城市化为特征的乡村现代化之路提出了质疑。

---

① 於可训：《当代文学：建构与阐释》，武汉大学出版社 2005 年版，第 21 页。

现代性本身是一个充满悖论的概念。现代化发展进程中，经济的发展给人们带来生活的富足，也促进了个性意识的觉醒，显示出现代化的积极作用；同时，现代化发展进程中人们对经济利益的过度重视和个性自由的膨胀又造成了欲望的泛滥和工具理性的猖獗，人沦为金钱和欲望的奴隶。经济发展与道德滑坡的悖论显示出现代文明的两面性，现代社会中意义的丧失更使生活于都市文明的人们陷入了精神的虚无。面对农业文明走向衰亡的命运和现代文明充满悖论的现实，无论是为农业文明唱一曲哀婉的葬歌，还是对现代文明物欲化、庸俗化现实表示逃避，乡村都是知识分子的精神寄居之所。但这仅仅是一种理想，现代文明烛照下乡村的贫困以及农民表现出的愚昧乃至残忍证明了所谓知识分子对乡村的眷恋不过是其构建的精神家园，是知识分子对作为个体内在制约的道德的吁求。查尔斯·泰勒、张光芒等都认为，现代社会发展中人们对经济利益的片面追求和个人主义的膨胀使人们逐渐失去了道德的制约，而本着实用主义的态度对传统道德的批判和建构新道德的努力更是导致了现代化进程中的欲望泛滥。因此，在反思现代性的基础上呼唤人们内心深处的道德约束力从而弥补现代社会经济的片面发展就具有了重要意义。李泽厚认为经济发展有着不容抹杀的进步意义，其带来的道德滑坡、人际关系冷漠、环境污染等是经济发展中的必然现象，传统伦理的人情因为可以弥补这方面的不足具有了道德拯救的意义。现代化进程带来了人文失范和道德滑坡，在这种情况下重新审视乡村伦理，以乡村伦理的人情或者说道德的内在约束力弥补现代化发展的不足无疑是值得认真对待的。

　　包产制的推行和普及激发了农民的劳动积极性，促进了乡村经济的发展，推动了乡村的现代化进程和农民意识的现代转型。但由于农业文明的影响，农民意识的现代转型不可避免地带有了浓厚的封建性因素，形成封建性与资本性相结合的特征。新时期小说叙事中农民意识嬗变的复杂性和暧昧性既表现出农民意识的现代嬗变是一个未完成的工程，也为反思乡村现代化提供了参考，也许，这正是新时期乡村现代化叙事的价值。

参考文献

蔡志海：《农民进城——处于传统与现代之间的中国农民工》，华中师范大学出版社 2008 年版。

曹锦清：《黄河边的中国》，上海文艺出版社 2000 年版。

曹文轩：《中国八十年代文学现象研究》，北京大学出版社 1988 年版。

陈国和：《1990 年代以来乡村小说的当代性》，中国社会科学出版社 2008 年版。

陈思和：《中国当代文学关键词十讲》，复旦大学出版社 2002 年版。

程光炜：《文学讲稿：八十年代作为方法》，北京大学出版社 2009 年版。

程光炜：《重返八十年代》，北京大学出版社 2009 年版。

程文超：《新时期文学的叙事转型与文学思潮》，中山大学出版社 2005 年版。

丁帆：《中国乡土小说史》，北京大学出版社 2007 年版。

费孝通：《乡土中国》，上海人民出版社 2007 年版。

冯健等：《乡村转型：政策与保障》，南京师范大学出版社 2009 年版。

冯天瑜、何晓明、周积明：《中国文化史》，上海人民出版社 2005 年版。

国务院研究室课题组：《中国农民工调研报告》，中国言实出版社 2006 年版。

贺雪峰：《乡村治理的社会基础》，中国社会科学出版社 2003 年版。

贺雪峰：《新乡土中国》，广西师范大学出版社 2003 年版。

贺仲明：《一种文学与一个阶层：中国新文学与农民关系研究》，人民出版社 2008 年版。

贺仲明：《中国心像：20 世纪末作家文化心态考察》，中央编译出版社 2002 年版。

胡杨：《精英与资本》，中国社会科学出版社 2009 年版。

李泽厚：《中国现代思想史论》，天津社会科学院出版社 2003 年版。

李小云等：《乡村文化与新农村建设》，社会科学文献出版社 2008 年版。

李遇春：《权力·主体·话语：20 世纪 40—70 年代中国文学研究》，华中师范大学出版社 2007 年版。

李泽厚：《李泽厚近年答问录》，天津社会科学院出版社 2006 年版。

李泽厚：《伦理学纲要》，人民日报出版社 2010 年版。

李自芬：《现代性体验与身份认同》，巴蜀书社 2009 年版。

刘小枫：《沉重的肉身》，华夏出版社 2007 年版。

刘旭：《底层叙述：现代性话语的裂隙》，上海古籍出版社 2006 年版。

卢风：《科技、自由与自然》，中国环境科学出版社 2011 年版。

莫荣：《民工潮的背后——中国农民的就业问题》，红旗出版社 1993 年版。

冒建华：《从城市欲望到精神救赎》，甘肃人民出版社 2008 年版。

孟繁华：《1978：激情岁月》，山东教育出版社 2002 年版。

尹昌龙：《1985：延伸与转折》，山东教育出版社 1998 年版。

张志忠：《1993：世纪末的喧哗》，山东教育出版社 1998 年版。

秦晖：《农民中国：历史反思与现实选择》，河南人民出版社 2003 年版

萧楼：《夏村社会：中国"江南"农村的日常生活和社会结构（1976—2006）》，生活·读书·新知三联书店 2010 年版。

许志英、丁帆：《中国新时期小说主潮》，人民文学出版社 2002 年版。

叶君：《乡土·农村·家园·荒野：论中国当代作家的乡村想象》，中国社会科学出版社 2007 年版。

叶舒宪：《高唐女神与维纳斯：中西文化中的爱与美主题》，中国社会科学出版社 1997 年版。

袁银传：《小农意识与中国现代化》，武汉出版社 2008 年版。

于建嵘：《底层立场》，上海三联书店 2011 年版。

禹建湘：《乡土想象：现代性与文学表意的焦虑》，湖南人民出版社 2007 年版。

袁银传：《小农意识与中国现代化》，武汉出版社 2008 年版。

於可训：《当代文学：建构与阐释》，武汉大学出版社 2005 年版。

张光芒：《中国当代启蒙文学思潮论》，华东师范大学出版社 2006 年版。

张宏：《新时期小说中的苦难叙事》，中国传媒大学出版社 2009 年版。

赵顺宏：《社会转型期乡土小说论》，学林出版社 2007 年版。

赵园：《地之子》，北京大学出版社 2007 年版。

黄金麟：《历史、身体、国家：近代中国的身体形成（1895—1937）》，新星出版社 2006 年版。

许倬云：《中国古代文化的特质》，新星出版社 2006 年版。

李欧梵：《未完成的现代性》，北京大学出版社 2005 年版。

王德威：《想象中国的方法》，生活·读书·新知三联书店 2003 年版。

杜赞奇：《文化、权力与国家》，王福明译，江苏人民出版社 2008 年版。

汪民安、陈永国：《后身体：文化、权力和生命政治学》，吉林出版社 2003 年版。

汪民安：《现代性基本读本》，河南大学出版社 2005 年版。

罗岗、王中忱：《消费文化读本》，中国社会科学出版社 2003 年版。

［爱尔兰］墨菲：《农民工改变中国农村》，黄涛、王静译，浙江人民出版社 2009 年版。

［奥］西格蒙德·弗洛伊德：《精神分析引论新编》，高觉敷译，商务印书馆 2007 年版。

［奥］西格蒙德·弗洛伊德：《一种幻想的未来：文明极其不满》，严志军、张沫译，上海人民出版社 2007 年版。

［澳］杰华：《都市里的农家女》，吴小英译，江苏人民出版社 2006 年版。

［德］马克斯·韦伯：《儒教与道教》，洪天富译，江苏人民出版社 2005 年版。

［德］马克斯·韦伯：《新教伦理与资本主义精神》，康乐等译，广西师范大学出版社 2007 年版。

［德］斯宾格勒：《西方的没落》，韩炯译，北京出版社 2008 年版。

［德］哈贝马斯：《现代性的地平线——哈贝马斯访谈录》，李安东、段怀清译，上海人民出版社 1997 年版。

［法］H. 孟德拉斯：《农民的终结》，李培林译，社会科学文献出版社 2005 年版。

［法］吉尔·利波维茨基、［加］塞巴斯蒂安·夏尔：《超级现代时间》，谢强译，中国人民大学出版社 2005 年版。

［法］米歇尔·福柯：《权力的眼睛——福柯访谈录》，严锋译，上海人民出版社 1997 年版。

［法］鲍德里亚：《消费社会》，刘成富、全志刚译，南京大学出版社 2000 年版。

〔法〕大卫·勒布雷东：《人类身体史和现代性》，王圆圆译，上海文艺出版社 2010 年版。

〔加〕查尔斯·泰勒：《现代性之隐忧》，程练译，中央编译出版社 2001 年版。

〔加〕朱爱岚：《中国北方村落的社会性别与权力》，胡玉坤译，江苏人民出版社 2006 年版。

〔美〕英格尔斯：《人的现代化》，殷陆君译，四川人民出版社 1985 年版。

〔美〕卡林内斯库：《现代性的五副面孔》，顾爱彬、李瑞华译，商务印书馆 2002 年版。

〔美〕阿里夫·德里克：《跨国资本时代的后殖民批评》，王宁等译，北京大学出版社 2004 年版。

〔美〕勒内·韦勒克、奥斯汀·沃伦：《文学理论》，刘象愚译，江苏教育出版社 2005 年版。

〔美〕爱德华·W. 萨义德：《知识分子论》，单德兴译，生活·读书·新知三联书店 2002 年版。

〔美〕阿拉斯代尔·麦金太尔：《伦理学简史》，龚群译，商务印书馆 2003 年版。

〔美〕刘易斯·芒福德：《城市发展史》，宋俊岭、倪文彦译，中国建筑工业出版社 2005 年版。

〔美〕罗丽莎：《另类的现代性》，黄新译，江苏人民出版社 2006 年版。

〔美〕马斯洛：《动机与人格》，许金声、程朝翔译，华夏出版社 1987 年版。

［美］卡伦·霍尼：《我们内心的冲突》，王作虹译，译林出版社 2011 年版。

［美］詹明信：《晚期资本主义的文化逻辑》，陈清侨译，生活·读书·新知三联书店 2003 年版。

［瑞士］荣格：《心理学与文学》，冯川、苏克译，生活·读书·新知三联书店 1987 年版。

［匈］卢卡奇：《历史与阶级意识》，杜章智、任立、燕宏远译，商务印书馆 1999 年版。

［英］阿兰·德波顿：《身份的焦虑》，陈广兴、南治国译，上海译文出版社 2007 年版。

［英］费瑟斯通：《消费文化与后现代主义》，刘精明译，译林出版社 2000 年版。

［英］安东尼·吉登斯：《现代性的后果》，田禾译，译林出版社 1990 年版。

［英］吉登斯、皮尔森：《现代性：吉登斯访谈录》，尹宏毅译，新华出版社 2000 年版。

［英］麦尔文·黑尔：《道德语言》，万俊人译，商务印书馆 1999 年版。

［英］史蒂文森：《文化与公民身份》，陈志杰译，吉林出版社 2007 年版。

期刊、硕博士论文类、作品类参考文献从略。

后　记

　　本书是在博士毕业论文的基础上修改而成的。在博士毕业论文答辩过程中，山东大学温儒敏教授、郑春教授、黄万华教授，中国社会科学院王保生研究员、武汉大学陈国恩教授、聊城大学宋益乔教授、山东师范大学吴义勤教授等对论文给予了充分肯定，也提出许多富有启发性的建议，我在本书写作过程中对其进行了认真参考，在此对各位专家表示诚挚感谢。

　　我攻读博士学位和博士论文写作期间，导师吕周聚先生给予了大力的扶持和悉心的指导。先生为文、做人等诸多方面都使我深深敬仰，是我学习的榜样。在我的博士论文的选题、构思和写作过程中，先生更是倾注了大量心血。我一直记得，在构思拙文的过程中，先生曾经因为一个想法直接给我打电话提出建议，严谨、认真的态度使我深受感动。早就听说吕先生治学严谨、要求严格，因此，入学后我是心怀忐忑和先生交流的，但交往多了，更多地体会到的是先生的仁厚，感受到的不仅是严格，更有关爱。先生既是老师，也是朋友，学习上、工作上、生活上总是给予关心。如果拙文有些许成就，也是与先生的教诲分不开的。对先生的无私付出，我无限感激。

在攻读博士学位期间，石兴泽先生在诸多方面给予我大力支持。石先生是我的硕士研究生导师，不仅是我学术的启蒙老师，更是生活上、工作上时时处处呵护我的长者，是石先生的鼓励与支持改变了我的命运。石先生对我的教导与提携，终生难忘。

攻读博士学位期间，有幸接受山东师范大学中国现当代文学专业的朱德发、王万森、吴义勤、魏建、房福贤、李掖平、王景科、李宗刚诸位先生的教诲，深感荣幸。他们上课、开题、预答辩时展示出的学术魅力，令我钦佩之至。在此，向诸位先生表示谢意。在山东师范大学求学期间，有幸和徐文谋、文红霞、陈艳丽、张瑜、郝敬波、陈英英、史玉丰、鄢鸣等同学相识，是一种缘分。和康建强、周成强、邱福明一起爬千佛山、逛大明湖等美好情景，终生难忘。与胡峰、李雁、田媛诸位师兄同为吕先生门下弟子，深感荣幸；他们取得的优异成绩，对我是一种激励。菏泽学院对外交流处的郝利军为拙文中文摘要的翻译和校对做了大量的工作，在此表示谢意。

博士论文写作是对一个人文字能力和学术水平的全面检验。在拙文写作中自己的"短板"不断暴露，很多知识需要"恶补"，拙文写作和修改过程也成了重新学习的过程。我天资愚钝，在写作拙文的时候就需要花费比别人多几倍的工夫。再加上一边上班一边写作，还要处理家里的一些事情，付出的努力和承受的精神压力可想而知。拙文虽几经修改，心情仍然忐忑，但正如德国作家托马斯·曼曾说："……终于完成了。它可能不好，但是完成了。只要能完成，它也就是好的。"尽管拙文还存在着诸多的问题，还有诸多需要完善的地方，但目前对于我来说，它已经是最好的了。毕竟，它不仅是我心血的结晶，也见证着我的酸甜苦辣，证明着我人生中三个忙碌而充实的春秋。

本书的出版得到了苏州大学文学院、江苏理工学院人文学院和社科处的大力支持，谨致谢意。责任编辑郭晓鸿女士为本书的出版做了大量工作，深表感谢。需要说明的是，本书部分章节曾经在《文艺争鸣》《小说评论》《中国石油大学学报（华东）》《阴山学刊》《菏泽学院学报》等刊物发表，在此，对各位编辑老师的辛勤付出表示感谢。

2009 年 9 月，儿子刚刚满月，我背起行囊去了济南。一年后回来，一边上班一边查资料、写论文，陪儿子的时间极少。每次出门前儿子说"爸爸，再和我玩一回（玩具）吧"时，我的眼睛总是酸涩。妻子赵慧敏为家庭付出很多，尤其在济南，我冬天自己洗衣服感觉到刺骨的冰冷才懂得她的无私付出。对她，我有着深深的内疚。岳母为我的家庭付出很多，很是感激。

攻读博士的三年，来往于济南、菏泽之间，回老家看父母的次数很少，陪他们的时间更少。每次路过聊城，在列车上看着窗外的景色，心情久久不能平静。2014 年，我工作调动到常州之后，回家的次数更少，大多数时候只能通过电话和父母亲人联系。对他们，唯有愧疚。